*Malditas sean
Coronada y sus hijas*

———

Delirio del amor hostil

Letras Hispánicas

Francisco Nieva

Malditas sean Coronada y sus hijas

—

Delirio del amor hostil

Edición
de
Antonio González

QUINTA EDICIÓN

CATEDRA
LETRAS HISPANICAS

Ilustración de cubierta: Francisco Nieva

Reservados todos los derechos. El contenido de esta obra está protegido
por la Ley, que establece penas de prisión y/o multas, además de las
correspondientes indemnizaciones por daños y perjuicios, para
quienes reprodujeren, plagiaren, distribuyeren o comunicaren
públicamente, en todo o en parte, una obra literaria, artística
o científica, o su transformación, interpretación o ejecución
artística fijada en cualquier tipo de soporte o comunicada
a través de cualquier medio, sin la preceptiva autorización.

© Francisco Nieva
© Ediciones Cátedra, S. A., 1999
Juan Ignacio Luca de Tena, 15. 28027 Madrid
Depósito legal: M. 42.786-1999
ISBN: 84-376-0239-4
Printed in Spain
Impreso en Lavel, S. A.
Pol. Ind. Los Llanos, C/ Gran Canaria, 12
Humanes de Madrid (Madrid)

Índice

Introducción	9
Biografía y otras consideraciones	11
Algunas consideraciones acerca del teatro de Francisco Nieva	45
Cuento sin fin	63
Clasificación del teatro de Nieva	75
Esta edición	81
Bibliografía	83
Breve poética teatral	93
Malditas sean Coronada y sus hijas	119
Delirio del amor hostil o el Barrio de Doña Benita.	203

Introducción

Biografía y otras consideraciones

Rastreando a través de las publicaciones, con el fin de fijar el momento en que ya, definitivamente, se muestra y es reconocido como dramaturgo, nos hemos encontrado con un buen número de incongruencias; revistas como *Primer Acto* y *Yorick,* especializadas en el hecho teatral, acogen las colaboraciones de Nieva, desconociendo o, al menos, no haciendo alusión alguna al comediógrafo, sino que lo consideran durante un largo periodo como escenógrafo —eso, sí, «el primero»)— o como profesor de la Escuela de Arte Dramático de Madrid. Hay un caso, que nos parece sangrante y es el de un número extraordinario de la revista *Cuadernos para el diálogo,* dedicado al teatro, publicado en junio de 1966, cuando ya tiene escritas un buen número de comedias, al menos en sus «primeras versiones», que se ha atrevido a dar a conocer a las gentes relacionadas con la literatura y el teatro:

> A mi vuelta (de Alemania) estaba decidido a presentar mis obras a censura, a leerlas a quienes las quisieran escuchar. Personas como Vicente Aleixandre, Bousoño, Francisco Brines, José Hierro, las apreciaban. Las gentes de teatro —excepto José Luis Alonso—, nada. Los empresarios, menos que nada [1].

---

[1] José Monleón, *Cuatro autores críticos,* «Autobiografía de Francisco Nieva», pág. 101.

Pues bien, en ese número extraordinario no podemos leer ni una sola línea referida a la producción dramática de Nieva, pero, sin embargo, aparecía un titular que decía «Ilustraciones: Francisco Nieva». Aquí se trataba de una colaboración del pintor, a lo sumo del escenógrafo, del amigo de las gentes del teatro, del que se desconocía o no se apreciaba su obra literaria. Habrá que esperar hasta mayo de 1971 en que *Primer Acto* considera de una forma abierta la condición de dramaturgo para nuestro autor, al publicar su pieza breve *Es bueno no tener cabeza,* con motivo de su presentación los días 1 y 9 de junio en el Teatro de la Real Escuela Superior de Arte Dramático, por parte de alumnos de la misma, bajo dirección de Santiago Paredes, con escenografía del mismo Nieva. Acompañan al texto en su publicación, un estudio de Angélica Becker y unas notas del autor. No obstante, aún parece haber precauciones y la revista se ve obligada a dar explicaciones:

> Dado el carácter de la mayor parte del material reunido y la concepción del número como un documento sobre diversas representaciones experimentales, nos ha parecido que podía muy bien encajar en él este breve texto de Francisco Nieva (...)[2].

E incluso parece obligada la referencia a sus dedicaciones más conocidas, minimizando así la que les ha llevado a publicar su texto:

> Francisco Nieva, nuestro primer escenógrafo y también autor, salió a saludar ante un público que él, como profesor de la Escuela, conoce muy bien[3].

Es decir, el que sale a saludar no es el autor, sino el «profesor», y sobre todo «nuestro primer escenógrafo». Lo cual indica en qué medida va a ser aún larga la lu-

---

[2] *Primer Acto,* núm. 132, pág. 61.
[3] *Primer Acto,* núm. 132, pág. 61.

cha de Nieva por conseguir la consideración que él prefiere y que ya antes de esta publicación ha empezado tímidamente a manifestar:

> Creo que aquéllos que hoy día intentamos escribir teatro, dentro de muy estrechas condiciones expresivas y prácticas (...)[4].

Pero esto dicho de pasada en un artículo que firma como crítico teatral y no como dramaturgo.

Poco a poco van produciéndose hechos más favorables a sus esperanzas. Angélica Becker había publicado en enero-febrero de 1971 un pequeño estudio sobre el teatro de Nieva, aparecido en el número 253-254 de *Cuadernos hispanoamericanos,* y que tituló «Sorpresa en el teatro español: un nuevo autor "antiguo"»; en 1972 aparece al gran público, fuera ya de las reducidas ediciones privadas, la primera obra de «duración normal» publicada, su comedia titulada *Tórtolas, crepúsculo y ...telón (Variaciones sobre el teatro)*[5]; en 1973 *Primer Acto* nuevamente se ocupa de nuestro autor y le publica su obra *Pelo de tormenta,* con diversos comentarios[6]. Y en las librerías podemos ver el mismo año un tomo dedicado a «dramaturgos españoles no integrados en el engranaje comercial del espectáculo teatral», en el que junto a obras de Luis Riaza y Juan Antonio Hormigón se imprimen cuatro piezas cortas de su «Teatro furioso»: *La carroza de plomo candente, Combate de Ópalos y Tasia,* otra vez su «función para luces y sombras» *Es bueno no tener cabeza* y *El fandango asombroso*[7]; el mundillo teatral ya sabe que Francisco Nieva tiene una considerable producción dramática y que hay que citarlo cuando se habla del «nuevo teatro español», aunque alguno lo haga muy de pasada, como le

---

[4] *Primer Acto,* núms. 123-124, pág. 42.
[5] Madrid, Escelicer, colección Teatro, 1972.
[6] *Primer Acto,* núm. 153, febrero 1973.
[7] *Riaza, Hormigón, Nieva,* Madrid, Cuadernos para el diálogo, 1973.

ocurre a Leopoldo Rodríguez Alcalde en su *Teatro español contemporáneo*:

> (...) Son ejemplos interesantes del nuevo y vital teatro español *Tiempo de 98* y *Ejercicios en la noche,* de Juan Antonio Castro (1927) (...). Citaremos asimismo (...) *Es bueno no tener cabeza,* de Francisco Nieva (...)[8].

o en la obrita de Luciano García Lorenzo, *El teatro español hoy,* que, además no puede evitar hacer referencia a la dedicación escenográfica de nuestro autor —por otra parte ya casi abandonada cuando ese texto aparece—:

> (...) En ellos tiene nuestra escena cifrada su esperanza y, sobre todo, en autores como José Ruibal, Francisco Nieva (excelente dramaturgo además de excepcional escenógrafo), Antonio Martínez Ballesteros, Juan Antonio Castro, Luis Matilla o José María Bellido (...)[9].

No obstante, en 1974 aún queda quien no se ha enterado y nos encontramos con casos como el del *Pequeño diccionario del Teatro Mundial,* de Genoveva Dieterich, que no hace la más mínima alusión a su condición autoral, sino únicamente como escenógrafo, y, consecuentemente con lo anterior, no lo cita en su epígrafe titulado *Nuevo Teatro Español*. Indudablemente, se trata de hechos aislados, pero no por ello dejan de ser explicativos de las dificultades que encontró Nieva para situarse definitivamente entre los dramaturgos. En 1975 recibe una gran ayuda en este sentido, cuando le publican seis de sus mejores obras, en un solo volumen; con una introducción de Moisés Pérez Coterillo, ven la luz las tres piezas «apocalípticas» de su «Teatro furioso»: *Pelo de tormenta, Aquelarre y noche roja de Nosferatu* y *Coronada y el toro,* y otras tres piezas que él clasifica

---

[8] Leopoldo Rodríguez Alcalde, *Teatro español contemporáneo,* Madrid, E. P. E. S. A., 1973, págs. 196 y ss.
[9] Luciano García Lorenzo, *El teatro español hoy,* Barcelona, Planeta-Editora Nacional, T. V. E., núm. 6, 1975, pág. 146.

como «Teatro de farsa y calamidad»: *El rayo colgado y peste de loco amor, El paño de injurias, El baile de los ardientes*[10].

No se trata ya de un autor desconocido, cuya producción corría de mano en mano en copias mecanografiadas; todas estas publicaciones hacen de su obra algo asentado, seguro, permanente, pero, a pesar de todo, sólo literatura y no teatro representado. No obstante, no tardaría mucho en verse realizada la premonición lanzada por Pérez Coterillo en su citado prólogo.

> En bachiller nos explicaban que el teatro de Valle-Inclán, nuestro más insigne dramaturgo, no era tal, o en último caso y a fuerza de concesiones, que era un teatro "para leer" (...). Es posible que la maldición similar que pesa sobre el teatro de Nieva no tarde tanto en levantarse (...)[11].

Pero para que esa «maldición» pudiera si no levantarse, sí, al menos, entreabrirse, hizo falta que se produjera un hecho que entra dentro de la lógica incongruente del irremediablemente obtuso mundo del teatro comercial. A Francisco Nieva, que había visto cómo los organismos oficiales correspondientes le prohibían las pocas obras que decidían a algún empresario a lanzarse a la aventura del «autor novel», se le encargaba por parte de otros organismos, también oficiales, la adaptación de la pieza de Larra *No más mostrador* para una campaña del teatro nacional «María Guerrero». Nieva, que es un empedernido buceador en las investigaciones teatrales, como lo demuestra, por ejemplo, el hecho de su colaboración con el grupo de teatro independiente «Ditirambo» en la elaboración del texto de la obra *Danzón de exequias,* partiendo de propuestas del mismo grupo sobre textos de Michel de Ghelderode, Nieva —repito— acepta la oferta y crea, no ya una adaptación, sino una pieza que debemos considerar de lleno como parte integrante de su producción: *Sombra y quimera de Larra*

---
[10] Francisco Nieva, *Teatro furioso*, Madrid, Akal-Ayuso, 1975.
[11] Francisco Nieva, *Teatro furioso*, Akal-Ayuso, pág. 7.

(*representación alucinada de «No más mostrador»*). Su estreno durante la temporada 1975-76 significa el primer contacto de uno de sus textos con la escena y el primer aldabonazo para su reconocimiento como autor, que se confirma durante la misma temporada, cuando José Luis Alonso monta en el escenario del Teatro Fígaro de Madrid, un programa poco usual en las estructuras del teatro comercial, compuesto por dos piezas cortas de Nieva: *La carroza de plomo candente* y *Combate de Ópalos y Tasia*. Ahora ya sí, ahora empieza una nueva etapa para nuestro autor, aunque persista, a veces, la antigua definición del Nieva escenógrafo, como ocurre con la referencia que Xavier Fàbregas da de la «Setmana de teatre Universitari a Madrid» en su libro *El teatre o la vida,* publicado en septiembre de 1976:

> Hi forem invitats: (...) Antonio Buero Vallejo, autor: José Luis Alonso, director; Francisco Nieva, escenògraf; Lauro Olmo, autor (...) [12].

Suponemos que Fàbregas conoce la nueva y definitiva faceta de Nieva y que lo cita así haciendo referencia al año 1973, en que fue invitado a la citada Semana en calidad de escenógrafo, pero no hubiera estado de más aclararlo. Sobre todo teniendo en cuenta que Nieva no habló de escenografía en su ponencia allí presentada y que además hizo referencia precisa a su teatro.

Posteriormente a su estreno, aparece publicada *Sombra y Quimera de Larra* en 1976, con una interesante introducción del mismo Nieva [13], lo que viene a ampliar su ya importante producción dramática editada.

También en 1976, y en una publicación de la Universidad de Granada, José Monleón, que ha sido uno de los críticos que más ha defendido la imagen de Nieva, le da el reconocimiento definitivo al convocarlo al Gabinete de Teatro de la citada Universidad para unas

---

[12] Xavier Fábregas, *El teatre o la vida,* pág. 176.
[13] Francisco Nieva, *Sombra y quimera de Larra,* Madrid, Fundamentos, 1976.

conversaciones mantenidas bajo el denominador de «Cuatro autores en Granada» y que produjeron este libro que Monleón titula *Cuatro autores críticos,* donde Nieva aparece ya como autor «a part entière», sin ningún lastre que lo frene; junto a él están José María Rodríguez Méndez, José Martín Recuerda y Jesús Campos [14].

Claro está que toda esta serie de publicaciones no hubieran hecho sino confirmar esa fama que Nieva tenía, desde antes de ver editadas sus obras, de autor de un teatro «para leer», si no hubiera sufrido la confrontación con un público desde un escenario, si no hubiera pasado satisfactoriamente la prueba y si no hubiera alcanzado el éxito que supone el mantenimiento en cartel, durante dos largas temporadas, de su programa del Teatro Fígaro. Y esto no por el éxito en sí, sino por lo que supone de aceptación de su teatro por parte del público habitual de las carteleras madrileñas.

A pesar de ello, con gran parte de su producción editada, con dos títulos estrenados, con la aquiescencia del público conseguida, Nieva no ha terminado de encontrar dificultades para ejercer única y definitivamente la profesión de autor.

Ahora bien, la decisión está tomada por parte de nuestro autor, y se empeña en no abandonar las etapas ganadas dentro del campo autoral, rechazando las aún abundantes ofertas que se le hacen como escenógrafo, pues considera que no son trasvasables los triunfos que pudiera obtener, y que, por otra parte, pueden incluso perjudicarle:

> Mi carrera de escenógrafo se desleía, perdía interés para mí. Consideraba una autotraición haber dejado de escribir por la facilidad de unos éxitos que no saturaban mi necesidad de crear [15].

Por otra parte, Nieva es consciente de las dificultades que entraña su teatro para ser plenamente aceptado.

---
[14] José Monleón, *Cuatro autores críticos.*
[15] José Monleón, *Cuatro autores críticos,* «Autobiografía», página 101.

Dificultades que no son exclusivas del momento actual, sino que arrastran de muy atrás:

> Considero sencillamente que mi problema nace de dos vertientes: rebeldía al medio de mi juventud y adopción de unas ideas éticas y estéticas prematuras para la forma de ser y de vivir en un país que apenas ha cambiado de postura desde la muerte de «el Prenda» [16].

Posiblemente ese sentimiento de desplazamiento en un entorno que él comprueba si no hostil al menos indiferente para sus ideas estéticas, le hacen retraerse como escritor teatral y lanzarse hacia otros campos de la actividad escénica, como han sido el de la ya citada escenografía y el de la dirección, que también practicó en algún momento de su carrera artística, que se le muestran más favorables y donde alcanza claros éxitos, como ya hemos visto más arriba.

Sin embargo, para mejor poder explicarnos la personalidad de Francisco Nieva convendría remontarse a su infancia, para desde allí ir viendo su evolución en la práctica de los oficios artísticos que ha ejercido, y para comprobar cómo lo teatral es lo más enraizado y lejano de entre sus aficiones y habilidades.

En la breve *Autobiografía* que aparece en el citado libro de Monleón, Nieva tiene interés en destacar cómo desde muy niño le atrae jugar al teatro, lo que indudablemente va a servirle como primeros ejercicios prácticos para su naciente imaginación creadora:

> Como soy hijo tardío, se me mima inconsideradamente. Mis juguetes preferidos son un teatro, dos teatros, tres teatros; marionetas, panoplias con trajes de torero o de militar [17].

---

[16] José Monleón, *Cuatro autores críticos*, «Autobiografía», página 102. Hace referencia a un chico que iba como mascota en el batallón que salió de Valdepeñas en favor de la República, cuando la guerra civil.
[17] José Monleón, *Cuatro autores...*, pág. 99.

Es fácil, conociendo estos datos, imaginarlo jugando a crear personajes para sus teatritos, a fingir voces y gestos para sus marionetas o a interpretar él mismo esos personajes con los trajes de las panoplias. Empiezan a surgir, por tanto, los primeros héroes creados por su imaginación que se van a complementar con los que él verá en el cine, porque, además, entre sus juguetes preferidos dispone de:

> ... un «Pathe Baby», un cine con películas de Charlot, de Fatty, de Buster Keaton y Harold Lloyd [18].

héroes que su memoria conservará para hacerlos resurgir más tarde en su producción teatral. Citemos, por ejemplo su «reópera» *Aquelarre y noche roja de Nosferatu,* en cuya nota preliminar nos dice:

> El escenario se inspira en la alta historia del cine mudo, en sus incoloros fantasmas y primitivos mitos: *Nosferatu,* de Murnau; *La Reina Kelly,* de Stroheim; *La calle sin alegría,* de Pabst: *Mikey Mouse...* Evocamos estas imágenes oscilantes casi con un sentimiento de terror, porque son los primeros fantasmas bien conservados de nuestro tiempo y a los que mejor podemos pedirles su culpable complicidad en el hechizo [19].

Pero es que este juego creativo en el que sólo la imaginación va a servirle como base sustentatoria, se verá muy pronto complementado con la visualización de la práctica teatral de su tiempo. Nieva es un niño de menos de nueve años cuando ya ha presenciado lo mejor y lo más representativo del teatro que se estrena en España —especialmente en Madrid— en los años que preceden a la sublevación armada de julio de 1936:

> Estalla la guerra y volvemos al pueblo. Pero antes, por una dichosa despreocupación de mis padres en materia de educación, me han llevado al teatro por no de-

---
[18] José Monleón, *Cuatro autores...,* pág. 99.
[19] Francisco Nieva, *Teatro furioso,* Akal-Ayuso, pág. 9.

jarme solo en casa y he llegado a ver el estreno de *El otro,* de Unamuno; una función de «La Barraca», de Lorca, en el teatro «Español»; zarzuelas, género chico... Y sabía quiénes eran Carmen Díaz, Ricardo Simó Raso, Santiago Artigas, Josefina Díaz, Borrás y la Xirgu. Oía hablar de Valle-Inclán (...)[20].

Ya sabe cómo «se hace» aquello que para él había sido hasta entonces un juego libre y sin reglas; es posible que no esté muy de acuerdo con lo que puedan parecerle imposiciones, normas a seguir, y así se verá desde sus primeros escritos teatrales, aunque, eso sí, demostrará que ha sabido captar de ese teatro todo lo que de verdadero tiene, todo lo que surge de unas raíces populares, y que él mismo utilizará tanto en la selección de sus personajes, como en su lenguaje, como en los temas. Además nos interesa hacer notar la influencia que pueda haber ejercido en él la visualización de un género dramático concreto: el teatro lírico. Ya hemos visto cómo Nieva asiste a representaciones de zarzuela y género chico, y seguramente en mayor medida que al teatro llamado «de verso», sencillamente porque se trata de una época eminentemente zarzuelística, en plena moda del género lírico. Pero es el caso de que no supone una novedad para Nieva la utilización del canto y de la música dentro de la estructura de un espectáculo, ya que desde su más corta edad está acostumbrado a oír hablar de música, y, en particular, de ópera y de cantos y bailes populares;

> El padre de mi madre era un gran aficionado a la ópera y un lector obstinado. Su mujer tocaba el piano con gracia y sensibilidad. En casa de mi madre, ella y sus hermanas sonaban la guitarra y aprendían de un vejete a bailar seguidillas y jotas [21].

¿Qué es la zarzuela, sino una mezcla de ópera italiana y tradición popular española? Siendo así, nada de lo que

---
[20] José Monleón, *Cuatro autores...*, pág. 99.
[21] José Monleón, *Cuatro autores...*, pág. 99.

viera en los teatros madrileños podía sorprenderle, pero sí que podía influir en su imaginación, como así ha sido en el género denominado por él mismo «reópera». Y como estamos convencidos de la influencia que tiene el medio ambiente en la formación de una persona y en su futura forma de ver el mundo, como también parece estarlo Francisco Nieva cuando afirma que

> No hay un solo hecho que no mediatice: lugar de nacimiento, familia, clima social... [22].

queremos hacer referencia a un hecho en la vida de la familia de nuestro autor, aisladamente sin importancia, pero que unido a todo lo anteriormente expuesto, viene a abundar, como elemento «mediatizador», para darnos una explicación más del porqué de su inclinación por lo operístico. Hablando Nieva de la importancia que Granada ha tenido para su familia, nos dice:

> Había entre nosotros tal memoria de la ancestral vida en Granada de aquellos exportadores de vinos que existe una anécdota lejana —y para mí absolutamente deslumbrante— sobre el amor de un bisabuelo mío —o no sé si tatarabuelo— por una cantante española de nacimiento y francesa por matrimonio que fue a cantar ópera a Granada... [23].

Pues bien, en este ambiente nace, crece y se va formando Francisco Morales Nieva, nacido en Valdepeñas (Ciudad Real), en 1927, viajero con sus padres durante los primeros momentos de la República, residente en Toledo, donde su padre ha sido nombrado gobernador civil, antes de la guerra, y de regreso a Valdepeñas después de iniciada la contienda.

---

[22] José Monleón, *Cuatro autores...*, «Volver a Granada», página 109.
[23] José Monleón, *Cuatro autores...*, «Volver a Granada», página 109. (Se trata, en efecto, de Pauline Viardot García, hermana menor de la Malibran, y esposa del autor de una de las más agudas traducciones del *Quijote* al francés.)

Una de las impresiones de guerra que Nieva recibe en su pueblo natal, es la primera en su biografía que hace referencia a la pintura, si bien indirectamente. La pintura será, como veremos, la base de su actividad durante muchos años, hasta que se decide, definitivamente, por el teatro. Esa impresión de la que hablamos la describe de la siguiente manera:

> A mí entonces me sucede algo curioso: se forma en el pueblo un batallón, el batallón Torres. Ese batallón lo forman milicianos renegones y valientes. Un pintor de pueblo, un "naif", viudo y con un hijo pequeño, se alista en él y lo veo desfilar llevándolo consigo. La imagen me conmueve.

Lo impresionante de la anécdota es, sin duda, el niño acompañando a su padre, pero no deja de tener importancia para nuestro autor el hecho de que ese padre fuera un pintor, un hombre fuera de lo común en su Valdepeñas agrícola y vinatera, especialmente a los ojos de un niño de unos once o doce años, edad que tendría Nieva por aquellas fechas.

El hecho es que a partir de entonces, pintura y teatro empiezan a aparecer juntos en su memoria y así leemos en su citada autobiografía, cuando hace referencia a los momentos inmediatamente posteriores al final de la guerra civil:

> Durante un tiempo vivimos apartados, en una casita en Sierra Morena, y allí, entre algunos sobresaltos por la persecución de los "maquis" y su captura, leí mucho. Empecé a dibujar y a escribir intentos de teatro, nunca acabados [24].

Nota que podemos ampliar con otra citada del mismo Nieva, correspondiente a un articulito suyo aparecido en *Primer Acto,* con ocasión de la publicación de su pieza corta *Es bueno no tener cabeza,* y que dice así:

---

[24] José Monleón, *Cuatro autores...,* pág. 100.

> Creo que tenía doce o catorce años cuando empecé a escribir absurdas comedias que se desarrollaban íntegramente en el espacio de un papel de barba [25].

Hasta aquí, vemos cómo prevalece su afición por el teatro sobre la pintura, que no ha hecho más que aflorar, pero que, sin embargo, irá adquiriendo cada vez más importancia hasta anular, al menos visiblemente, la primera y para nosotros fundamental.

En esas primeras intentonas teatrales estarán presentes, sin duda alguna, sus juegos con los teatritos de su infancia, junto a las representaciones que él vio no hace muchos años, pero también aparecerán los recuerdos que Nieva nos contaba cuando aún no pensábamos dedicarnos al estudio de su obra, referentes a aquellas siestas veraniegas en una cama grande —siempre hay grandes camas en la vida y la obra de Nieva—, que él llamaba «la durilla», en la que le contaba a su hermano menor —músico, ahora— historias inventadas que serían el germen, muchas de ellas, de su futuro teatro, y así mismo de esos primeros ensayos de los años 1940 ó 1941, allá en su retiro de Sierra Morena.

Su carrera dentro del mundo de la pintura se inicia cuando, ya instalados en Madrid, se matricula en la Escuela de Bellas Artes. Pero conviene aclarar de principio, y algo de eso hemos hecho ya, que el camino recorrido por Nieva no es el de llegar al teatro a través de la escenografía por la vía de la pintura, como la inmensa mayoría cree, sino que, partiendo del teatro, llega a la pintura y utilizando la escenografía vuelve de nuevo al teatro. Valgan como apoyo a nuestra afirmación las palabras del mismo Nieva:

> Mi constante jugar con teatros, junto con una habilidad manual, me llevaron por el camino de la plástica. Sin embargo, al final volví al teatro. Y volví, precisamente, escribiendo una serie de artículos y de ensayos teóricos sobre la plástica teatral. De aquí salté con faci-

---
[25] *Primer Acto,* núm. 132, «Lo que he escrito», pág. 65.

lidad —quizá debido a muchas circunstancias favorables— al mundo de la escenografía [26].

Desde la escenografía, y teniendo en cuenta que no deja nunca de escribir o de retocar sus obras, el paso al teatro como autor ya lo hemos comentado y hemos visto cómo por parte de Nieva es sencillo y definitivo, aunque las dificultades no hayan acabado, en lo que respecta a su aceptación —a pesar de hechos como la concesión del Premio Mayte de teatro en enero de 1977— por parte de los que forman el engranaje del mundo teatral español.

Pero, volviendo al estudio de su doble trayectoria, vemos cómo siendo ya alumno de Bellas Artes y, por lo tanto, suponiéndosele decidido por ese camino de expresión, Nieva vuelve a las andadas y reincide en la escritura de textos teatrales, aunque aún está muy lejos de hacerlos conocer. Según él mismo confiesa en su citado artículo, titulado «Lo que he escrito», debía tener diecisiete años cuando le divirtió y apasionó escribir una escena de carácter «insólito» y no naturalista [27].

No obstante, sus amistades y relaciones nada o poco tienen que ver con el mundo del teatro, sino con el de las artes plásticas, esencialmente, aunque no descuida tampoco a los poetas. Sus preferencias van hacia el grupo de los vanguardistas llamados «postistas», entre los que aparecen como figuras destacadas Eduardo Chicharro (hijo) y Carlos Edmundo de Ory. Se interesa por la nueva pintura italiana, directamente, gracias a una exposición antológica que trae a España Milena Milani, y por los surrealistas franceses, a través de un doctor argentino, apellidado Piterbarg, que, sin él saberlo, iba a relanzarlo hacia el mundo del teatro, por un lado, hablándole de Antonín Artaud, recientemente fallecido —era el año 1948—, y, por otra parte, consiguiéndole una beca para marchar a París, donde Nieva escribiría la mayor parte de su producción en sus primeras redacciones.

---

[26] *Primer Acto,* núm. 132, «Lo que he escrito», pág. 65.
[27] *Primer Acto,* núm. 132, «Lo que he escrito», pág. 65.

Por entonces, Nieva dibujaba y pintaba. Es de destacar una exposición suya en la madrileña librería «Clan», junto con originales de Jean Cocteau. Extraña o premonitoria coincidencia la de estos dos dramaturgos-pintores. También de esta época son sus primeros trabajos escenográficos, entonces como ayudante de decorador cinematográfico, oficio que abandona junto a sus colaboraciones como ilustrador en la *Estafeta Literaria* para marchar a París, donde va a iniciar una nueva etapa de su vida y de su carrera artística.

Estamos a punto de entrar en la década de los años 50 y París es ya el punto de atracción más importante de todo el occidente para cualquier artista que quiera hacer oír su nombre. Es la época de la gran floración de extranjeros que, adaptándose al medio francés, van a contribuir tan notoriamente al relanzamiento de la cultura francesa —quizá debiéramos decir «parisina»—, siendo asimilados por ella y entrando a formar parte del gran número de los «étrangers d'expression française».

Inmerso en un ambiente extravagante y bohemio, lleno de ese ímpetu juvenil que le había empujado a abandonar su patria en busca de nuevos horizontes, Nieva se nos muestra formando parte de esa otra atracción turística de París que son los jóvenes artistas con sus desenfadadas indumentarias. Riqueza creativa y pobreza económica son las coordenadas por las que se mueve nuestro hombre, cuando recorre Saint Germain des Près hasta llegar al café Mabillon, donde se reúne con los surrealistas; allí conoce a los que pronto serán los propulsores del nuevo teatro:

> Encontrábamos a Beckett y Adamov escribiendo por allí. Me impresionaba la fealdad de Adamov y su mal olor, que a veces sufría por la cercanía de la mesa en que me sentaba...[28].

Y, ampliando más la lista, Angélica Becker afirma:

---

[28] José Monleón, *Cuatro autores...*, pág. 100.

> Fue muy significativa y fecunda su pronta escapada a
> París. (...) Nieva se codeaba con Beckett y Ionesco, con
> Adamov, Butor y Roberto Matta en los cafés parisinos
> mucho antes de que fueran famosos [29].

No obstante estos primeros contactos, las relaciones de Nieva se centran especialmente entre los pintores del momento; conoce y visita al constructivista Jean Arp, a Brancusi, al abstracto Wols —que murió en 1951—; entra en contacto con el grupo «Cobra», de Bruselas, Con Alechinsky, Cristian Dotremont, Appel y un largo etcétera. Se dedica a pintar y a investigar en la pintura; expone con éxito y llega a participar en las bienales de París y Venecia; cuadros suyos son adquiridos por los Museos de Arte Moderno de Lieja y de París; aparece en revistas citado junto a Picasso y Miró. Es decir, está metido de lleno en el mundo de la pintura, que es, en definitiva, el que lo ha llevado a París, y lleva una vida activa como pintor.

Paralelamente, tiene contactos indirectos con el teatro, como mero espectador, como hombre preocupado por las manifestaciones culturales de su tiempo. Así es como asiste al estreno de *La cantante calva,* de Ionesco, que tuvo lugar el 11 de mayo de 1950 en el Théâtre des Noctambules, por la compañía de Nicolás Bataille, siendo sustituida por *La parodie,* de Adamov, con un montaje de Roger Blin, que sería también quien se encargaría de otro estreno al que Nieva asiste y que esta vez sí constituiría el primer gran éxito de lo que se llamaría ya definitivamente «l'avant-garde». Nos estamos refiriendo, naturalmente, a *Esperando a Godot,* del irlandés «d'expression française» Samuel Beckett, estrenada el 5 de enero de 1953 en el teatro Babylone.

Es importante la presencia de Nieva en estos estrenos, por lo que suponen de removida de su adormecida faceta teatral, ya que empieza a pensar que no son tan

---

[29] Angélica Becker, «Sorpresa en el teatro...», *Cuadernos hispanoamericanos,* núms. 253-254, pág. 261.

extrañas y descabelladas sus ideas teatrales vertidas en aquellos primeros intentos:

> Y me extrañó que muchos de mis intentos teatrales tuvieran en ciertos aspectos algunas concomitancias con Ionesco. Cosa que también comprobé, respecto a Beckett, en el estreno de *Esperando a Godot*. Y eran cosas que a los catorce o quince años yo había esbozado en nuestro casi escondite de Sierra Morena [30].

Estas concomitancias de las que habla Nieva con respecto a Ionesco y Beckett, bien podrían explicarse por lo que suele denominarse la «impregnación ambiental», pero es que en su caso esto no era posible, por las circunstancias y el lugar donde escribió aquellos esbozos; sin embargo, Angélica Becker insiste en ello al hablar de sus piezas cortas, diciendo que:

> No en vano son coetáneas del primer teatro del Absurdo, que adquiere verdadera notoriedad en París por los años 50, estas piececillas, de las que algunas se escribieron en un apartado lugar de la Mancha (se está refiriendo, sin duda equivocadamente, a su retiro en Sierra Morena), antes incluso de enfrentarse su autor con las últimas tendencias dramáticas del momento. Pero estaba en el aire lo absurdo, y una persona de la sensibilidad de Nieva tenía que cogerlo al vuelo, por mucho que madurara solitariamente, en un ambiente angustioso y estancado [31].

De cualquier manera, el hecho claro es que Nieva se adelanta a los autores del absurdo, aunque no tuviera trascendencia para los demás, y aunque él mismo se diera cuenta de ello tras presenciar los estrenos de los vanguardistas.

Por otra parte, a través de sus relaciones con los surrealistas y de una forma casual, recibe un nuevo toque de alarma para su conciencia teatral. El caso es que co-

---

[30] José Monleón, *Cuatro autores...*, pág. 100.
[31] Angélica Becker, *Sorpresa en el teatro...*, pág. 261.

noce a Colette Allendy, amiga de amigos de Nieva, que por una de esas casualidades, es la viuda del que fue médico y gran amigo de Artaud. Es la segunda vez que alguien le habla del autor de *Le théâtre et son docuble* —recordemos que el primero fue el doctor Pitebarg— y empieza a interesarse por él y por sus ideas teatrales. Nieva nos cuenta así la anécdota:

> Por lo que veo, mi conocimiento de Artaud es anterior al que de él tuviera Grotowsky o los animadores del «living». Una casualidad me hizo conocer en 1952 a madame Colette Allendy, que había contribuido económicamente a la fundación del Théâtre Alfred Jarry, en donde el actor y poeta francés echó las bases de su teoría del "teatro de la crueldad" y muchas otras derivaciones técnicas. Madame Allendy sólo hizo despertar en mí una vaga curiosidad por Artaud. Como digo, fue una casualidad. Intenté documentarme sobre aquel extraño personaje sólo por haber significado algo en la vida del doctor Allendy y de su mujer y no porque éstos hubieran significado bastante más en la vida de Artaud. Su obra y sus teorías me sorprendieron, me intrigaron sobremanera y, cuando de nuevo quise volver a entrevistarme con madame Allendy por gusto de recibir de ella sus impresiones más subjetivas, madame Allendy había muerto. Me quedé con hambre de saber ciertas cosas "de primera mano" por parte de ella[32].

Es indudable que este primer encuentro con Artaud fue un aldabonazo en su atracción por unas teorías que ya estaban de alguna manera en gestación en las ideas teatrales de Nieva, en una época en la que no tenían la menor vigencia, cuando incluso los surrealistas empezaban a perder influencia.

Vemos cómo Nieva empieza a despertar para el campo del teatro paulatinamente, y a partir del año 1950, gracias a su presencia en unos estrenos teatrales y al casual encuentro con Artaud. Pero aún tendrá que ocurrir un importante acontecimiento en la vida cultural pari-

---

[32] *Riaza, Hormigón, Nieva,* Edicusa, pág. 156.

sina, que revolucionará en especial el mundo del teatro y que será el empujón definitivo que nuestro autor necesitaba para iniciar el largo camino que le conduciría de nuevo al teatro. Es decir, el regreso a su primera actividad artística y, más aún, a sus primeros juegos. Y éste es el hecho: en 1954, en el marco del primer Festival de París, se presenta el «Berliner Ensemble» con la obra *Madre Coraje,* de Bertold Brecht, bajo la dirección del mismo Brecht. Este montaje y otros de Visconti y Felsenstein se mantienen vivos en la memoria de Nieva, que es consciente de la influencia que ejercieron en él:

> En mis recuerdos de teatro tengo presente tres inmensos éxitos que de alguna manera contrariaban el modo de ser francés y que de alguna forma también se contrariaban entre sí. Todos tres en el antiguo Théâtre des Nations. El que Brecht mereció con su "Berliner Ensemble" en su primera aparición. El de Visconti con una obra menor de Goldoni titulada *El empresario de Esmirna,* que le hizo definitivamente ser aceptado por un público que desde tiempo se le mostraba reacio. Y el de Walter Felsenstein con su prodigioso equipo de la "Komische Oper" de Berlín-Este y sus fabulosos *Cuentos de Hoffmann.*
>
> Estas tres impresiones fueron decisivas para mí —autor con pocas esperanzas—, pues me impulsaron a aceptar el teatro como fuera, desde cualquiera de sus aspectos, todo antes que renunciar a él [33].

Lo cual quiere decir, y de hecho así es, que Nieva ha empezado ya a escribir, aunque, según él mismo confiesa, «con pocas esperanzas». Ya están en su cajón las primeras versiones de algunas de sus obras, en las que su intuición ha hecho conjuntarse, aun antes de conocerlos, al teatro del absurdo, a Antonin Artaud y a Beltod Brecht, e incluso el mundo de la ópera —recordemos la tradicional afición de su familia por el teatro lírico—, que le había deslumbrado, ahora definitiva-

---

[33] Francisco Nieva, «En la muerte de Felsenstein», diario *Informaciones.*

mente, con la presencia de Felsenstein en París. Y esto cuando aún no había aparecido en el panorama teatral el fenómeno del «Living Theatre», al que hasta ahora se ha venido considerando como único y primer intento conseguido de ensamblar las ideas de Artaud con las de Brecht. Pero es que además de todo esto, Nieva tiene ya escritos algunos libretos de ópera:

> Anterior al conocimiento de Artaud y de todo lo que después se ha ido derivando de él y de otros muchos ensayos posteriores, yo poseía como base un tanto segura los libretos de ópera destinados a mi hermano músico [34].

Conviene que recordemos que por estos años Nieva sigue siendo el pintor que ha llegado a París a desarrollar una carrera dentro del campo de las artes plásticas y que esto que puede parecer una intensa actividad teatral no son más que acercamientos intermitentes, aunque en su interior esté sintiendo ya, cada vez con mayor fuerza, la comezón por el teatro.

Por aquella época conoce a la que después fue su mujer, en un club juvenil que ella presidía; por mediación suya, que ocupaba un alto cargo en el Centre National de la Recherche Scientifique, entra en relación con los investigadores hispanistas, en especial, y es así como conoce a Charles Aubrun y, principalmente, a Robert Marast, que traducirá al francés algunos de los artículos que Nieva escribirá para el C. N. R. S., tras su participación en los Entretiens d'Arras. Es muy significativo que partiendo de un artículos con contenido inequívocamente pictórico —*vignette pour une nouvelle critique de la peinture* (1955) [35]— vaya a parar a otros puramente teatrales —*García Lorca, metteur en scène: les intermèdes de Cervantes* (1956) [36], *Vertus plasti-*

---

[34] *Riaza, Hormigón, Nieva,* Edicusa, pág. 157.
[35] Francisco Nieva, *Vignette pour une nouvelle...* París, C.N.R.S. París.
[36] Francisco Nieva, *García Lorca metteur en scène...*, París, C. N. R. S.

ques du théâtre de Valle-Inclán (1957)[37] y *Autour d'une crise de sytle* (1958)[38]—, en los que se muestra conocedor del teatro español, tanto en su aspecto histórico como en lo que se refiere a los problemas del teatro de su tiempo. A partir de entonces sigue escribiendo artículos, cuyos contenidos van de la pintura al teatro, alternativamente, como los publicados en los *Cahiers du Músée de poche*[39], en la *Revue d'Esthétique* o en el *Journal du Théâtre des Nations*.

La importancia de estos artículos estriba en que suponen su reencuentro con el teatro, y su aparición pública como hombre relacionado con el arte escénico.

Antes había escrito una colección de cuentos —que fueron base y tema de algunas de sus futuras comedias— y se había atrevido a darlos a un editor, con poco éxito, por cierto. Lo cierto es que la necesidad de escribir iba creciendo en él cada vez con mayor apremio:

> (...) el prurito literario y teatral era cada vez mayor. Entregué una colección de cuentos a Mathilde Pomés, lectora de Gallimard, antigua amiga de Lorca, y me los devolvió con desagrado[40].

Esta misma anécdota la recoje también Angélica Becker y le añade unos detalles que nos parece interesante resaltar, aunque, por otra parte, se equivoque —según nuestro criterio— en cuanto a la edad de Nieva en esos momentos, ya que ella dice que tiene veinte años y nosotros pensamos que estaría próximo a cumplir los treinta, si no los había ya sobrepasado; pero, en definitiva es un detalle sin importancia y lo que nos interesa ahora es el hecho del Nieva escritor, que intenta el camino de las editoriales:

> Nieva era un crío de veinte años cuando le dio por enseñar algunas cosas suyas (entre ellas, la *Pascua Negra*)

---

[37] Francisco Nieva, *Vertus plastique...*, París, C. N. R. S.
[38] Francisco Nieva, *Autor d'une crise...*, París, C. N. R. S.
[39] Francisco Nieva, «De la genese d'un...», París, *Cahiers du Musée de poche*.
[40] José Monleón, *Cuatro autores...*, págs. 100-101.

a Matilde Pomés, amiga de García Lorca, que entonces estaba en Gallimard. Y no pudiera haber sido más agria la reacción de la Pomés, ofendida en su dignidad, que tachaba de "indecentes, amorales y absurdos" sus escritos [41].

Hechos como éste que acabamos de relatar, junto a otros rechazos por parte de gentes del teatro a sus escritos dramáticos pudieran, en parte, explicar el largo silencio de Nieva desde sus primeras creaciones hasta el momento en que empieza a conocérsele como autor.

Sin embargo, cada vez se va acercando más al teatro, como una necesidad ineludible, dispuesto como estaba a aceptarlo «desde cualquiera de sus aspectos», y empieza a ensanchar el campo de sus relaciones. Conoce a una cuñada de Jean Vilar, por mediación de la cual entra en contacto con un grupo de jóvenes actores, entre los que se encontraban, por ejemplo, Catherine Deneuve y su hermana, Pierre Clementi, Bernard Verley, etc. Estas nuevas amistades le van a proporcionar la oportunidad de iniciarse en un campo nuevo —hasta entonces— para él:

> Como yo había publicado algunos artículos teóricos sobre teatro en la "Recherche Scientifique", uno de aquellos jóvenes me pidió que esbozase un decorado para *La Place Royal*, de Corneille, que pensaban hacer como grupo juvenil adoptado por el T. N. P. en su anexo del teatro "Recamier" y dirigidos por Georges Wilson. Al hacerlo, apliqué a él todo lo que unos años antes me había conmocionado al presenciar las representaciones del Berliner Ensemble en París, uno de los hechos que más contribuyeron a acentuar mi vocación teatral. Aunque el proyecto no tuvo solución, yo me descubrí unas facultades de técnico teatral [42].

Se trata, sin duda, de su primer paso hacia el mundo de la escenografía. Nieva se da cuenta de que puede

---

[41] Angélica Becker, «Sorpresa en el teatro», *Cuadernos hispanoamericanos,* pág. 261.

[42] José Monleón, *Cuatro autores...*, pág. 101.

aplicar sus conocimientos plásticos a su cada vez más arraigada vocación teatral. Y no sólo sus conocimientos, también su visión del mundo pertenecen al arte de la plástica, a la pintura, y esto va a aparecer inevitablemente en su teatro, que ya por entonces iba concretándose y tomando cuerpo, a pesar de que no era fácilmente estimado porque estaba escrito en español y en un lenguaje sorprendentemente «distinto».

En definitiva, lo que a él le interesa es su teatro; sin embargo, no vio la manera de introducir sus primeras piezas, que poseían ya una indudable entidad, pero que tenían la pega insalvable —según pensaba Nieva— del idioma. Y empezó a sentir la necesidad de abandonar París. No obstante, el regreso a España tampoco era una solución, puesto que ya había comprobado en sus esporádicas escapadas a Madrid su gran dificultad para comunicarse con el medio español. La personalidad y la formación que Nieva había adquirido en sus años parisinos chocaban con el ambiente que reinaba por entonces en Madrid. Él mismo intenta explicarlo con estas palabras:

> Había leído mucho a Genet, había conocido al filósofo Georges Bataille, a quien mi mujer procuraba en Investigaciones Científicas los créditos de ayuda para la publicación de su revista *Critique*. Había en mí como una posesión de ideas transgresoras, de provocación y de denuncia. Volvían a mí los horrores de la guerra y la posguerra. (...) Me era imposible volver y entenderme con nadie aquí; me era imposible continuar en París escribiendo en español [43].

Lejana la posibilidad de estrenar y en contra de lo que pudiera parecer, todo este cúmulo de contrariedades le sirvió para liberarse de las presiones a que, generalmente, se ven sujetos los dramaturgos. Pudo crear su teatro en plena libertad, sin otros condicionamientos que los de su imaginación y los que él quiso buscar en otros mo-

---

[43] José Monleón, *Cuatro autores...*, pág. 101.

delos cercanos a sus tendencias estéticas. Era como volver a jugar con sus teatritos de niño.

En el citado libro de José Moleón para la Universidad de Granada, Nieva explica su situación en esta época:

> Escribía con alegría y fruición, como un desahogo inevitable. Por eso, al mismo tiempo, me permitía una especie de ejercitamiento formal, a base de recrear a Jarry, el expresionismo, el dadaísmo y hasta el "género chico", sin olvidar las propuestas sobre todo visuales de Artaud. No tenía que acordar mis intenciones a un público muy específico, el español. O madrileño, exactamente. No me importaba coincidir o no [44].

Peligroso juego para un aspirante a dramaturgo, alejado de la realidad que le ha movido a escribir y teniendo que renunciar de antemano a poder ver en pie sus creaciones. Peligroso porque corría el riesgo de haberse engolfado en sus juegos imaginativos —no es precisamente imaginación lo que le falta a Nieva— y haber construido un teatro fuera del tiempo sin posibilidad alguna de entrar en contacto con el público cotidiano de los teatros. Que, por fortuna, no ha sido así se demostró con los estrenos que ya hemos citado, asistidos por un público amplio —el de cualquier teatro madrileño— por espacio de un buen puñado de meses. Lo cual viene a decirnos que Nieva escribió un teatro para cuando el público español hubiera asimilado las corrientes estéticas que él estaba viviendo fuera de España; se decía que —aunque parezca un tópico— se adelantó a su tiempo, como así mismo le había ocurrido a Valle-Inclán, que aún estamos empezando a descubrir.

Hecha esta reflexión, recordemos a nuestro autor decidido a dejar Francia e imposibilitado para adaptarse al ambiente español.

Siente la necesidad de evadirse y consigue alquilar una casa en Venecia, gracias a su amistad con Octavio Paz, que, a su vez, era amigo de Bona de Pisis, propietaria

---

[44] José Monleón, *Cuatro autores...*, «Entrevista», pág. 105.

de la casa, casada con el escritor Mandiargues. La hermosa ciudad italiana le servirá —al margen de su entrega a la «gran diversión», o quizá precisamente a partir de ella— para madurar su teatro, para ir forjando y concretando el conjunto de sus ideas teatrales, que irán apareciendo tanto en sus escritos dramáticos como en sus trabajos escenográficos, lo que viene a ser, en definitiva, y como más adelante veremos, una misma cosa. Nieva se siente deudor de esa estancia en Venecia, que luego repetirá —entonces intermitentemente— incluso después de regresar a España:

> Nunca agradeceré bastante a la Providencia los beneficios de una vida tan... inmoral. Desde el viejo y silencioso Ezra Pound hasta el bruto y «beat» Gegori Corso —que me rompió un piano a codazos— nunca he conocido en mogollón a tal cantidad de gentes interesantes, estúpidas y entreveradas. Una fiesta alucinante entre largos vacíos angustiosos en la ciudad flotante y mirífica.

(hasta aquí, la descripción del ambiente y de la vida de nuestro autor durante aquella «dolce vita» de principios de los 60; a partir de aquí la cita bien podría servirnos como definición de su teatro)

> Pero en este abandono y en la más deliciosa indignidad se concretó mi idea de un teatro "gritado" y armonioso de palabras punzadoras como los tacos de la vieja recadera; antirrealista furibundo y reclamador de una justicia por el placer o por el dolor de lo atrevido [45].

Venecia podría marcar, además, para Francisco Nieva la frontera o, quizá mejor, el puente que lo va a llevar definitivamente de ser el pintor que habíamos conocido en Madrid y luego en París, al hombre de teatro integral. Y no es que abandone la pintura como práctica, sino como profesión. A partir de entonces, sus conocimientos de las artes plásticas van a ser utilizados en beneficio

---

[45] José Monleón, *Cuatro autores...*, pág. 101.

de su profesión: la teatral, aunque ésta no vaya a desarollarse como él hubiera deseado.

Todo ello le empuja a tomar la decisión de volver a España, aunque también influyeran razones de orden privado, cuando aquí nadie le conocía. Necesita un largo y lento proceso para poder entrar en contacto con el mundo del teatro, pero lo consigue a través de la escenografía; en unos momentos en los que no se hablaba corrientemente de escenógrafos, sino de decoradores, cuya misión consistía en ilustrar unos textos dramáticos, la labor de Nieva con su creación de espacios escénicos cobra enseguida un valor indudable y no tarda mucho en ser considerado como «nuestro primer escenógrafo», al que se le reconoce una sólida formación:

> Al principio, casi nadie sabía que escribía teatro, aunque pronto supimos que su cultura teatral era infinitamente superior a la de cualquier escenógrafo español [46].

Y así es como en 1964, colabora con Adolfo Marsillach en aquella interesante temporada del Teatro Goya, de Madrid, imaginando y creando las escenografías de *Pigmalión,* de Bernard Shaw, y *Después de la caída,* de Arthur Miller. A finales de ese mismo año, Nieva trabajará para José Luis Alonso, en el Teatro María Guerrero, en el montaje de *El rey se muere,* de Ionesco. Este hecho, que se produce cronológicamente después del de su colaboración con Marsillach, va a ser considerado por nuestro autor como el punto de partida de su nueva actividad, quizá porque se sintiera más satisfecho o más identificado con este trabajo, o tal vez porque en su memoria José Luis Alonso sea la primera persona que creyó en el teatro de Nieva —como se ha demostrado estrenándole luego su citado programa del Teatro Fígaro:

> ... y volví a España donde nadie me conocía. José Luis Alonso me propuso hacer los decorados de *El rey se*

---

[46] José Monleón, *Cuatro autores...*, «Entrevista», pág. 105.

> *muere,* de Ionesco. Y allí empezó mi carrera como escenógrafo... [47].

Sigue trabajando con Marsillach, en los años sucesivos, y para él realiza una de las escenografías más importantes de su carrera, como pueda ser la que hizo para el *Marat-Sade,* de Weiss.

A partir de los citados montajes ya se nos muestra instalado con pleno derecho en el mundo del teatro, aunque sólo sea de momento en esa parcela que es la escenografía. De hecho, su firma aparece en la nómina de los montajes más interesantes de la segunda mitad de la década de los sesenta y en la primera de los setenta. No obstante, a pesar de que sus éxitos se cuentan por trabajos realizados, Nieva no se siente satisfecho e intenta nuevas experiencias, marchando de nuevo a Italia, donde decora óperas y ballets, y, sobre todo, a Alemania

> (...) codirigiendo y decorando el ballet *Cinderella,* de Prokofief, en la Opera Cómica, dirigida por Felsenstein. Allí pasé unos ocho meses, en, Berlín, tratando y observando a quienes habían sido mis modelos años antes. A Helen Weigel, al propio Felsenstein, a Benno Besson... [48].

Esta estancia suya en Berlín oriental es muy importante para el futuro desarrollo de sus actividades porque le va a hacer reafirmarse en sus ideas acerca de la creación teatral y comprender el abismo que le separa de la práctica cotidiana de los teatros madrileños donde ha venido trabajando y donde —aún por algún tiempo— va a seguir haciéndolo. Esa dicotomía que se establecía en España —y se sigue estableciendo— entre escenógrafo y dramaturgo, como dos prácticas totalmente diferenciadas, distintas, e incluso producidas ambas con independencia del resto del proceso creador del trabajo teatral, va a verse destruida y sustituida por un tipo de relación más coherente entre los distintos elementos constitutivos de la

---

[47] José Monleón, *Cuatro autores...,* pág. 101.
[48] José Monleón, *Cuatro autores...,* pág. 101.

puesta en escena durante sus ocho meses en la Komische Oper. Nieva recibe un chorro de aire fresco al colaborar con Felsenstein, que, además, le reconoce su capacidad de abarcar de forma totalizadora el fenómeno teatral:

> Sólo Felsenstein, sólo él, me encomendó parte de una labor dramatúrgica y de puesta en escena, cuando en mi país se me pedía únicamente que "decorase". Esta labor decorativa es lo que me ha empachado a la larga en nuestro teatro corto y estrecho, lo que me ha obligado a abandonar los montajes escenográficos, porque aquellos comienzos míos con José Luis Alonso en *El rey se muere* o en *La dama duende* me engañaron un poco sobre lo que en su cotidianeidad era capaz de dar nuestra escena, sometida a imponderables presiones tantas veces injustificadas, enérgicamente caprichosas. ¡Y tan frustrantes! [49].

Se nota en esta cita un tono recriminatorio hacia la actitud que las gentes del teatro español tuvieron con Nieva, al mismo tiempo que repite su agradecimiento a José Luis Alonso, pero sobre todo destaca su rechazo a ser considerado únicamente como decorador, cuando lo que él propone es un trabajo dramatúrgico de la escenografía.

Dentro de esta línea de trabajo teatral totalizante están sus experiencias como responsable de la puesta en escena, tanto como escenógrafo como en una faceta nueva para él, si exceptuamos su experiencia berlinesa, tal es la dirección teatral. Así, en 1969, Nieva aparece firmando los montajes de *La vida breve* y *El retablo de Maese Pedro,* de Manuel de Falla; *Pepita Jiménez,* de Albéniz, y *Los Fantastikos,* de Tom Jones, en dirección compartida —en este último caso— con Antonio Malonda, junto al cual ya haba colaborado el año anterior en el citado montaje del *Marat-Sade*. Se trata, en definitiva, de desarrollar en todas las direcciones sus dotes teatrales, y en este caso dentro del campo del teatro musical de tan lejana tradición en la vida de Nieva. Y esto, que pu-

---

[49] Francisco Nieva, «En la muerte de Felsenstein», Diario *Informaciones.*

diera haber parecido una extravagancia a los ojos de los profesionales acostumbrados a una especialización estricta en las funciones de los encargados del espectáculo, se correspondía en buena lógica con la personalidad artística de Nieva que se quiere totalizadora y nunca delimitada en las parcelas tradicionales a que están acostumbrados los clasificadores de siempre, porque, entendemos, cuando hace escenografía está realizando una dramaturgia, cuando escribe sus dramas está pensando simultáneamente en sus espacios escénicos y en los aspectos plásticos de cada escena, y cuando practica la dirección teatral está englobando todo lo anterior. Es decir, en su caso cada una de estas funciones está comprendida en la que en ese momento las exigencias de las estructuras teatrales le están pidiendo que decorase —que ilustrase un texto con decorados— cuando él estaba dando una lectura y una interpretación dramatúrgicas del texto propuesto, o no se entendía su teatro por parte de los que lo leían o lo escuchaban de boca del mismo Nieva porque les faltaba adivinar o imaginar el aspecto plástico de esas obras, cuyo texto corresponde únicamente a una mitad del total, ya que la otra mitad, sería esa escenografía que el autor no describe, pero que está presente, sin duda, en su imaginación.

Y quizá sea comprensible esta falta de entendimiento, porque, en definitiva, se estaban enfrentando a un poeta del teatro y esto no ha sido corriente en nuestros escenarios, desde que fueron abortados —por distintas razones— los intentos de creación de un teatro poético a partir de autores como Valle-Inclán, García Lorca o Rafael Alberti.

Estas afirmaciones nuestras se ven reforzadas por unas declaraciones hechas por Francisco Nieva en la Sorbona, en el marco de unas «Journées Universitaires sur le Théâtre Espagnol Contemporain», organizadas por la sección de Estudios Ibéricos de la Universidad de París III y que tuvieron lugar entre los días 20 al 25 de noviembre de 1972. Hervé Petit, estudioso del teatro español, recoje estas declaraciones en su «maîtrise de licence» y podemos leer allí la opinión de nuestro autor con respecto al tema escenografía-literatura, que ya hemos esbozado más arriba:

> Creo que mi éxito como escenógrafo depende quizás de la raíz literaria de mi inspiración; quiere decirse que al tomar una comedia en mis manos, yo la veo más como autor, en algún sentido como coautor. No soy un plástico puro, y depende en gran parte de que yo no quiero sostener una estética determinada, un estilo determinado de plástico, de pintor, sino que trato de incorporarme desde un punto de vista puramente literario a la obra [50].

O, como también veíamos, su visión totalizadora de la actividad teatral, nunca especializada en pequeños y raquíticos compartimentos estancos, sino como un hecho global:

> Es un pequeño secreto y precisamente por eso creo que mis escenografías han tenido éxito, porque las he concebido un poco como un director de teatro, quizás como un autor que ve desarrollarse ante sí un determinado tipo de espectáculo y nunca exactamente como un escenógrafo, un técnico frío [51].

Afirmación en la que además de su concepción del teatro como un todo inseparable, vemos el carácter icónico que van a tener sus textos. Cuando antes afirmábamos que Nieva escribía teatro pensando ya en su puesta en escena, nos referíamos a que durante el proceso de creación «ve desarrollarse ante sí» el espectáculo que está escribiendo. De ahí que Hervé Petit le haga ver que el mundo de las formas no es tan sólo el mundo de sus escenografías, sino también el mundo de su teatro; es decir está haciéndole notar el destacado carácter plástico de su teatro, comparándole así con otro autor, también muy preocupado por el mundo de las formas y muy influido por los pintores de su tierra, como es Michel de

---

[50] Hervé Petit, *Maîtrise de Licence*. Inédito, pág. 146.
[51] Hervé Petit, *Maîtrise de Licence*. Inédito, pág. 146.

Ghelderode, otro poeta del teatro, con el que coincide al afirmar que «el teatro es plasmación física de ideas» [52]. Podríamos decir que cuando escribe teatro está practicando un arte de tres dimensiones —icónico— o incluso de cuatro —arquitectónico—, a condición de que seamos capaces de adentrarnos en el mundo plástico que está creando, que alcanza no sólo a las formas sino también al lenguaje:

> (...) últimamente, mi modo de tratar el lenguaje es también un modo plástico: la sonoridad de ciertas palabras pueden tener como una plasticidad para el oído [53].

Ya hemos visto como, empachado por esa labor decorativa que se le pide, va abandonando poco a poco su brillante carrera de escenógrafo, hasta el punto de rechazar ofertas tan interesantes como la que le hace Marsillach para el montaje de *Las arrecogías del Beaterio de Santa María Egipcíaca,* de José Martín Recuerda, o la de algún empresario para la puesta en escena de una obra de Fernando Arrabal. No obstante, sabemos que él mismo es el autor de las escenografías de sus dos primeros espectáculos estrenados. Está claro que esto no es una contradicción ni una muestra de egoísmo; se trata otra vez de que está en juego su idea del teatro, y que sí acepta participar en el montaje de sus obras, no sólo porque sean las suyas, sino porque eso entra en sus coordenadas de un trabajo globalizador, mientras que si aceptara decorar las obras de otro autor o no sería fiel a sus principios o estaría poniendo en pie sus propias obras con textos ajenos. Y esto sería, en cierto modo, traicionarse a sí mismo, o, incluso, a los demás.

En realidad no se trata de posturas adoptadas tardíamente, puesto que tenemos referencias en las que se nos muestra partidario de que los responsables de los distintos elementos de la puesta en escena realicen un tra-

---

[52] Francisco Nieva, «La magia anecdótica...», *Primer Acto,* número 132, pág. 66.
[53] Hervé Petit, *Maîtrise de Licence,* pág. 146.

bajo en colaboración mutua y teniendo en cuenta en cada momento a cada uno de ellos. En este sentido cabe citar una opinión suya vertida en la I Semana de Teatro Universitario, que tuvo lugar en Madrid en 1973:

> Sin duda el trabajo interpretativo personal de la puesta en escena va tomando una importancia no desdeñable para quien se decida a escribir teatro y para el teatro [54].

El caso es que Nieva abandona su actividad escenográfica, a pesar de que aún no está muy clara su situación como autor, porque no sólo los empresarios, sino también la censura le están impidiendo aparecer como tal para el público español, pero se encuentra ya cansado y aburrido:

> (...) yo dejé toda actividad escenográfica porque el teatro e pañol siempre hacía lo mismo y ya no había medio de experimentar un poco ni de cambiar nada [55].

La abandona en el sentido que hemos dicho; es decir, como elemento contratado y exterior a un montaje.

En cambio, ya hacía años —desde 1970— que estaba dedicado a la enseñanza, como profesor de la Real Escuela Superior de Arte Dramático y de la Escuela Superio de Bellas Artes de San Fernando, ambas en Madrid. Naturalmente, las enseñanzas que Nieva imparte en los citados centros están relacionadas con su actividad teatral más conocida; en Arte Dramático explica «Escenografía» y en Bellas Artes «Dibujo decorativo», y aunque las dos asignaturas tienen el mismo contenido, cada una de ellas está enfocada distintamente, pensando, naturalmente en el alumnado que tiene delante.

Pero no hemos citado esta nueva faceta de Nieva con un fin únicamente documental, sino que queremos utilizarla para poner de relieve una vez más su calidad de

---

[54] Francisco Nieva, «El por qué...», *Primer Acto*, núm. 157, página 11.
[55] José Monleón, *Cuatro autores...*, pág. 102.

hombre total de teatro, al verlo ocuparse de un aspecto tan importante como es el de la formación de los profesionales del teatro. Sobre todo teniendo en cuenta que su ingreso como enseñante —particularmente en la Escuela de Arte Dramático— coincidió con una total revisión de la concepción de las enseñanzas teatrales en España.

Es decir, que en la personalidad de Nieva no podemos separar, clasificándolas aparte, sus distintas actividades de escenógrafo, profesor, autor —y ni siquiera sus anteriores actividades pictóricas—, sino que hay que verlas como un todo. Y en el caso de tener que simplificar, habría que considerar únicamente su condición de autor, contemplándola en el sentido que tan repetidas veces hemos argumentado: como hombre de teatro al que nada de lo que ocurre en el escenario le es ajeno, porque es ahí —en el escenario— donde se realiza un autor y no en su mesa de escritorio. Y no es que estemos negando el pan y la sal a todos los autores que no cumplen estos requisitos, es que estamos hablando de Francisco Nieva, y a él estamos describiendo cuando emitimos estos juicios. Pero también podríamos traer aquí los nombres de otros muchos autores dramáticos cuya vinculación con la escena fue determinante y que no harían de Nieva un caso aislado y anecdótico; estos nombres serían de la categoría de un Lope de Rueda, de un Molière o de un Shakespeare, aunque quizá el que más cuadraría para una comparación con nuestro autor sería el autor-escenógrafo Pedro Calderón de la Barca. Y si queremos citar nombres más cercanos también podemos recurrir a los de Bertold Brecht o de Roger Planchon, por ejemplo.

En este orden de cosas, y después del estreno de su drama *Delirio del amor hostil,* en el que sin duda alguna Nieva ha asesorado a los responsables de su puesta en escena, ahora vuelve a aparecer en el Teatro María Guerrero, de Madrid, como adaptador o, mejor, re-creador de Cervantes en *Los baños de Argel* (en realidad lo ha hecho ha sido refundir esta obra con *Los tratos de Argel* y *La gran sultana*), y, además, como responsable del montaje y de la dirección del espectáculo; y decimos «espectáculo» porque no se trata de la puesta en pie de un texto, sin más, sino que Nieva está utilizando técnicas y recursos de gran espectáculo (máquinas elevadoras, artilugios escenográficos, etc.), y sobre todo la música en directo y el canto, con una evidente influencia operística.

Esta es la verdadera dimensión teatral de Nieva, la más completa, porque en él se conjugan armoniosamente todos los aspectos, todos los elementos constitutivos de lo que se ha dado en llamar «Teatro total».

Y en este sentido le ha sido concedido el Premio Nacional de Teatro 1979, al valorar el jurado el carácter globalizador de su trabajo teatral.

Algunas consideraciones acerca del teatro de Francisco Nieva

Ante todo, en el teatro de Francisco Nieva nos encontramos con un texto de una rara calidad, por una parte, y de unas posibilidades extraordinarias de cara a su puesta en escena, por otra, que lleva en sí mismo la invitación a utilizar con él la máxima libertad creadora. Recordemos, en este punto, una cita de José Monleón referente a la obra de Nieva *Pelo de tormenta,* pero válida igualmente para el caso que nos ocupa como para la totalidad de su producción dramática:

> Digamos, finalmente, que, pese a la riqueza del texto, Nieva plantea su obra como una propuesta que deberá desarrollar el "maestro de ceremonias". Su idea —como es lógico que sucediese tratándose de un escenógrafo y un experimentado "hombre de teatro"— sobre la poética del escenario no puede ser más abierta, consciente de que el director ha de utilizar el texto con la misma imaginación con que él ordena la realidad [1].

Nuestro trabajo comenzó por una primera lectura, como toma inicial de contacto, y que sirvió para tener una visión del sorprendente estilo de Nieva, aunque fuera de forma muy superficial.

---

[1] José Monleón, «Francisco Nieva o la orgía de lo real», *Primer Acto,* núm. 153, pág. 17.

A partir de entonces hubo que hacer un estudio del conjunto de la obra de Nieva, así como de la personalidad humana y artística de su autor. De esta forma fuimos obteniendo las características generales más destacadas en los distintos aspectos de su labor creadora. Así pues, dedicamos una especial atención a todo aquello que sobresaliese o que se distinguiese del teatro habitual de una forma notoria; estos aspectos quedaron sintetizados en la particular manera de tratar al idioma —una de las primeras sorpresas del lector y más tarde del espectador ante un texto de Nieva—, la importancia del elemento plástico en su concepción del teatro, la inhabitual estructura formal de sus obras con respecto a la costumbre imperante en el teatro que solemos ver, y, por último, el tipo de personajes que aparecen en sus comedias, tan cargados de elementos tradicionales, por un lado, y tan cercanos al surrealismo y al absurdo, por otro. Con el fin de estudiar estos aspectos que nos parecieron fundamentales, estructuramos cuatro apartados que podríamos denominar así:

a) Lenguaje.
b) Plástica.
c) Esquema dramático.
d) Personajes.

a) *Lenguaje*

En este aspecto, quizá la nota más destacada sea la de la utilización, como base, del lenguaje popular que aprendió de niño en su Valdepeñas natal, como él mismo nos cuenta:

> (...) la selección de mis amigos no deja de ser excelente: un monaguillo y un aprendiz de barbero. Recuerdo la atracción y el efecto que me producía una vieja recadera que se despachaba gritando los más tremendos tacos, ampulosas agresiones verbales que asustaban y regocijaban

a los oyentes. Es probable que de ese impacto provenga
mi gusto en manejar sonoridades lingüísticas [2].

Pero este lenguaje popular no es utilizado con las fórmulas costumbristas, sino que Nieva le aplica técnicas estilísticas próximas al surrealismo y al absurdo, al mismo tiempo que lo elabora cuidadosamente, incluso con refinamiento si se quiere. Y no se trata de una manera de seguir la moda, puesto que estas tendencias están ya presentes incluso en su forma de entender la vida, mucho antes de que aparecieran en el panorama literario, porque se trata de una reacción personal sufrida por nuestro autor a raíz del resultado de nuestra guerra civil:

> Aquella España era temible. La gente que la vivió debió acostumbrarse a ella, a mí me aterrorizó de tal modo que no pude acostumbrarme. Cuando vine a Madrid —un Madrid con tranvías amarillos y olor a chinches— me agarré a todo lo que me parecía refinado, aquilatado, barroco, complicado, bellísimo... Huía y arrastraba detrás de mí la angustia que aquel ambiente me producía. Por eso me refugié en la gran evasión, en el sueño surrealista, que en el fondo era una forma también de asumir aquella horrible pesadilla [3].

De cara al público, esta forma de tratar el lenguaje da como resultado un texto fácilmente reconocible a nivel léxicológico, pero con una sintaxis violentada con construcciones muy originales, lo que produce en el lector o en el auditorio una cierta confusión semántica, si se pretende entender el texto al pie de la letra, pero que es un fiel reflejo del habla coloquial, sorprendentemente efectiva colocada sobre un escenario.

El problema que plantea un texto así es que el público se ve sorprendido por un lenguaje que reconoce como suyo, pero que tiene que hacer volver a través de su memoria popular, y eso supone un esfuerzo que no

---
[2] José Monleón, *Cuatro autores...*, pág. 99.
[3] Moisés Pérez Coterillo y Santiago de las Heras, «Entrevista con Francisco Nieva», *Primer Acto,* núm. 153, pág. 24.

es usual en los lectores y mucho menos en los espectadores de teatro; de ahí, pensamos, la dificultad que pueda surgir en algún momento para su comprensión plena; de ahí también, según nuestra experiencia, el que precisamente las capas más populares, menos intelectualizadas del público sean las que, por estar más cerca de este modo de expresión, tengan menos dificultades para abarcarlo.

En este sentido podemos hablar de una recuperación de la expresión popular, reavivándola y elevándola a categoría literaria; es decir, re-creación de una lengua, en el mismo sentido en que Valle-Inclán lo había hecho partiendo también de raíces populares —en su caso galaicas; en el de Nieva, castellano-manchegas—, pero no como lo hiciera Arniches, que «inventó» un lenguaje «popular» que luego quedó como estereotipo de la forma de hablar de los «castizos» madrileños, sino con unas miras mucho más amplias, menos encasilladas y menos ficticias. Y es que a pesar de ese enraizamiento tan localizable, sus fuentes léxicas y lingüísticas se extienden geográficamente no sólo en los dominios del castellano —tanto el peninsular como el americano—, sino también en los de las demás lenguas hispánicas, característica que otra vez lo acerca a Valle-Inclán, pues como afirma Monleón:

> La relación entre Nieva y el más esperpéntico Valle quizá no sería en este caso el tópico de costumbre. Hay en el lenguaje de Nieva muchas cosas que recuerdan a don Ramón (...)[4].

Es muy probable que sean todas estas características de su lenguaje las causantes de las dificultades que tuvo en París con sus textos y el que hasta ahora sus obras no hayan sido todavía traducidas, siendo como lo es un hombre de teatro con categoría reconocida a nivel internacional, que ha aportado su poder creador en Francia, Alemania o Italia. Y es el caso que Nieva es consciente

---

[4] José Monleón, *Primer Acto,* núm. 153, pág. 17.

de las limitaciones que le impone su forma de expresión, y así lo reconoce cuando, recordando su etapa parisina, afirma:

> Indudablemente, ya adaptado en gran parte a la vida francesa, era locura querer escribir en español [5].

o cuando concreta más, indicando que no es sólo el idioma el culpable de sus dificultades, sino el tratamiento que él le da:

> Piececitas como *El combate de Opalos y Tasia,* en una primera versión, tenían suficiente entidad, pero se hallaban escritas en español y en un lenguaje que no era fácil de estimar [6].

Otra de las características del lenguaje de Nieva es la frescura, la espontaneidad de su expresión, aunque sepamos que ha supuesto para nuestro autor un largo, detenido y trabajoso proceso de creación, como él mismo reconoce. No es raro encontrar en sus escritos teóricos citas como la anterior en las que se habla de «primera versión», u otras en las que es aún más explicativo, como en las que afirma:

> La mayor parte de estas comedias tienen varias versiones y constantes retoques. Algunas de ellas no quisiera darlas todavía por terminadas [7].

o éstas en las que nos habla de lento proceso seguido en su producción dramática:

> Junto a mis trabajosos escritos teatrales yo pintaba [8].
> A la vez, ya por entonces, mis escritos teatrales se iban concretando [9].

---

[5] José Monleón, *Cuatro autores...,* pág. 101.
[6] José Monleón, *Cuatro autores...,* pág. 101.
[7] Francisco Nieva, *Lo que he escrito,* Primer Acto, núm. 132.
[8] José Monleón, *Cuatro autores...,* pág. 100.
[9] José Monleón, *Cuatro autores...,* pág. 101.

> La cantidad de obras escritas era considerable. Con una labor de pulido, luego de tantas experiencias teatrales, quedaban bien, a mi entender. Era como un trabajo de orquestación tras haber concebido la melodía [10].

o aquella, por fin, en la que abundando sobre el mismo tema nos marca el espacio de tiempo:

> En suma, que mi teatro se ha gestado en veinte años poco más o menos, se ha escrito en diez (...) [11].

Pues bien, a pesar de este reconocido largo y lento proceso, su lenguaje aparece fresco y lozano, y nos encontramos en sus textos con frases hechas, lugares comunes, refranes, expresiones cotidianas e incluso familiares que, al ser sacadas de su contexto habitual, producen en el lector-espectador un efecto distanciador y de sorpresa continua.

Precisamente éste es uno de los aspectos en que radica la pretendida dificultad de su lenguaje, pues al ver ante sí elementos tan corrientes del habla, el lector o el espectador se confía, se relaja en su atención y se ve, por último, sorprendido por una «salida de tono» de nuestro autor, que lo lleva de golpe por otros derroteros dando muestras de una inexistente incoherencia que, eso sí, despista al que pretende seguir el texto —como ya hemos dicho antes— al pie de la letra. O dicho con palabras de Angélica Becker, lo que ocurre es que Nieva utiliza

> (...) la técnica de la sorpresa, basada en lo que Bousoño ha denominado «rupturas de sistema», es decir, que se rompe una norma de relación para nosotros usual y esperada, apareciendo un elemento expresivo, siempre que ostente un sentido tal sustitución [12].

---

[10] José Monleón, *Cuatro autores...*, pág. 102.
[11] José Monleón, *Cuatro autores...*, pág. 102.
[12] Angélica Becker, *Primer Acto,* núm. 132, pág. 62.

Pero ocurre que todo esto que acabamos de apuntar no supone ningún trauma para el que está acostumbrado a utilizar el lenguaje en su forma más rica y más pura por más auténtica, y para el que las «rupturas de sistema» son su forma cotidiana de expresarse, como es el público popular.

Y se encuentra dentro de la misma línea cuando vemos que utiliza un humor fresco, unas veces, absurdo o surrealista, otras, o cuando surje de pronto la ironía, el chiste verbal o los anacronismos, con resultados que van desde la sonrisa a la carcajada, a veces reprimida por un contexto semántico contrario a la expresión cómica utilizada en ese momento, y que tienen su raíz y explicación en los mismos razonamientos que hemos utilizado más arriba para explicar el fenómeno producido por el entronque popular de su lenguaje, y esto, sin duda, porque hemos perdido nuestra capacidad lúdica y de espontaneidad que aún se conservan en otras capas de la sociedad.

Del mismo modo, Nieva utiliza las deformaciones expresivas del lenguaje junto al más depurado idioma; voces arcaicas y terminología muy actual, unas junto a la otra, al mismo tiempo que aparecen vocablos nuevos, recién inventados por el autor. Es decir, se trata de una lengua viva, en pleno desarrollo y con unas posibilidades de crecimiento extraordinarias y unos signos evidentes de salud lingüística.

Al lado de todo esto, que pudiera ser considerado como un lenguaje exclusivamente colorista, aparece un valor conceptual fuertemente condensado en expresiones incrustadas en la exuberancia textual de su teatro. Lo que viene llamándose «mensaje», es decir, el contenido de sus obras se halla enmarcado por toda esa verborrea en la que nuestro autor parece recrearse, y necesita —creemos— un especial subrayado para que adquiera todo su valor y no se pierda; ese subrayado al que nos referimos quizá no sea necesario para el lector, que recibe el mensaje más literalmente y que puede volver atrás cuántas veces lo desee, pero sí que lo es para el espectador que no tiene la posibilidad de esa marcha atrás y para el que la puesta en escena debe ser clarificadora aunque no aclaratoria. Es decir, no hay que ofrecer el producto masticado y digerido, pero sí condimentado, adobado y puesto en su justo valor —y permítasenos este símil culinario— para que el peligro de la pérdida del contenido no se produzca. En definitiva, un subrayado en la puesta en escena, en cualquiera de sus distintos elementos o en el que mejor le convenga. Y hemos querido destacar este asunto porque precisamente esa forma de decir las «cosas importantes» hace que se corra el riesgo de que gran parte del público —especialmente el habitual de los teatros y más aún el que haya estado en contacto con el teatro «subterráneo»— quiera ver más allá de lo que realmente se dice, sobre todo acostumbrados como estamos a tener que leer entre líneas en un teatro metafórico y de doble sentido. Pero no es éste el caso de Nieva, aunque el hecho de su larga serie de prohibiciones por parte de la censura hubiera podido hacérnoslo creer, y muy especialmente en el aspecto político, no olvidando los aspectos religioso y erótico que, cuando caen en manos de los censores empiezan a adquirir una serie interminable —por las tachaduras— e indefinida —por la falta de explicaciones— de interpretaciones que a buen seguro Nieva nunca imaginó, a pesar de su portentosa capacidad creadora. Y todo porque nuestro autor no está de acuerdo

> en que haya que decir las cosas claras [13] —puesto que, sigue diciendo—, no hay emociones claras ni pasiones claras. Las cosas claras deben decirse de una en una y, como al final, todas se contradicen, si todas las cosas claras se intentan decir a la vez, surge esa cosa inquietante, misteriosa y no demasiado clara que es la poesía [14].

[13 y 14] Francisco Nieva, *Preliminar,* en programa editado por Corral de Comedias, bajo la dirección de José Monleón, para los espectáculos *La carroza de plomo candente* y *El combate de Opalos y Tasia.*

Es decir, que Nieva es consciente de estar creando un lenguaje poético. Y esa es una de las condiciones mínimas que debe cumplir cualquier producto artístico y, en particular, el teatral para que pueda ser tenido por tal. Esta puede ser, en definitiva, la explicación de que se quiera ver más allá, donde hay ni más ni menos que lo que hay pero expresado con un lenguaje poético, es decir, creativo.

b) *Plástica*

Probablemente junto a lo especial del lenguaje —según hemos visto en el apartado anterior— sea el carácter plástico de su teatro la característica más destacada en Nieva, según hemos podido comprobar tras la lectura de su obra, primero, y, después de haber puesto en pie *Coronada y el toro,* teniendo en cuenta que, según él, «el teatro es plasmación física de ideas» [15].

Hemos dicho más arriba que no había que considerar a Francisco Nieva como un autor exclusivamente colorista, pero esto no obsta para que debamos hacer hincapié en la plasticidad de su idioma, para pasar inmediatamente a considerar su indudable riqueza dentro de este campo, a la hora de poner en pie, o simplemente de ir imaginando su puesta en escena a medida que se avanza en la lectura de cualquiera de sus textos.

No es un tópico repetir que Nieva ha sido, y es, paralelamente pintor y escenógrafo, y que no es ajeno tampoco al mundo de la música —y no sólo en el campo de la ópera que es el que mejor enlaza el mundo musical con el teatral—; bien al contrario, conviene recordarlo y resaltarlo, ya que aquí cobra este otro aspecto suyo una importancia capital, pues va a aplicar a todo su teatro un marcado carácter pictórico, donde forma y color van

---

[15] Francisco Nieva, «La magia anecdótica y...», *Primer Acto,* número 132, pág. 66.

a recibir un tratamiento especial —fuera de los hábitos seguidos en el teatro comercial al uso—, del mismo modo que, según hemos visto antes, había hecho con el lenguaje.

Siguiendo idéntico proceso, no utilizará las técnicas del realismo, pero su producto será reconocible porque, también aquí, se va a basar en lo cotidiano, en lo enraizado en su conciencia popular, de donde tomará formas y colores básicos, como punto de partida, para luego distorsionarlos expresivamente creando así un nuevo producto que tendrá los mismos efectos distanciadores y de sorpresa que habíamos visto al hablar del lenguaje, y cuyas conclusiones podemos volver a aplicar en este caso.

También es ésta la misma técnica que emplea para el espacio sonoro que nos indica para sus obras, que aparece descrito en las acotaciones, y donde habla a menudo de deformaciones expresivas del sonido o de la música, tomando como base, muy a menudo, temas populares —como habíamos visto que ocurría en el apartado anterior— para elaborarlos a propuesta suya por los responsables de ese aspecto de la puesta en escena.

La lectura de un texto de Nieva invita, según estas premisas, a dejar libre la imaginación para la creación de un espacio sonoro y un aparato escénico donde no hay límites para la invención. Pero contrariamente a lo que pudiera parecer también se puede acudir a la sencillez, cuando a menudo se rehúye el montaje de sus obras por considerarlas muy barrocas y de una complicación escenográfica fuera de lo común, lo que hace decir a los que así piensan que se trata de un teatro para ser leído, especialmente cuando empiezan a ver surgir ante sí todos esos productos tan enraizados con la imaginería popular, como el toro que se eleva, la cabra mágica, el hombre-mujer, etc., que aunque luego veremos al hablar de los personajes, conviene al menos citar aquí por su carácter eminentemente plástico.

Y todo esto se «agrava» cuando empresarios y directores timoratos se encuentran con que no basta con el derroche imaginativo de Nieva, sino que, además, hay que añadir más carne en el asador, porque según él su texto está «comprimido al máximo» [16] y habría que leerlo

> supliendo idealmente cuando le falta, como se hace con un «libreto» de ópera [17].

ya que Nieva considera que, al igual que en los textos operísticos, en los suyos

> ... existe (...) una curiosa compresión del diálogo y las ideas, una precipitación y acumulación de efectos escénicos que —sin la obligada dilatación impuesta por la música— puede producirnos la impresión de un teatro aún desconocido, en parte abortado y en parte «reparable» [18].

c) *Esquema dramático*

Francisco Nieva es un autor difícil de clasificar en cualquier aspecto, y no lo iba a ser menos en el de la estructura de sus obras, para las que no existe una receta aplicable a su totalidad. También en esto se aparta del camino trillado por la costumbre y el uso de la mayoría de los autores que estrenan, que parecen utilizar un esquema preconcebido del que rara vez se salen, como es el caso del inefable Alfonso Paso, que llegó a declarar ante las cámaras de Televisión Española que él tenía bien calculada la duración de sus comedias por el número de cuartillas escritas; más o menos venía a decir: «tantas cuartillas para el primer acto, tantas para el segundo». Naturalmente éste no es el caso de Nieva, como no lo es el de la mayoría de los autores del denominado «Nuevo Teatro Español» o «Joven Teatro Español» o como quiera que se le llame.

No obstante, ante un estudio no muy exhaustivo en

[16, 17 y 18] Francisco Nieva, *Teatro furioso*, Akal-Ayuso, pág. 45.

este sentido, sí que podemos notar una repetición de estructuras a lo largo de su producción que llama rápidamente la atención. Nos referimos a la división de sus obras en cuadros más o menos cortos, como ocurre a menudo en las obras de Valle-Inclán o como se hace también en las zarzuelas; hay, como en ellas, numerosas «mutaciones» o cambios de escenario, que de forma tan sencilla se solucionaban en los tiempos florecientes del género lírico español y que Nieva o Valle-Inclán imaginan más barrocos y que, especialmente en la descripción que de ellas dan, hacen andar de cabeza a más de un escenógrafo, pero que nuestros técnicos zarzueleros solucionaron tan sencillamente con sus «telones cortos», con los que se utilizaba sólo la parte más cercana a las candilejas para la actuación, mientras que detrás se preparaba todo un complicado decorado para el cuadro siguiente. Claro que para este tipo de solución hacía falta disponer de un teatro con telar, de cuyas varas puede colgarse un telón pintado, pero que se hace difícil actualmente con la proliferación de pequeños teatros donde se hace prácticamente imposible la utilización de la más mínima maquinaria, o con la transformación apresurada de salas de cines en teatros, sin una preparación técnica adecuada, lo que hace que estos cambios o mutaciones consuman un tiempo desesperante para el público o tengan que ser anuladas con la utilización de un decorado único, como por ejemplo, pudimos comprobar en el Teatro Barceló de Madrid (antes Cine Barceló) en la puesta en escena, durante la temporada veraniega de 1977, de las piezas de nuestro género lírico *Agua, azucarillos y aguardiente* y *La verbena de la Paloma,* y que citamos a título de ejemplo.

Pero queremos aprovechar el haber citado el género zarzuelístico para reafirmarnos en nuestra opinión de que tanto en Valle como en Nieva es indudable su influencia, muy especialmente en su vertiente del «género chico», y no sólo en lo que se refiere al esquema dramático sino que, como veremos más adelante cuando hablemos de los personajes, también es notorio este paralelismo en la utilización de tipos populares, cuyo tratamiento posterior es distinto, pero que tienen la misma base y origen.

Así pues —volviendo al tema que nos ocupa—, no es casualidad tampoco que, de la misma forma que estructuran el esquema de sus dramas en escenas o cuadros, ambos autores sientan una especial atracción por escribir piezas cortas, en cuya estructura limitada quizá se sientan más cómodos, por las especiales características que conlleva el teatro breve. Y abundando más en esta teoría, pensamos que ese mismo esquema es trasladado luego a sus obras largas —no podemos emplear aquí la coletilla de «obra de duración normal», porque no encajaría en absoluto ni con Valle ni con nuestro autor, y que bastantes problemas les está causando—, que vendría a ser una acumulación de cuadros. Esta técnica plantea una serie de problemas, y muy especialmente en el aspecto rítmico del conjunto de la obra, pero como hombre muy cercano al mundo de la música, Nieva sabe bien la importancia del «tempo» y cómo dosificarlo, y sabe también que el «tempo» de una escena o cuadro tiene que estar en relación con el tiempo general de la obra entera, para que el conjunto cobre unidad. Quizá con esta preocupación, Nieva procura que el cambio de una escena a otra se produzca casi imperceptiblemente, dejando a los responsables de la puesta en escena la posibilidad y la tarea de solucionarlo a su manera, pero siempre teniendo en cuenta que no debe haber parón en la acción, precisamente para que ese ritmo del que hablábamos no se rompa. Como técnico en la materia, nuestro autor ya imagina cuando escribe cómo han de transformarse o cambiarse las escenografías o decorados, pero casi nunca lo anota en sus acotaciones, dando así al escenógrafo o al colectivo encargado de esta tarea —según el método que se utilice— una obra abierta a múltiples posibilidades, que van a depender de la capacidad creativa de su realizador.

Cuantitativa y técnicamente, una escena o cuadro equivaldría a una pieza corta; es decir, que tiene en sí mismo un valor independiente del resto de la obra, como tal escena, pero que tiene que verse en el conjunto de la obra, como hemos visto al hablar del «tempo».

En este sentido, la influencia de la técnica cinematográfica de división en secuencias es evidente, y es otra de las características que estructuralmente aproxima el teatro de Nieva a la manera de hacer de Valle-Inclán, del que no descubro nada nuevo al decir que dejó sentir en la construcción de sus obras el impacto que le produjo el naciente arte de la cinematografía.

La indudable cultura teatral de Nieva hace innecesario afirmar que conoce bien la estructura del teatro de los Siglos de Oro, en el que las divisiones en «jornadas» pueden ser consideradas como un precedente de lo que venimos comentando, y que los ejemplos de teatro corto en nuestra literatura son precisamente un modelo en el género, cuyo origen popular es innegable. Lo que nos hace afirmar que Nieva vuelve a sus raíces incluso cuando se trata de estructurar una obra suya; dato que nos permite hablar de una constante, pues ya hemos visto cómo ocurría del mismo modo tanto en el tratamiento del lenguaje como cuando se ocupa de los elementos plásticos de su obra, y que reaparecerá al hablar de los personajes.

d) *Personajes*

Una primera lectura de las obras de Nieva deja en el lector la sensación de haber participado en un juego ya conocido, cuya descripción y análisis se hace muy difícil. Al adentrarnos en su estudio empiezan a aparecer las razones de esta dificultad, de entre las que destaca el carácter fuera de lo común de sus personajes, que no reaccionan según los esquemas a los que nos tiene acostumbrado el teatro que llamamos naturalista, ni como los que siguen una tendencia realista, y aunque sus criaturas se asemejan a las de la farsa, en unos casos, o a los del teatro del absurdo, en otros, se mueven y hablan de tal manera que llegan a ser difícilmente clasificables. En realidad —pensamos—, es su falta de psicologismo lo que nos hace dura la tarea, y es que no estamos acostumbrados a unos personajes a los que hay que acceder a través de los sentidos; es decir, nos encontramos ante un fenómeno sensorial.

A los personajes de Nieva se les entiende mejor por cómo gesticulan y por el tipo de entonaciones que utilizan, que por lo que literalmente dicen. Y este aspecto enlaza plenamente con lo que decíamos antes acerca del lenguaje, ya que vamos a tropezar con el mismo tipo de problemas y quienes mejor van a solucionarlo serán —como en el caso del lenguaje— los menos intelectualizados, que no tratarán de aplicar fórmulas psicologistas y se entregarán sin resistencia alguna al juego dramático que les servirán los personajes. En cambio, el público que haya perdido su capacidad lúdica reaccionará rechazando lo que puede parecerle hueco aunque adornado por lo que ellos considerarán hojarasca inútil, a no ser que hagan el esfuerzo de abandonarse a la recepción sensitiva y dejen a un lado sus prejuicios culturales. Es decir, que si no se tiene la espontaneidad necesaria hay que esforzarse en mantenerse receptivo, y para ello es preciso no seguir adoptando esa pasividad a que nos tiene acostumbrado el teatro de nuestro tiempo que ha olvidado que su misión principal es la de hacer partícipe al público que tiene enfrente de lo que está ocurriendo en el escenario.

Y es que para poder seguir y entender los personajes de Nieva hay que volver la mirada hacia nuestras raíces populares más auténticas, aunque él se empeñe, a veces, en disfrazarlas con elementos aparentemente extraños, pero que, en realidad, viene a abundar en ellas, como ocurre cuando introduce matices surrealistas, que, por otra parte, tampoco son ajenos a nuestra tradición teatral a poco que recordemos los tipos creados por Enrique Jardiel Poncela. No obstante, es cierto que Nieva va mucho más allá en este sentido, al abandonar —como hemos dicho antes— la psicología para explicar sus personajes; en este sentido estamos de acuerdo con José Monleón cuando afirma que

> La sicología es considerada algo así como una mordaza, en tanto que tiende a hacer "explicables" los comportamientos de los personajes por su acomodación a unos cuantos patrones establecidos. Los mecanismos sicológicos servirían para "explicarlo todo" y su invocación tendría algo de confidencia pequeño-burguesa y de servidumbre naturalista que no le interesan en absoluto a Francisco Nieva [19].

Ya vimos cómo Nieva no es partidario de clarificar excesivamente las cosas y es consecuente con ello al no aceptar los «patrones establecidos» a que hace referencia Monleón, puesto que no ve la necesidad de explicar nada, ya que él está haciendo poesía —Poesía teatral, claro— y es consciente de ello, y sabe que está transmitiéndonos emociones y que para ello no necesita en absoluto la psicología, cuya única utilidad sería la de que

> nos ayudaría a consolidar sobre la escena el rostro de nuestra vida cotidiana, cuando a Nieva lo que le importa es resolver las alucinaciones secretas [20].

Efectivamente, sus personajes necesitan ser recibidos por conducto sensorial, único camino por el que esas alucinaciones dejen de ser secretas y sean alcanzadas por el público, entregado al formidable juego que el teatro de Nieva les ofrece.

Disfrazadas o no, esas raíces populares aparecen en los personajes de nuestro autor, que, como Valle-Inclán, utiliza como fuentes las de la tradición popular, las de Cervantes o *La Celestina,* o las del siglo XVIII más estereotipado y amanerado, aparte de los puramente inventados que también tienen connotaciones populares y

---

[19 y 20] José Monleón, «Francisco Nieva o la orgía...», *Primer Acto*, núm. 153, pág. 15.

que puedan ser extraídos del «género chico», de indudable atractivo para Nieva.

Moisés Pérez Coterillo destaca como rasgos fundamentales del «Teatro Furioso» precisamente aquellos que acabamos de señalar, como son:

> ... los personajes absolutamente protípicos que pueblan los textos, desprovistos de psicología, apoyados en unos pocos rasgos de urgencia que les definen absolutamente y les hacen encarnar una idea o una pasión. Son personajes que componen una extensa baraja popular en la que tienen sitio debidamente desangelado y abiertamente degradado en un cuadro festivo todos los personajes de un amplio cortejo popular, de un desfile de fiesta mayor puestos en pie para gozo y escarnio de un público que desde siempre ha sabido jugarle una mala pasada a las más sonoras imágenes del poder. Casi todos ellos pertenecen a la familia ibérica: el rey, la puta, la vieja celestina, frailes y monjas, duquesas y majas... [21].

Asimismo, podríamos añadir otros personajes que habría que clasificar fuera de la tradición española, pero no por ello menos populares, como puedan ser aquellos que se inspiran

> en la alta historia del cine mudo, en sus incoloros fantasmas y primitivos mitos: *Nosferatu,* de Murnau; *La Reina Kelly,* de Stroheim; *La calle sin alegría,* de Pabst; *Mikey Mouse...* [22].

y que forman parte ya de la memoria colectiva de tantos y tantos espectadores que el cinematógrafo atrajo hacia su feudo, y que indudablemente pertenecen a nuestra cultura del mismo modo que los cuentos populares —pongamos por caso— procedentes de otros campos culturales pero asimilados al nuestro.

---

[21] Moisés Pérez Coterillo, Prólogo a *Teatro furioso,* Akal-Ayuso, págs. 27-28.
[22] Francisco Nieva, Nota preliminar a *Nosferatu* en *Teatro furioso,* Akal-Ayuso, pág. 91.

Por último, cabe citar una serie de personajes procedente de la afición de Nieva, en algún momento de su producción, por el «pastiche», como puedan ser los de *El maravilloso catarro de Lord Bashaville* —escrita en Berlín sobre la base de autores como Oscar Wilde y Bernard Shaw— y los de *El corazón acelerado* —escrita en Viena, utilizando para su «pastiche» a Roger Vitrac—; aquí los personajes suelen ser «dandys» de gesto lánguido que se mueven en un ambiente de exquisita decadencia. Es evidente que estos personajes caen fuera de la órbita de la tradición popular española que hemos reivindicado para el teatro de Nieva y que tenemos que incluir —aun teniendo en cuenta las inevitables peculiaridades del estilo de su teatro— dentro de lo que suele conocerse con el nombre de «alta comedia europea».

Hay, quizá, un rasgo más a destacar en los personajes del teatro de Nieva, y es el de que, en contra de la costumbre instalada en nuestros escenarios, no cree necesario darles credibilidad —a esos personajes— frente al público; es decir, no tienen por qué ser lógicos o explicables según un razonamiento convencional, porque lo importante no son ellos, sino el conflicto de que son portadores, que es el que traduce la intencionalidad del autor. En este sentido, citemos las palabras de Nieva cuando dice

> En la tradición naturalística y realista los personajes, de un modo o de otro, de forma más o menos hábil, deben de contarnos lo que les pasa. Sin embargo, en el teatro de Beckett en el de Artaud, en el mismo teatro de Weiss, a quien le pasa algo es al autor, el cual no considera necesario hacer creer en los personajes sino en el "conflicto" [23].

---

[23] Francisco Nieva, «La magia anecdótica y...», *Primer Acto*, número 132, pág. 66.

Cuento sin fin

Antes de entrar en el estudio comparativo de las dos comedias que nos ocupan, nos vemos en la obligación de aclarar el porqué de este «Cuento sin fin» como título del presente apartado.

Francisco Nieva presentó su comedia *Malditas sean Coronada y sus hijas* a un concurso de obras teatrales, y fue admitida con el núm. 8, según reza escrito a lápiz azul en la portada de la copia mecanografiada; la obra debió ir bajo un lema, y Nieva eligió precisamennte ese de «Cuento sin fin» que nos sirve a nosotros ahora. Y nos sirve porque, según iremos viendo más adelante, pensamos que existe una íntima relación, más aún, una correlación entre ambas comedias, que las hace a una continuación de la otra. Y eso es todo.

Veamos ya una serie de consideraciones a propósito de las dos obras que aparecen en esta edición.

> Un visitante es introducido y se ve involucrado, por su propia presunción, en un mundo y unos hábitos extraños a él, ante los cuales —alternativamente— transige o los rechaza, pero que terminan por anularlo.

Este sería, en definitiva y muy esquemáticamente, la línea argumental de ambas obras, coincidentes, como vemos, en lo fundamental. Lo cual es muy significativo si pensamos que *Malditas sean Coronada y sus hijas* es una comedia que tiene su origen cuando Nieva da sus primeros pasos firmes como dramaturgo (hacia 1949), y *Delirio del amor hostil* pertenece a su última etapa, ya en su madurez creadora.

Claro está que para Nieva —que no escribe un teatro psicológico, aunque en su Teatro de Farsa y Calamidad la psicología tenga mayor importancia que en el Furioso— la importancia va a sustentarse en las acciones que se deriven de los casos particulares de cada uno de esos dos protagonistas, perdidos en esos mundos kafkianos —que tanto nos han recordado pasajes de *El castillo,* especialmente en la primera de las obras—. Y esas acciones nos van a mostrar dos mundos opuestos, antagónicos incluso, como son el de Coronada y su corte, que ejerce una opresión totalitaria sobre el protagonista, Silverio, y el de Ermelina y los demás habitantes del Barrio de Doña Benita, que se mueven dentro de una libertad tan plena —tan marginal, según las convenciones sociales de las que procede Jasón Madero— que acabará por destruir al personaje instruso o, al menos, a violentarlo, quizá en mayor medida que en el caso de Silverio.

Orden y desorden se dan la mano, por los resultados que provocan en los personajes que se van a ver anulados igualmente en ambos casos.

¿Se trata en el fondo de la misma comedia? Es muy posible. Quizá Nieva sienta una preocupación especial por el hombre y sus relaciones con el entorno, y esto se haya transformado en una constante repetida en las dos obras que nos ocupan, en las que de una forma repetida vemos al protagonista intentando desenvolverse en un medio que le es hostil y que, también en ambos casos, consigue aniquilarlo, ya sea moral y espiritualmente —Silverio— ya sea, además, físicamente —Jasón Madero.

Claro que sería una misma comedia vista a treinta años de distancia y elaborada, pensamos, habiendo olvidado la segunda a la primera a la hora de su creación o recreación, si se prefiere; o que pudiera estar ya en cierto modo en el espíritu del autor cuando colocó aquel lema de «Cuento sin fin». Y esto no sería privativo de Nieva, pues nos bastaría citar a Buero Vallejo para demostrar que un mismo tema puede preocupar de tal manera a un autor como para que el resultado se vea reflejado en dos obras alejadas en el tiempo y, por tanto, con una técnica teatral distinta por evolucionada; en el caso de Antonio Buero el ejemplo más significativo lo tendríamos con *En la ardiente oscuridad,* por un lado, y con *La fundación,* por otro, en las que el tema central viene a ser el mismo, a saber: la ceguera del consciente, el no querer ver la realidad.

Pero sigamos con nuestro tema, y formulemos ahora otra pregunta. ¿Se trata más bien no de la misma comedia sino del mismo personaje, visto en dos situaciones alejadas una de otra en el tiempo y en el espacio? Quizá sea esto más exacto. Se trataría, en este caso, de un personaje que, obsesivamente, busca encontrarse a sí mismo a través de su enfrentamiento a mundos que, en principio, le atraen pero que, en el fondo, le repelen. Esa obsesión suya es la que le hace aparecer, bajo nombres distintos, en situaciones análogas aunque contrarias en su apariencia, y esto por los resultados que observamos en el protagonista.

Naturalmente, los planteamientos de 1949 no son los de 1977, y aquel personaje, aunque repetido ahora, ya no es el mismo hombre, como tampoco lo es el autor o, mejor, las circunstancias que lo rodean. Esa es la razón por la que su centro de interés va a cambiar, como va a cambiar la temática con la que nos va a servir una misma línea argumental. Si en *Malditas sean Coronada y sus hijas* lo que le interesa es mostrarnos la zafiedad de un mundo rudo, sucio, vacío y falso en el que va a perder el protagonista sus «buenas maneras» —el cual, en última instancia, se verá forzado a transigir con la mentira en detrimento de la verdad que él buscaba—, en *Delirio del amor hostil* la falsedad se encuentra fuera del mundo al que accede Jasón, procede de su mundo, pero él no es capaz de asimilar tanta «llaneza» en el trato, en las relaciones humanas, en los comportamientos de esas gentes que se muestran tan a las claras; imposibilidad que se manifiesta a pesar del atractivo que ese mundo marginal ejerce sobre él.

Nos parece muy interesante ver la trayectoria que va de una obra a otra, sobre todo si seguimos manteniendo la hipótesis de que se trata del mismo personaje en situaciones distintas.

Da la impresión al leer una obra tras otra de que Nieva ha tomado a su personaje, no como un ente particular —al que habría que aplicarle cualidades psicológicas concretas— sino como un genérico; es decir, no se trata de Silverio ni de Jasón, sino que nos encontramos ante un hombre, representativo de otros muchos hombres como él. Y esto no es exclusivo de estas dos comedias, sino que se repite en todo el teatro de Nieva, del que ya hemos dicho que no hace un teatro psicológico.

Pues bien, intentemos reproducir la trayectoria de ese personaje, pero antes conviene tener en cuenta las circunstancias en que nuestro autor va a crearlo, porque no entenderíamos lo uno sin lo otro. Veamos. Ya hemos dicho que *Malditas sean Coronada y sus hijas* es de 1949, pero debemos aclarar que esa es la fecha en que Nieva idea la línea argumental, la anécdota principal de la obra, especialmente en lo que se refiere al hecho insólito de las mujeres que representan lo que realmente no son. Después de esta idea primera, que es concebida en Madrid, Nieva marcha a París, donde va elaborando y desarrollando la obra; pero su redacción no tiene lugar hasta el año 1968, otra vez en Madrid. Después realizará, al menos, otras dos redacciones, hasta llegar a ésta que publicamos y que podemos considerar como definitiva. El autor dirá.

Pero no hemos contado todo esto a título informativo de fechas y lugares, sino que queremos llamar la atención sobre esas fechas y esos lugares en relación con la obra, por el influjo que las circunstancias históricas, políticas, sociales, económicas y culturales de cada uno de esos momentos espacio-temporales han ejercido sobre el autor a la hora de idear, elaborar y dar forma a su creación poética.

Vayamos por pasos. Nieva idea la primera de estas dos comedias, el año 1949, en un momento histórico agobiante para él y para tantísimos otros que, como él, no pueden soportar las consecuencias de la rebelión franquista y la consiguiente victoria fascista sobre la vida española [1]; tanto es así que, como hemos visto en su biografía, aprovecha la primera oportunidad favorable para ir a buscar aires respirables a París, lugar de reunión de tantos exilios forzosos y voluntarios. Allí es donde tiene oportunidad de analizar con perspectiva el desierto cultural que acaba de dejar, al mismo tiempo que desarrolla ese primer esquema que traía de Madrid —recordémoslo: el juego de las mujeres que no son lo que aparentan sino que representan a otras mujeres—, que una vez en desarrollo le hará pensar en su país como lugar donde va a situar la acción, siempre, naturalmente, con todas las licencias que Nieva se toma a la hora de reflejar en sus obras una realidad concreta. Está claro, por otro lado, que en este orden de cosas vamos a identificar el país de origen de Silverio con Francia o, si se prefiere, con cualquiera de los países europeos que Francisco Nieva ha recorrido en su peregrinaje artístico y de reflexión a lo largo de esos años transcurridos hasta que en 1968, ya de vuelta en Madrid, redacta la comedia. Aunque es indudable que para entonces ha habido un avance desde que se marchó, también es cierto que su propia evolución ha ido mucho más allá, y esto le hará ver el enorme abismo que separa en ese momento a España del resto de Europa; el mismo que existe entre «el bárbaro país de Coronada» —según reza la primera acotación— y «aquel país (...), donde sólo se ven ciudadanos

---

[1] Para el aspecto concreto del mundo del teatro, en estos años de la postguerra española, véase, entre otros, *Treinta años de teatro de la derecha,* de José Monleón. (Tusquets editor, Barcelona, 1972.)

Para el caso de Nieva, conviene leer sus propias declaraciones en la revista *Poesía,* núm. 2, a propósito del «Postismo».

racionales y gente que se pasea con un paquete pequeñito colgando de un dedo» —como podemos leer en la primera escena.

Y es muy significativo que la otra obra que nos ocupa, *Delirio del amor hostil,* plantea la misma dicotomía, pero esta vez a la inversa y situada la acción clara y explícitamente en Madrid. Casi diez años después, en 1977, Nieva nos presenta al mismo personaje, que no ha tenido más remedio que aceptar aquella tosca realidad refugiado en el mundo irreal de la burguesía acomodada, representada en la anterior comedia por Coronada y sus gentes, y que intenta otra nueva aventura. Esta vez se va a ver atraído por un submundo marginal, anclado, por una parte, en un pasado nostálgico, y que ha dejado a un lado, por otra, todas las convenciones de la sociedad burguesa a la que pertenece Jasón, nuestro personaje. Nieva ha sido, una vez más, sensible a la realidad que le circunda y enfrenta de nuevo a dos mundos, como había hecho antes en *Malditas sean Coronada y sus hijas,* pero esta vez después de que España ha sufrido las épocas del «desarrollo» y la «tecnocracia», de las que, sin duda, huye el protagonista, que se iniciaron, como sabemos, en la década de los sesenta, precisamente cuando Nieva estaba terminando la primera redacción de aquella obra, y que crearon una inestabilidad alarmante, no superada aún en la etapa llamada de la predemocracia que nuestro autor está viviendo al redactar esta segunda comedia.

Vemos así cómo el poeta —así le gustaba llamarse a Federico García Lorca cuando se citaba como autor dramático— hace un recorrido con Silverio-Jasón por unas etapas históricas consecutivas que han influido grandemente no sólo en él sino en toda la vida española, y que se reflejan en las dos obras que estamos comparando. No se crea, no obstante, que Nieva hace aquí un teatro histórico o documental; tanto en una como en otra comedia el punto de partida que es la realidad se ve superado en una transformación poética muy cercana a la que se produce en el mundo de los sueños, en los que también la base de lo soñado es real.

No sólo ambas comedias se basan en lo real desde el punto de vista de lo general —momentos históricos consecutivos— sino que, además, las dos tienen un sustento en hechos concretos, en experiencias íntimas vividas por Nieva, y que le sirven de estímulo temático. En el caso de *Malditas sean Coronada y sus hijas,* se trata de su noviazgo con cierta damita española que al igual que Coronada 2.ª vivía en un mundo idealizado, donde sólo se hablaba de hombres y mujeres ideales, y que, además, estaba habitado esencialmente por mujeres, todas ellas de la misma familia, cuyas recepciones se ven reflejadas en las que tienen lugar en el salón de Coronada y sus hijas. En cuanto a *Delirio del amor hostil,* esta vivencia personal consiste en haber conocido, durante su estancia en Venecia, a una pareja de enamorados que, como Ermelina y Farce, estaba compuesta por una hermana y un hermano. Pero éstas son anécdotas que sólo el autor conoce y que el espectador no le van a aclarar nada, porque Nieva las utiliza como punto de partida, como soporte temático o ambiental, o como estímulo para su creación particularísima de otra realidad que es la realidad poética. Al citarlas, lo hemos hecho para hacer ver, con estos ejemplos, que Nieva es muy sensible a la realidad que le rodea, no sólo desde el punto de vista general o ambiental sino también en el campo de lo particular, de lo concreto. Naturalmente esto tampoco significa que sea un autor de los llamados realistas, sino que, sencillamente, utiliza la realidad como punto de arranque. Es muy probable que esta especial cualidad de Nieva sea la razón por la que nunca haya querido intervenir como parte en la polémica mantenida entre los dramaturgos españoles de las tendencias realistas y no realistas, porque, en definitiva, se trata de un caso aparte.

Por otra parte hay, además, en ambas obras una preocupación que nos parece fundamental por repetida, y que confirma nuestra teoría de la identificación entre Silverio y Jasón —o entre las dos piezas, si se prefiere—; se trata del tema de la verdad.

Aunque con diferencias en su tratamiento, como diferentes son las dos dramaturgias, el tema de la verdad se nos muestra como un nexo de unión más. Por un lado, en *Malditas sean Coronada y sus hijas* ese tema está en relación con el de la mentira, contrapuestamente,

> SILVERIO. *No mientas.* Tú eres Avedelma, la muchacha de la posada. Te conozco bien.

con el de la falsedad, con el del fingimiento

> CORONADA 1.ª (...) Ellas siempre se ocultan y nosotras no somos sino sus bellas representantes en el mundo, ideales mujeres a sueldo (...).

dentro de un estilo cercano al de Pirandello [2], que lleva el protagonista hasta el desengaño

> CORDACEBO. ¡Vaya! el «azote de los montes» condenado al desengaño (...).

cuando se enfrenta a la realidad que no quiere aceptar pero que está ahí presente, agresiva, por mucho que quiera ser negada o que se la intente transformar

> SILVERIO. Eres la sola persona digna de mí, porque eres la misma, la que yo soñé.
> MARCELINA (CORONADA 2.ª). No, no. Yo quisiera ser la misma, pero no sé si sabré. No puedo pasarme la vida repitiendo todo lo que sé de memoria (...).

Es una realidad terrible, pero que dispone de un resorte para la transformación en apariencia sosegadora, tranquilizadora, en cuanto el protagonista se decida, definitivamente, a aniquilarse a sí mismo, admitiendo las

---

[2] No es ésta la única vez en que descubrimos concomitancias entre Nieva y Pirandello. Véase su obra titulada *Tórtolas, crepúsculo y... telón.*

reglas del juego, por pura imposibilidad de asumir aquella verdad

> CORONADA 1.ª bis. Se quedará porque, si no lo es, al menos querrá parecer feliz.

Y quedar así sumido en ese «palacio risible de la apariencia y de la muerte», según definición del propio Silverio de lo que nosotros hemos interpretado como la alta burguesía de un mundo zafio, sucio, inculto y torpe.

Por otro lado, en *Delirio del amor hostil,* el mismo tema aparece de nuevo, pero en esta ocasión el protagonista Jasón Madero viene precisamente de un mundo aburguesado, bienpensante, tranquilizado ya por el uso generalizado de aquellas reglas del juego de lo falso. Así lo encontramos en búsqueda de sí mismo y de la verdad, pero en este momento sus pesquisas lo han llevado hasta el mundo marginal y canallesco del Barrio de Doña Benita, donde la realidad ha hecho un giro de 180° que ha producido una inversión total de los valores, de tal forma que Jasón tiene que aceptar la realidad tal y como es, sin velos suavizantes. Todo lo más, y eso es lo que puede despistar a nuestro protagonista y, de rechazo, al público que vea esta función, esa realidad está, a veces, explicada desde el lado opuesto, incluso en boca de los mismos habitantes del Barrio:

> FLOREANO. (...) Hay mucho bulle de vida en estos páramos de engaño.

Pero las más de las veces ese equívoco no es tal y los personajes aclaran el por qué de su uso:

> ERMELINA. (...) Yo quería darte ilusión y caldo de cabeza.

E incluso la postura queda clarificada, sin tapujos, para que nadie se llame a engaño, denunciando a las claras el origen de las malas interpretaciones que pudieran producirse:

> FARCE. (...) Aquí la vida es muy gaseosa por principio.
> EL MUERTO. Pero ocurren quisicosas en el Barrio de Doña Benita que son más verdad que el Verbo. Os ciega mucho el engaño de otros distritos moderados.

Como vemos, el tratamiento del tema de la verdad es distinto al que se hace en *Malditas sean Coronada y sus hijas,* aunque encontremos réplicas como ésta que reproducimos a continuación, correspondiente a un diálogo entre Ermelina y Jasón, que bien pudiera haber sido escrita para Coronada:

> ERMELINA. Pero hay que saber preguntar con palabras que no estén dichas para que a uno le contesten la verdad que nunca espera. Búscalas, Jasón. No me digas que te mentí porque la verdad es mentira y tú entraste en esta casa para averiguarme, chalado. Los grandes cariños duran lo que dura la mejor mentira.

No obstante, el enfoque y su raíz son distintos, pues si en la obra anterior habíamos visto un cierto paralelismo entre Nieva y Pirandello, aquí observamos que el tema está tratado inmerso en un ambiente no muy lejano de los creados por Georges Bataille, del que nuestro autor se confiesa deudor, aunque muchas veces esa deuda se haya producido antes mismo de que Nieva conociera los escritos del filósofo y polígrafo francés. Es evidente que de Pirandello a Bataille hay un gran salto; el mismo que le permite a Nieva hacerle decir a su personaje Coconito que «en el Barrio de Doña Benita la mentira vale tanto como la verdad y en el revoltillo de las dos está el maestro de la balanza», porque aunque también entre Coronada y sus hijas la mentira es la verdad cotidiana, ninguno de sus personajes hubiera podido añadir que el equilibrio se encontraba en ese «revoltillo», porque hay en ellos una plena consciencia de la mentira que están viviendo, mientras que los del Barrio de Doña Benita no mienten y su vida es tan diáfana como el agua clara. Lo que ocurre es que viven en constante transgresión, regodeándose en ella, sin falsas apariencias.

A todo lo más que llegan en este sentido es a la mentira juguetona y provocadora, como la de Ermelina en su presentación a Jasón o como la que hace decir al padre de la indigna familia:

> GRACIADIÓS. (...) Mi «Sarcofa» sólo miente porque le agradezcan la verdad cuando la zurren (...).

Lo que cuenta para estos personajes es la acción, no las palabras, y así lo manifiestan tanto la Coconito:

> (...) y no digo más, que en este barrio abajeño la verdad vale todo su peso en silencio y las palabras son todo mentira y baraundanga (...),

como Ermelina:

> Como toda verdad es media si no le acompañan los hechos (...).

Pero después de tanta preocupación por el tema de la verdad, el espectador se va a quedar con una extraña sensación, al no saber si lo que ha visto es una historia de personajes reales, verdaderos, o si, por el contrario, han sido víctimas de una mera fantasía, pues si bien es verdad que podemos oír frases como ésta:

> COCONITO. Esa es la desgracia del Barrio: la autoridad constructora nos lo quiere derribar sin saber que ya estamos modernizados en la puñetera verdad, que siempre está muy allá y de trasmano,

donde hay una concreción evidente en lo real, también se puede oír a Farce decir que «de la verdad nos salimos para no dejar ni envidiosos», con lo que bien pudiera pensarse en personajes irreales, fuera de la verdad. Y más aún cuando es Jasón, el protagonista, quien duda de su propia identidad:

> JASÓN. (...) ¿Será posible, Coconito, que me vaya a morir de inverosímil?,

y nos hace recordar que en su primer contacto con los personajes del Barrio ya había empezado a dudar no sólo de ellos sino también de sí mismo:

> Jasón. (...) Sólo basta que uno salga del camino trazado para ver fantasmas. ¿Soy yo fantasma y me han nombrado confraterno?

¿Qué ocurre? ¿Hemos visto personajes o fantasmas? ¿Existe algún personaje real en la comedia? Evidentemente no es fácil dilucidar el problema, porque es muy posible que todo haya sido una farsa. Eso es; es posible que todo haya sido teatro, como desea la vieja correcalles en su última intervención:

> Coconito. (...) Lástima que este retiro no se convierta en teatro y se pague por mirar lo que ni querer se quiere (...).

Pero no; es real lo imaginado. Se nos habla de cosas concretas que conocemos. Se nos habla de Madrid y de sus barrios, y de sus gentes indignas que no merecemos. Escuchemos si no las siguientes palabras de la andrajosa correntera:

> Coconito. (...) Contentaos con recelar que os rodean en cinturón estos poderosos de espanto, con noches hechas de día, sin fiestas ni jornadas laborables, sin culpa ni salvación, que yo correré aún esas calles en busca del elegido valeroso que merezca llegar tan lejos (...).

Y así queda, por fin, abierta la posibilidad de volver a empezar, o de nunca acabar, que viene a ser lo mismo, como en los «cuentos sin fin».

Clasificación del teatro de Nieva

Intentar una clasificación del teatro de Nieva es un trabajo que el propio autor ha hecho inútil, pues ya ha procurado él hacerse su particular clasificación, evitando así que otros pudieran intentar encasillarlo.

Nieva es consciente de la dificultad que tiene su obra dramática de ser incluida en tendencias de uno u otro signo, porque es un teatro distinto; esa es la razón, suponemos, por la que ha querido curarse en salud y evitar verse citado en listas de autores con los que muy probablemente no tendría mucho en común. Y es que es evidente que Francisco Nieva es el mejor crítico del teatro de Nieva, porque —como dice Bergamín— «son siempre los poetas los mejores críticos de ellos mismos y de los demás» [1], lo cual es fácilmente demostrable acudiendo a su bibliografía teórica [2].

Pero, claro, a pesar de todo su precaución de poco le valió y su obra ha querido ser encasillada bajo distintos epígrafes: «teatro joven», «nuevo teatro», «teatro crítico», «teatro del subconsciente», «teatro feérico», etcétera. En definitiva, son éstas meras denominaciones de andar por casa que aún carecen de verdadera entidad, porque, además, no están hechas con la suficiente perspectiva, ya que temporalmente es imposible, para ver la

---
[1] Juan E. González, «Entrevista con José Bergamín», en *Nueva Estafeta,* núm. 4, marzo 1979, pág. 53.
[2] Véase bibliografía pág. 83.

producción dramática de nuestros últimos autores en unos conjuntos claramente diferenciados. De todas formas, por lo visto es muy fuerte la tentación y muchos críticos y teóricos caen en ella fácilmente, queremos suponer que por pura necesidad práctica, pero que en el caso de Nieva está hechas, además, muy a bulto y atropelladamente.

En nuestro caso, vamos a dejar a Francisco Nieva que siga calificando su teatro él mismo, porque, como hemos dicho más arriba, es él quien mejor puede hacerlo y porque no creemos mucho en las «generaciones», «grupos», «escuelas», etc., sino que pensamos que hay creadores con más o menos fuerza y seguidores más o menos afortunados. Y Nieva pertenece a los primeros; lo cual no quiere decir que haya tenido que inventarlo todo, sino que, según la conocida diferenciación de Machado entre «lo original» y «lo novedoso», nuestro dramaturgo es original sin renunciar a su tradición, más aún, estando impregnado por una enorme cultura —no sólo literaria— que aflora siempre en él.

Esto no quiere decir que tengamos que admitir al pie de la letra la clasificación que de sus obras nos da. Las vamos a admitir como punto de partida, sin perjuicio de hacer la advertencia de que ni siquiera él mismo se sujeta a sus propias clasificaciones —cuanto menos nosotros—, y así se ve obligado a ir inventando nuevas denominaciones a medida que va creando nuevas especies teatrales.

Inventó las de *teatro furioso* y *teatro de farsa y calamidad,* pero inmediatamente tuvo que acudir a la de *teatro de crónica y estampa,* porque había hecho su «representación alucinada de *No más mostrador*», es decir, su obra *Sombra y quimera de Larra*. Pero si pretende incluir en ese mismo apartado su versión de *La paz* aristofanesca, habría que decir que está llena de elementos «furiosos»; y si su obra inédita *Los españoles bajo tierra* pertenece al segundo grupo, nosotros pensamos que también podría ser incluida en el primero o que habría que crear un nuevo grupo para las obras de farsa furiosa o de furia farsesca y calamitosa. Y así con la casi totalidad de su producción.

No obstante, todas estas denominaciones dadas por Nieva están muy pensadas por el autor y tienen su razón de ser. En una conversación mantenida con Nieva en septiembre de 1977, nos explicaba esta clasificación diciendo que el *teatro furioso* viene de estímulos contra la España autoritaria, que es una rebelión; se trata de un teatro más acusatorio y más directo contra la España Negra, contra las instituciones españolas como la Iglesia, el Estado, la Moral, etc. En cambio, el *teatro de farsa y calamidad*[3], siempre según el autor, es más metafísico y más poético, y mientras en el «furioso» los ataques son globales, en éste el tratamiento es más individual, más personal.

El *teatro de crónica y estampa* sería un teatro histórico y didáctico, un teatro crítico y testimonial, incluso un teatro político de «circunstancias»[4].

Hasta ahora todo su teatro editado lleva la marca de *furioso* —aunque en el volumen editado por Akal-Ayuso, titulado precisamente *Teatro furioso*, incluya una segunda parte en la que aparecen tres obras bajo el epígrafe de *teatro de farsa y calamidad*—, a excepción de *Tórtolas, crepúsculo y... telón*[5], en cuya contraportada se dice que «pertenece a una estética menos radical y violenta que las obras de su *teatro furioso*», por lo que habría que incluirla dentro del apartado de *teatro de farsa y calamidad*, aunque no se indique explícitamente.

En la edición que hoy publicamos aparecen dos obras que Nieva ante-titula *teatro de farsa y calamidad*, y aunque es cierto que entran de lleno en la definición que de esta especie teatral tenemos, también es cierto que, en el campo de las objeciones a ésta u otras clasificaciones, podemos encontrar muchas pistas que

---

[3] Véase el artículo de H. Petit en *Pipirijaina*.
[4] Véase el prólogo de F. N. a su edición de *Sombra y quimera de Larra*, Fundamentos.
[5] E celícer, colección Teatro, núm. 723.

nos conduzcan a su *teatro furioso,* porque en ellas las características de ambos estilos se entremezclan, y así vemos aparecer elementos dramáticos como la cama-pocilga o el coche-dormitorio, en *Malditas sean Coronada y sus hijas,* o la trampilla-cueva-laberinto de Larbinio, en *Delirio del amor hostil,* que son recursos teatrales muy vinculados a su *teatro furioso:* el pozo de Mal-Rodrigo en *Pelo de tormenta,* la trampilla-tumba de Coronada y sus amigos en *Coronada y el toro,* la cama del rey en *La carroza de plomo candente,* etc. Y si el «furioso» se caracteriza por un ataque global contra las instituciones, eso mismo pensamos que hace en estas dos obras publicadas aquí, aunque se sirva para ello de personajes individuales como Silverio y Jasón; pero el ataque a la moral burguesa y opresora se da en ambas obras de una forma global, aunque en una ese ataque sea explícito y en la otra implícito.

No queremos con esto echar por tierra las definiciones y clasificaciones de Nieva, pero sí queremos señalar que no existen límites rígidos en su teatro, precisamente porque nuestro autor es un creador imposible de encasillar, un autor «insólito», según denominación de Angélica Becker; y esto aunque sea él mismo quien invente las nomenclaturas en las que habría que incluirlo.

Antes bien, pensamos que Nieva está queriendo evitar, como hacía Valle-Inclán, ser clasificado por los demás. Tan grande se muestra su preocupación aclaratoria en este sentido que no se conforma con esos títulos generales de su teatro, sino que, además, cada comedia suya lleva un subtítulo[6], en el que nos explica el tipo de obra («Reópera», «Rapsodia española», «Variaciones sobre el teatro», etc.), e, incluso, utiliza otros genéricos para englobar obras ya encuadradas y subtituladas, como por ejemplo en el caso de las «tres piezas apocalípticas».

Sea como fuere, vamos a aceptar su propia clasifica-

---

[6] Véase nota al título *Maldibas...,* pág.

ción, porque será, sin duda, la más ajustada, a pesar de las objeciones que pudiéramos hacer, y veamos ya cuáles son esas obras y cómo las ordena nuestro autor:

Teatro furioso

El combate de Opalos y Tasia (Madrid, 1953).
El fandango asombroso (Madrid, 1961).
Nosferatu (Madrid, 1961).
Pelo de tormenta (París, 1962).
Es bueno no tener cabeza (Dublín, 1966).
La carroza de plomo candente (Roma, 1971).
Coronada y el toro (Madrid, 1973).
El Buscón (1975) (Inacabada).
La paz (Madrid, 1977).

Teatro de farsa y calamidad

Malditas sean Coronada y sus hijas (Madrid, 1949-68).
El rayo colgado (Madrid, 1952).
Tórtolas, crepúsculo y... telón (París, 1953).
El maravilloso catarro de lord Bashaville (Viena, 1967).
El corazón acelerado (Berlín, 1968).
La señora tártara (Madrid, 1970).
Funeral y Pasacalle (Marid, 1971).
El paño de injurias (Granada, 1974).
El baile de los ardientes (Madrid, 1974).
Los españoles bajo tierra (Madrid, 1975).
Delirio del amor hostil (Madrid, 1977).
Tirante el Blanco (Madrid, 1978) (Inacabada).

Teatro de crónica y estampa

Sombra y quimera de Larra (Madrid, 1976).
(En este apartado habría que incluir dos proyectos que, bajo las mismas coordenadas de lo hecho con

Larra, tiene en esbozo con temas como la problemática del teatro en tiempos de Moratín, bajo el título de *Moratín en el café,* y el que le inspira un relato de Fernán Caballero con el título de *Tres almas de Dios* o *Un servilón y un liberalito.)*

ADAPTACIONES

Casandra, de Pérez Galdós (1976).
Los baños de Argel de Cervantes (1979).

Esta edición

Para la edición de las dos obras que aquí se presentan hemos utilizado copias mecanografiadas que el propio autor nos ha proporcionado, con lo cual damos por supuesto que el texto establecido por Nieva es el definitivo.

En ambos casos hemos podido disponer de dos copias de la misma obra, y, si bien en el de *Delirio del amor hostil* las variantes eran mínimas y sin relevancia alguna, en el de *Malditas sean Coronada y sus hijas* hemos podido observar grandes diferencias, casi siempre por supresión de una copia con respecto a otra. Sólo en este último caso hemos hecho constancia de las variantes y no para todas y cada una de ellas, sino únicamente para aquellas que nos han parecido las más importantes. Al manuscrito más antiguo —ninguno de ellos lleva fecha— lo llamamos «A».

En cuanto a las notas —aparte de las que se refieren a las variantes— unas son de carácter literario, otras filosóficas, otras histórico-culturales y otras de interpretación del texto, con las que se ha pretendido ayudar a la comprensión de las obras. Especialmente en el caso de *Delirio del amor hostil,* el lector encontrará —porque el lenguaje es especialmente difícil y rico— mayor número de notas y, entre ellas, algunas que puedan parecer obvias; téngase en cuenta el carácter de la colección y piénsese que muchos de sus lectores van a ser estudiantes de español de universidades extranjeras.

Bibliografía

Obra publicada por Francisco Nieva

(por orden cronológico)

Teatro

Es bueno no tener cabeza (Función para luces y sombras): *Primer Acto,* núm. 132, Madrid, mayo, 1971.

Teatro furioso: Es bueno no tener cabeza; El combate de Opalos y Tasia; La carroza de plomo candente, edición privada (300 ejemplares), Madrid, 1972.

Tórtolas, crepúsculo y... telón: (Variaciones sobre el teatro). (Comedia en dos partes.) Madrid, Escelícer, colección Teatro, núm. 723, 1972. Con una introducción del autor titulada «Algunos puntos de aclaración».

Funeral y Pasacalle (extractos): *Primer Acto,* núm. 148, Madrid, septiembre, 1972.

Pelo de tormenta: Primer Acto, núm. 153, Madrid, febrero, 1973.

Coronada y el toro: Pipirijaina-textos, núm. 2 (1.ª época), Madrid, 1973.

Teatro furioso, Riaza, Hormigón y Nieva: La carroza de plomo candente (ceremonia negra en un acto); *El combate de Opalos y Tasia* (pequeño preludio orquestal); *Es bueno no tener cabeza* (diálogo dramático); *El fandango asombroso* (Sainetillo furioso en alabanza de San Ramón de la Cruz), Madrid, Cuadernos para el Diálogo (Edicusa), colección Libros de Teatro, núm. 37, 1973.

    Con una nota previa del autor titulada «En torno a una nueva escritura *teatrante*». El libro contiene, además, una Introducción General del codirector de la colección, Miguel Bilbatúa, titulada «En torno a la dramaturgia española actual».

«Teatro furioso» (tres piezas apocalípticas): *Pelo de tormenta* (Reópera); *Nosferatu (Aquelarre y noche roja de)* (Reópera); *Coronada y el toro* (Rapsodia española). «Teatro de Farsa y Calamidad»: *El rayo colgado y peste de loco amor* (Auto de fe imperdonable); *El paño de injurias* (Fracción de drama); *El baile de los ardientes* (o *Poderoso Cabricondo)* (Hechos de magia y aventura en el mundo latino). Madrid, Akal-Ayuso, colección Expresiones, Serie Teatro, 1975.

    Con una *Introducción* de Moisés Pérez Coterillo, y un *introito* del autor acompañando cada pieza.

La carroza de plomo candente, en *Cuatro autores críticos,* de José Monleón, Granada, Gabinete de Teatro, Secretaría de Extensión Universitaria, Universidad de Granada, 1976.

    Contiene, además: Autobiografía, bibliografía, entrevista y el artículo titulado «Volver a Granada».

Sombra y quimera de Larra (Representación alucinada de *No más mostrador*), Madrid, Fundamentos, colección Cuadernos prácticos, núm. 22, Rojo, Serie Teatro, 1976.

    Con una Introducción del autor titulada «Pequeña teoría sobre un teatro histórico-didáctico».

El corazón acelerado, en *Nueva Estafeta Literaria,* núm. 2, 1979.

La Paz (celebración grotesca sobre Aristófanes), Nueva Colección Teatral «La Farsa», marzo, 1980.

Malditas sean Coranada y sus hijas. Delirio del amor hostil, edición de Antonio González, Madrid, Cátedra, col. Letras Hispánicas, 1980.

La señora Tártara, Madrid, Ediciones MK, col. Escena, 1980.

La carroza de plomo candente, en Anje van der Naald, *Nuevas tendencias en el teatro español: Matilla, Nieva, Ruibal,*

Miami, Ediciones Universal, y Barcelona, Artes gráficas Medinaceli, 1981, págs. 74-100.
La carroza de plomo candente. Coronada y el toro, edición de Andrés Amorós, Madrid, Espasa-Calpe, col. Selecciones Austral, 1986.
Fantasía, humor y terror, Madrid, La avispa, col. Teatro, 1987. Incluye *No es verdad,* págs. 20-54; *El espectro insaciable,* págs. 56-84; *El corazón acelerado,* págs. 86-110.
Te quiero, zorra, en *Los olvidos de Granada,* 17 (mayo de 1987), págs. 91-97.
Corazón de arpía, en *Viaje al teatro de Francisco Nieva, Cuadernos El Público,* 21 (febrero de 1987), págs. 72-80.
Tirante el Blanco, Primer Acto, 219 (mayo-agosto de 1987), págs. 81-121.
El combate de Opalos y Tasia. Sombra y quimera de Larra. La Magosta, edición de Phillys Zatling Boring, Madrid, Alhambra, 1988 (en prensa).
Trilogía italiana. Teatro de farsa y calamidad, edición de Jesús María Barrajón, Madrid, Cátedra, 1988.

ADAPTACIONES

Los baños de Argel, Madrid, Centro Dramático Nacional, 1980 (versión de la obra de Cervantes).
Casandra, Madrid, Ediciones MK, col. Escena, 1983 (versión de la obra de Pérez Galdós).

NARRATIVA

Der Schaupielfürer (El dragón), trad. Angélica Becker, «Band x», von 1971-bis, 1973, Stuttgart, 1976.
Papeles mojados sobre Carlota Corday, La Estafeta Literaria, núms. 643-44, págs. 22-23, Madrid, 1-15 septiembre, 1978.

OBRA INÉDITA

La Pascua Negra (París, 1955).
El maravilloso catarro de Lord Bashaville (Viena, 1967-1968).

Ávila viva (1978).
El Buscón (inacabada).
Danza goliarda de la suerte y la muerte (en redacción no definitiva).

En un articulito de Nieva titulado «Lo que he escrito», publicado en *Primer Acto,* núm. 132, mayo, 1971, páginas 65-66, cita unas obras cortas de las que no hemos vuelto a encontrar referencia en ningún otro sitio. Y son:
El espectro insaciable.
El juego de las ocultaciones.
La cebolla rosa y la sirvienta holandesa.
Diferentes tonos de sombra.
La mujer crapulosa.

Además, en el campo de las adaptaciones o versiones, conocemos la existencia de la realizada sobre la obra de Alfred Jarry, y la que hizo de *El dragón* de Schwartz.

Selección de artículos críticos de Francisco Nieva

a) Escritos en francés para las publicaciones del C.N.R.S. (Centre National de la Recherche Scientifique), de París.

«Vignette pour une nouvelle critique de la peinture», en *Visages et perspectives de l'art moderne,* Paris, 1959 (Entretiens d'Arras. 20-22 juin, 1955); págs. 55-64.
«García Lorca, metteur en scène: les intermèdes de Cervantes», en *La mise en scène des oeuvres du passé,* Paris, 1957 (Entretiens d'Arras. 15-18 juin, 1956); págs. 81-90.
«Vertus plastiques du théâtre de Valle-Inclán», en *Le théâtre moderne —hommes et tendences—,* Paris, 1957 (Entretiens d'Arras), págs. 223-240. (De este artículo hay edición en castellano, titulada *Virtudes plásticas del teatro de Valle-Inclán,* en Eudeba, Buenos Aires, 1967.)
«Autour d'une crise de style», en *Réalisme et poésie au théâtre,* Paris, 1958 (Entretiens d'Arras. Conférences du Théâtre des Nations); págs. 173-180.

b) Otros artículos en francés.

«De la genèse d'un tableau», *Cahiers du Musée de poche,* Paris, diciembre, 1959.
Artículos varios en la *Revue d'Esthétique* y en el *Journal du Thèâtre des Nations.*

c) Selección de artículos y notas publicados en revistas especializadas de teatro:

En *Yorick* (Barcelona)

«La estética moderna y las nuevas tendencias del teatro. Análisis de la vanguardia», núm. 33, 2.ª época. Biblioteca Documento Yorick, núm. 1 (págs. 19-32), Barcelona, abril, 1969.

En *Primer Acto* (Madrid)

«La estética y las nuevas tendencias del teatro», núm. 107, abril, 1969 (págs. 9-27).
«Defensa condicionada del teatro de autor» (Las formas abiertas de la dramaturgia de P. Weiss), núms. 123-124, agosto y septiembre, 1970 (págs. 42-44).
«Único por irrepetible», núms. 126-127, noviembre-diciembre, 1970 (pág. 62).
«Lo que he escrito», núm. 132, mayo, 1971 (pág. 65).
«La magia anecdótica y el realismo psíquico», núm. 132, mayo, 1971 (págs. 65-66).
«Autobiobibliografía», núm. 153, febrero de 1973 (págs. 18-21.
«Contestación a M. Elena Neira», núm. 153, febrero de 1973 (págs. 9-10).
Primera Semana de Teatro Universitario. Ponencias: «El porqué de las nuevas formas», «La creación de un espacio», núm. 157, junio, 1973 (págs. 11 y 12).
«Autores y la censura», núm. 165, febrero, 1974 (págs. 7 y 8).
«El hipotético y sibilino Artaud», núm. 173, agosto-septiembre, 1974 (págs. 34-35).
«Impresiones-Miscelánea», núm. 173, agosto-septiembre, 1974 (págs. 34-46).
«Artaud y Vitrac», núm. 173, agosto-septiembre, 1974 (páginas 47-53).
«Punto y contrapunto», núm. 178, marzo, 1975 (pás. 6-8).

En *Pipirijaina*

«Un trabajo para Ditirambo», *Pipirijaina-textos,* núm. 2, abril, 1974 (págs. 20-21).

d) Selección de artículos publicados en Suplemento de Artes y Letras del diario *Informaciones* de Madrid:

«Enfermedad en trance de epidemia: Un teatro Kitsch en Madrid», suplemento núm. 340, 16-I-75 (págs. 1-2).
«Festival de Nancy. Plegarias por la resurrección del teatro», suplemento 358, 22-V-75 (págs. 6-7).
«Bajo la cúpula del Odeón de París. Con Ronconi, perplejo», suplemento núm. 359, 29-V-75 (pág. 5).
«Los actuales "heterodoxos". Dramaturgos para el futuro», suplemento 360 bis, 5-VI-75 (págs. 18-19).
«Carta abierta a Rodríguez Méndez y Martín Recuerda. Pasión y muerte del autor español», suplemento núm. 362, 19-VI-75 (pág. 5).
«¿No hay modo de reformarlos? Nuevos espacios teatrales», suplemento 420, 29-VII-76 (pág. 10).
«A partir de una exposición. Los movimientos de vanguardia en la postguerra», suplemento núm. 435, 11-XI-76 (páginas 1-2).
«Plurilingüismo en España. La cultura sin absorciones ni exclusiones», suplemento núm. 440, 16-XII-76 (págs. 1-2).
«Indiferencia oficial ante la creación de una compañía popular. La ópera, cosa de élite, ¿por qué?», suplemento número 454, 24-III-77 (págs. 1-2).
«Gracias, Arrabal. El horno de una imaginación irritada y lírica», suplemento núm. 461, 12-V-77 (pág. 7).
«Emocionar sin emocionarse. La nueva paradoja del actor», suplemento jueves, 11-VIII-77 (págs. 6-7).
«¿Por qué razón la tragedia no existe prácticamente en el teatro moderno? Teatro y locura», suplemento núm. 490, 8-XII-77 (págs. 1-2).
«Si lo permite el terrorismo intelectual. La restitución del teatro clásico», suplemento núm. 532, 5-X-78 (págs. 1-2).

e) Selección de artículos publicados en el diario *El País,* de Madrid.

«Se va hacia otro teatro», en la sección «La cultura». Polémica: «La reconstrucción del Español», 23-X-76 (pág. 27).
«¿Conjura contra Arrabal?», en la sección «Teatro» del suplemento «Arte y pensamiento», 18-XII-77 (pág. 11).
«La culpabilización de la cultura», en la sección «Opinión-Tribuna libre», 31-X-78 (pág. 9).
«Juan Gris: la sátira política y social», en la sección «Arte» del suplemento «Arte y pensamiento», 11-III-79 (pág. 6).

f) Publicados en otras revistas.

«Con Carlos Edmundo de Ory en el Madrid nadie», *Litoral,* 19/20. (Homenaje a Ory.) Torremolinos, abril-mayo, 1971 (págs. 29-32).
«Datos sobre una novela alquímica», *Poesía,* núm. 2, Madrid, agosto-septiembre, 1976 (págs. 58-66).

g) En otras publicaciones.

«Algunos puntos de aclaración», en su *Tórtolas...,* 1972 (páginas 5-7).
«En torno a una nueva escritura teatrante», en *Luis Riaza: Representación...,* 1973 (págs. 155-164).
«Autobiografía», en José Monleón, *Cuatro autores...,* 1975 (págs. 99-102).
«Pequeña teoría sobre un teatro histórico-didáctico», en su *Sombra y quimera...,* 1976 (págs. 5-28).
«Teatro español actual», Fundación Juan March-Cátedra, Madrid, 1977.
«Análisis de cinco comedias», Teatro español de la postguerra, en Castalia, colección Literatura y sociedad, Madrid, 1977.
   (Son co-autores del libro, junto a Nieva, Andrés Amorós y Marina Mayoral.)
«Breve poética teatral», en su *Malditas sean Coronada...,* 1980 (págs. 93-117).
«Guía dramatúrgica», en su *Fantasía, humor...,* 1987 (páginas 7-17).

Bibliografía sobre Francisco Nieva

a) En libros:

Alberto Miralles: «Un teatro para cómplices», en *Paraíso perdido,* de Manuel Martínez Mediero, Barcelona, La Mano en el Cajón, octubre, 1972.
Miguel Bilbatúa: «En torno a la dramaturgia española actual», en *Riaza, Hormigón y Nieva,* Madrid, Cuadernos para el Diálogo, 1973.
Genoveva Dietrich: «Francisco Nieva (1927)», en *Pequeño Diccionario del Teatro Mundial,* Madrid, Istmo, colección Fundamentos, 1974.

Francisco Ruiz Ramón: «Historia del Teatro Español. Siglo XX». Véase: «Los autores y sus obras», «Del alegorismo a la abstracción», «Nuevo teatro en libertad», «Francisco Nieva» (1929) (sic), Madrid, Cátedra (2.ª edición), 1975.

Moisés Pérez Coterillo: «Introducción al Teatro Furioso de Francisco Nieva», Madrid, Akal-Ayuso, 1975.

José Monleón: «Cuatro autores críticos. José María Rodríguez Méndez, José Martín Recuerda, Francisco Nieva, Jesús Campos», Gabinete de Teatro, Granada, Secretaría de Extensión Universitaria. Universidad de Granada, 1976.

José Monleón: «Una obra de Francisco Nieva», en *Larra. Escritos sobre teatro,* Cuadernos para el Diálogo, Madrid, Divulgación Universitaria, Literatura, núm. 96, 1976.

Alberto Miralles: «Nuevo teatro español: Una alternativa social», Madrid, Villalar, 1977.

Antonio Buero Vallejo, Antonio Gala, José Martín Recuerda y otros: *Teatro español actual* (véase cap. V: «El nuevo teatro»), Madrid, Fundación Juan March y Cátedra, 1977.

Teresa L. Valdivieso: «Francisco Nieva», en su *España: bibliografía de un teatro silenciado,* Society of Spanish-American Studies, 1979, págs. 60-66.

Antonio González: «Introducción», en Francisco Nieva, *Malditas sean Coronada...,* 1980, págs. 11-91.

Anje van der Naald: «Francisco Nieva», en *Nuevas tendencias en el teatro...,* 1981, págs. 51-89.

Emil Georges Signes: *The theatre of Francisco Nieva,* Rutgers University, 1982 (Tesis doctoral inédita). Incluye una edición en inglés y castellano de *La carroza de plomo candente.*

Andrés Amorós: «Con Paco Nieva, en Salamanca», en su *Diario cultural,* Madrid, Espasa-Calpe (Selecciones Austral), 1983, págs. 155-163.

Andrés Amorós: «Prólogo», en Francisco Nieva, *La carroza de...,* 1986, págs. 9-48.

Katarzyna Gorna-Urbanska: *El concepto del teatro en la obra dramática de Francisco Nieva,* Cátedra de Estudios Ibéricos de la Universidad de Varsovia, 1984. La segunda parte de esta memoria de licenciatura ha sido publicada con el título de «Viaje al teatro de Francisco Nieva», en *Viaje al teatro de...,* 1987, págs. 21-61.

Jesús María Barrajón: «Trilogía italiana», en *Viaje al teatro de...,* 1987, págs. 63-70.

José Luis Vicente Mosquete: «Con Francisco Nieva: el amor y la gloria», en *Viaje el teatro de...,* 1987, págs. 5-19.

Jesús María Barrajón: *La poética de Francisco Nieva,* Diputación de Ciudad Real, Biblioteca de Autores Manchegos, 43, 1987.

a) En revistas:

Angélica Bécker: «Un teatro de la sorpresa», *Primer Acto,* núm. 132, mayo, 1971.

Angélica Bécker: «Sorpresa en el teatro español: un nuevo autor antiguo», *Cuadernos Hispanoamericanos,* núms. 253-254, 1971.

P. A. («Primer Acto»), «Nieva insólito», *Primer Acto,* número 132, mayo, 1971.

Helena Sassone: «Influencia del barroco en la literatura actual», *Cuadernos Hispanoamericanos,* núm. 268, octubre, 1972.

Angélica Bécker: «Teatro absurdo y teatro postabsurdo», *Humbolt,* núm. 47, Munich, 1972.

Moisés Pérez Coterillo: «Teatro actual español en La Sorbona», 3. «Los espectáculos», *Primer Acto,* núm. 152, enero, 1973. (Ver apartado: Teatro del interior: «Es bueno no tener cabeza», de Francisco Nieva.)

Moisés Pérez Coterillo y Santiago de las Heras: «Confesiones en voz alta» (entrevista con Francisco Nieva), *Primer Acto,* núm. 153, febrero, 1973.

José Monleón: «Francisco Nieva o la orgía de lo real», *Primer Acto,* núm. 153, febrero, 1973.

Hervé Petit: «Teatro de Farsa y Calamidad», *Pipirijainatextos,* núm. 2, abril, 1974.

Carlos Bousoño: «Francisco Nieva, el más alto estilo», en *El País,* 19 de abril de 1986, pág. 28.

José María Vellibre: «Francisco Nieva», *Los olvidos de Granada,* 17 (mayo de 1987), págs. 19-22.

Jesús María Barrajón: «La concepción teatral de Francisco Nieva», *Primer Acto,* 219 (mayo-agosto de 1987), páginas 70-79.

Breve poética teatral

Francisco Nieva

A mi entender, siempre hay algo de petulante en la exposición de una «poética» individual. Pero cada vez son más apremiantes —sin que se me haga muy clara la razón— las peticiones de autodefinición del escritor. Peticiones que parecen un tanto insidiosas: «díganos usted "por quién se tiene a sí mismo" y nosotros le diremos quién es usted en realidad».

¿Qué hacer? Con un trabajo así —sin haber llegado, las más de las veces, a incubar una obra todo lo seria que quisiéramos— ponemos, por el contrario, una serie de armas mal fundidas en las manos de quienes quieran interpretarnos peor que nos interpretamos nosotros mismos.

Sin embargo, ya se ve que he cedido a la constricción de hacerlo. Y la última razón, la que justifica la redacción de estas páginas, su sentido último y de esencia trágica, es que ha cedido a «la tentación».

Ahora seguido, se verá por qué.

Así, para empezar, prologo este breve ensayo con la cita de un poema en donde, con las veladuras y relieves de la imagen poética —suficiente y, a la vez, no suficientemente explícita— di en una ocasión un primer juicio muy subjetivo sobre mi concepción del teatro.

Al principio este poema se manifiesta como una adivinanza que se va estructurando secretamente por la paradoja y el símbolo hasta dejar una impresión un tanto inefable; pues la poesía en general persigue esa impresión inefable por medio de la más estrujada ambigüedad verbal. Luego me tocará —mal que bien— ir analizando en la medida de lo posible, según mi capacidad de autoexamen, que creo limitada, esta inefabilidad de la impresión total del poema. Extraer su significado concreto.

Aquí está:

> El teatro es vida alucinada e intensa.
> No es el mundo, ni manifestación a la luz del sol,
> ni comunicación a voces de la realidad práctica.
> Es una ceremonia ilegal,
> un crimen gustoso e impune.
> Es alteración y disfraz:
> Actores y público llevan antifaces,
> maquillajes,
> llevan distintos trajes...
> o van desnudos.
> Nadie se conoce, todos son distintos,
> todos son «los otros»,
> todos son intérpretes del aquelarre.
> El teatro es tentación siempre renovada,
> cántico, lloro, arrepentimiento, complacencia y martirio.
> Es el gran cercado orgiástico y sin evasión;
> es el otro mundo, la otra vida,
> el más allá de nuestra conciencia.
> Es medicina secreta,
> hechicería,
> alquimia del espíritu,
> jubiloso furor sin tregua.

Ruego al lector, a medida que vaya leyendo si el tema le interesa, tenga en cuenta la pauta —ahora brumosa— que señala este poema, que asevero haber compuesto bajo el estado de accesis favorable a toda poesía como experimento de profunda subjetividad. Su poder de captación depende de lo que cada uno de nosotros podamos coincidir en lo esencial dentro del clima manifiesto en los anteriores versos.

Una estética del delito

¿Qué es para mí la culpa?
La sociedad ha creado la culpa y la cultiva como una medida de conocimiento de sí misma.
Así, pues, estos conceptos, conocimiento y culpa, van unidos.
El sentido (general) que damos a la culpa proviene de la libre disposición individual —en un sentido de semiconsciente desobediencia— que damos a nuestras energías en una dilapidación «gratuita» de nuestro ser.
La paradoja de la culpa es que nada puedo experimentar ni conocer como no sea a través de mí mismo —y también la sociedad a través de ella misma— en una dilapidación aventuarada del ser.
¿Entonces...?
La culpa es la frontera que atravesamos o dejamos de atravesar cuando se trata de «ir más allá» hacia una totalización del ser, o quedarse «más acá», preservando al hombre de su acabamiento y destrucción.
En la medida en que me conozco y, sobre todo, en que me desconozco a mí mismo, vivir es culpable.

* * *

Arte espúreo, híbrido, el más mediatizado e intervenido socialmente, es difícil que el teatro libere entera e impunemente el pleno sentido trágico con el que pudiera expresarse toda la luz y la sombra del corazón del hombre. Notemos que las modernas sociedades se inhiben cuanto es posible de tomar el teatro en aquella su forma originaria, que tenía mucho de consulta ceremonial a nuestro íntimo oráculo y como desahogo pasional apráctico. Como ceremonia saturnal. Se vigilan las saturnalias, demasiado pródigas de energía en una «dilapidación aventurada» de todo el ser.
¿Hasta qué punto un teatro así no sería delito?

No extrañemos que las ideologías políticas sospechasen en él a un enigmático perturbador.

Pues cedamos a la tentación. Acerquémonos a él. Ante él se levanta —si bien nos fijamos— una barrera construida con excelentes materiales defensivos, que pueden ser «ejemplaridad», «didactismo», «entretenimiento», «parcialidad crítica»... No, no se puede permitir en tan equívoca asamblea trágica que en ella se desmantelen, abatidos en una tempestad de los sentidos, muchos sistemas prácticos de conservación y de dominio, aquellos —cualquiera de ellos— que la prudencia nos aconseja como los más oportunos.

¿Existe, pues, en realidad, aquel teatro que, de ser así, sería como un irrefrenable sueño trágico, el exaltado espejo de la verdad interior que todos temen? ¿No reflejaría toda la culpa social y, muchas veces, toda nuestra complacencia en ella?

De ser así, reflejaría lo irremediable. Sería tragedia.

¿Sabemos bien lo que fue, lo que puede ser el teatro?

Es demasiado viejo el teatro.

Pero su tentación —así presentada— nos inquieta, nos conmueve, porque intuimos que aquel «infinito trágico» habría de consumarse en algo parecido a una revolución incesante.

Demasiado pródiga de energía esta experimentación. Probablemente sólo una cultura muy en su origen o muy exhausta pudieran permitirse ese delictivo placer, gustar —si así puede decirse— el terror pánico de ver representadas las partes más oscuras, las más inexploradas o contenidas del corazón humano.

No son infundadas nuestras sospechas. Quienes pretenden dominar al hombre han de temer en este teatro a ese enigmático perturbador que invita a la catarsis.

No me importaría, en este caso, hacer un arriesgado parangón entre la droga y el teatro. Pues, en efecto, nada me importa ahora resolver lo que sea a favor o en contra de sus resultados clínicos. Me bastaría con apuntar que el trabajo y el compromiso social en toda su extensión deterioran y matan al hombre tanto como la droga y otras dispersiones «aprácticas» del individuo.

Lo que pudiéramos llamar contemplación trágica —tanto como la imprevisible insidia sensorial de la droga— incidiría de algún modo en el deterioro de muchos sistemas prácticos de conservación que, por fuerza, han de ser alienantes en su propio sentido.

Es natural sospechar que toda forma de conservación —y en un sentido positivo, a fin de cuentas— retrasa el conocimiento. Lo retrasa fiscalizándolo. El hombre práctico vive y se conserva gracias a su administración del miedo. Hay actos desinhibitorios y trágicos que se rebelan contra todo fundamento lucrativo-sojuzgador de la sociedad.

Si así fuera el teatro, a la sociedad le interesaría muchas veces subsistirlo por algo que llevase su nombre y no lo fuera.

Pero al negarlo, al sustituirlo o enrarecerlo, le otorgaría todo su prestigio. Y lo convertiría, para algunos de nosotros, en una religión delictiva, prohibida.

¿Las razones?

Varias serían las razones, ninguna concluyente: como en el teatro. Diríamos que nos atrae el peligro, que nos atraen los absolutos.

Y se nos contestaría que el teatro, como la droga, mata.

Y él respondería que todo mata. Por eso hay tanta gente que muere en el teatro; porque el trabajo, las ideas, los sistemas de dominio y conservación, paradójicamente, matan también.

¿Debiéramos dejar a Hamlet matar y matar por tan alucinada e inaplicable (o improductiva) pasión hacia su padre y su madre?

El teatro de la «sojuzgación positiva» —aquel que llevara su nombre y no lo fuera —trataría por todos los medios de dominar a las Furias, las Erinnas, las Parcas... ¿No lo hace ya?

Trataría, si pudiera, de matar a la culpa, esa primera actriz trágica.

Pero haya o no teatro —ese teatro— no hay medio de hacer desaparecer un instrumento esencial de conocimiento, pues la sociedad tiene a la culpa como medida de conocimiento de sí misma.

Nuestra tentación se va perfilando, va adquiriendo cuerpo. Es más tentadora que nunca. Es tentación, pero no nos miente. Y no nos miente porque no se engaña a sí misma. Como es culpa, no culpabiliza; como es placer, no lo dosifica ni lo aplica.

Ya es una tentación «cumplida», como la voluntaria toma de una alucinógeno. Como tentación, no nos previene contra ella, ni nos alecciona o nos organiza. Nos enseña el mundo y nos hace apreciar y turbarnos con su vastedad indomable. Indomable como los sueños de nuestra totalidad desinhibida cuando dormimos.

Habría que probar si en el sueño existe esa desinhibición total. No, dentro del plano más próximo a la realidad de nuestro carácter durante la vigilia. Pero en el sueño se revela nuestro antagonista, la parte que nos falta para totalizarnos. Nuestra lucha con ella puede ser placentera o antgustiosa y nos hace percibir una realidad más intensa y alucinada.

Realidad alucinada del teatro. No resisto a su tentación. Ni quiero ocultar que las tentaciones bien cumplidas me parecen el atributo de una minoría delictiva, desadaptada o inadaptada, rebelde...

Creo, pues, en todas esas minorias delictivas que hagan avanzar al hombre, culpable de conocimiento, sin miedo hacia una revelación.

La culpabilización de la cultura

Como medida de conocimiento de sí misma, la sociedad ha de utilizar la culpa en los sentidos más insospechados, ya que lo hace consigo misma. Nunca lo hace arbitrariamente, puesto que le parece la sola medida justa de que dispone. En principio, comienza por culpabilizar y vigilar los conocimientos que, por lo pronto, aparecen como inaplicables o perturbadoras del orden y la conservación. Todo, en nuestra conciencia de sociedad, puede pasar por esa culpabilización y vigilancia. Y puede desembarazarse de ellas cuando el orden y la conservación lo admiten.

En nuestro mundo actual, demográficamente más vasto y, en consecuencia, socialmente más pueril, ha surgido, atizada por varios sistemas prácticos y administrativos de la energía, una culpabilización evidente de la propia cultura. No hay por qué exponer todo un anecdotario. El pensamiento mata. Matan las ideas, las creencias. Se puede morir por pensar «contra» esto o lo otro.

Se hace a la luz esa culpabilización y vigilancia de la cultura porque la cultura lo piensa «todo». Sí, el peligro estriba en que todo puede ser pensado por el hombre. Pensar y hacerlo. Incluso su propia destrucción.

Vuelvo a repetir que la paradoja de la culpa es que nada puedo experimentar ni conocer como no sea a través de mí mismo —y también la sociedad a través de ella misma— en una dilapidación aventurada del ser.

Mas la culpa es esa frontera que atravesamos cuando se trata de ir «más allá», hacia una totalización del ser en continua realización.

En la culpabilización de la cultura hay temor. Y atracción. Y el conflicto viene a ser irresoluble. Es decir, trágico.

En la dilapidación aventurada del ser está el morir por pensar esto o lo otro. O por pensar «contra» esto o lo otro.

Y así la cultura, como cualquier otra forma de dispersión tenida por «apráctica» y, en el peor de los casos, como perturbadora del orden y de la conservación, puede lógicamente ser culpabilizada. Y hasta esperar su indulto. Pero esto ya es otra cuestión.

El sentimiento más tosco de los modernos socialismos se revela en el exceso de susceptibilidad que muestran en torno a la cultura y la vigilancia que ejercen sobre los propios núcleos minoritarios que obedecen a la fatalidad y la culpa de «pensarlo todo». Y, en este caso, como a otras formas de experimentación o dilapidación de energías individuales, la afrentará con el nombre de «evasión». Así lo hará hasta darle alguna aplicación concreta y práctica. Resultaría cómico que la *Odisea* o los dramas de Shakespeare, por su accidentada y contradictoria dimensión contemplativa de la vida, fueran condenados como evasiones. Pero aún resulta trágico que la obra del Marqués de Sade pueda ser, todavía, tenida por tal en muchas circunstancias.

Repito: en la medida en que me conozco y, sobre todo, me desconozco a mí mismo, vivir es culpable. El estado de vigilancia social en que se produce mi pensamiento me hace evidente este sentimiento de responsabilidad o irresponsabilidad. Y soy de los que, en la medida que pudieran pensarlo todo, pudieran pensar lo que no conviene.

Mas pensar y realizarse me obliga a la desobediencia frente a muchos sistemas prácticos de sojuzgación al orden y a la propia conservación. Se puede desobedecer con horror o con delectación. En todo caso, me es preciso desobedecer.

Así pues, soy consciente de pertenecer a una clase inobediente, tanto por lo que yo siento como por lo que me hacen sentir los demás, manteniendo mi pensamiento bajo vigilancia. Y tanto más en estos momentos de susceptible culpabilización cultural. No ha de extrañarse así que, de un arte culpabilizado, haya surgido espontáneamente una estética del delito.

La tragedia

La contemplación trágica es contemplación de una realidad insoluble. Contemplación trágica de una «totalidad». Por un misterio de identificación cósmica, el antiguo teatro, la confusa orgía saturnal, extraen toda su grandeza emocional —dolor, placer— de esa indómita totalidad.

La tragedia, la culpa y el humor

Hay miles de formas para enfrentarse con la culpa humana y asumirla. Una de las más complejas es el humor. Hay en el humor como una dramática tolerancia y una forma ascética de placer —valga la paradoja— que hace que la aceptación del mundo arbore, para nosotros, una caracterización más bien optimista. No digo que lo sea; su transfondo continúa siendo trágico. Pero hay un punto en que esa medida de convención —la culpa— hallada por la sociedad como «medida de conocimiento de sí misma», puesta en contacto con muchos otros fenómenos, puede reducirse al «absurdo» y, por lo tanto, hacer reír. La culpa es socialmente lógica, pero la vida puede muchas veces demostrar con infinito humor que todas las lógicas son absurdas. Es absurdo que yo crea, o que me hayan hecho creer, que escribir teatro es una labor licenciosa o que, como intelectual, obligado a la desobediencia, yo estoy, o me crea, situado en un terreno privilegiado y maldito. Un terreno de excepción. Esto es suficientemente grotesco, aunque también sea inevitable. Así entendido, el humor sería una dimensión más de la tragedia. Y hasta de la culpa.

El humor pone sobre la realidad un gallardete que la ultima y la define como totalmetne irresoluble. Lo cual hace que dejemos de llorar, gozar, matar o crear para ponernos a reír.

El contravalor

La mayor parte de nuestros aciertos no son repetibles ni prolongables con la misma intensidad, a pesar de que en el resto de nuestra obra quede siempre un eco más o menos aproximado de aquel hallazgo. En mi comedia-poema titulada *Pelo de tormenta* creo que han cabido —en un grado, para mí, notable de concentración o simplificación— todos los supuestos de mi estética, ya suficientemente indicados en líneas anteriores: la culpa, la transgresión, la dilapidación pasional y sensorial, la sojuzgación del hombre por los sistemas prácticos de conservación, etc. No necesito probar sobre la anécdota de la comedia lo que ya he venido exponiendo de forma más abstracta. Sólo añadiré que, tanto en esta obra como en el resto de mi producción literaria y teatral se afirma, bajo «especie cómica», un concepto de «contravalor». Esto es: el envés de los valores tenidos por positivos. Esto, ¿por qué?

Acaso por consciencia de que todos los valores, desprovistos de su aplicación práctica o moral, culpabilizados, perversos y lesivos, permanecen como un complejo vital positivo-negativo en círculo cerrado y en perpetua situación de afirmación-negación, inversión, mudanza, transacción. Nada es perfectamente malo ni bueno, a pesar de lo que nos indica esa aguja imantada que es la culpa. De este último fracaso humano extraigo mis efectos cómicos, sin dudar tampoco que los extraigo del fondo mismo de la tragedia.

Los géneros. Su desarrollo argumental

En mi teatro logré, aunque tan sólo fuese para mi uso privado, definir casi tres géneros distintos. O mejor dicho, variaciones con aspectos formales distintos.

A uno de estos géneros le llamé «Teatro Furioso».

Como todo puede prestarse a malentendido, este título también.

Yo invoco la furia escénica como pudiera invocar la furia del viento. Nunca un teatro que se titula furioso puede parecerlo bastante si no es furioso contra X. Y la furia del viento es de un eclecticismo insuperable. Puede ir contra todo, contra nada y a favor de todo y de nada. La furia trágica en mayor grado de abstracción habrá de tener un efecto sensorial y reflexivo distinto que un furioso ataque ofensivo o defensivo por ideas concretas de actualidad. A pesar de querer alcanzar ese grado de abstracción, mi teatro fue celosamente prohibido por el franquismo. Y supongo que lo sería por cualquier otro género de administración con perfiles dictatoriales. Y supongo también que ahora se le puede tildar de apráctico, arbitrario, gratuito con cualquier tipo de susceptibilidad política.

Mi comedia *Pelo de tormenta* —para cualquier susceptibilidad política— puede ofrecer, al final, un sentido «ácrata» cuando sólo es visión panorámica de un magma acrático, ensoñado, delirante, gozoso y humorístico, ligado al primigenio desahogo báquico. Elemento de suspicacia, pues sugiere la bacanalia popular —sensual, sangrienta y revolucionaria—, siempre escandalosa para los métodos prácticos de gobierno.

Claro que, bastante o no bastante furiosa, esta postura define a todo el género. Y mis comedias que mejor lo representan son tan rápidas a la lectura como un libreto de ópera. Son de una acción esencial y concentrada y tienen un carácter más bien coral. Los tipos tienen un desarrollo externo, brillante y fugaz.

Pero eso no es todo. El resultado estético último, al que yo quería llegar no ha tenido lugar. Ya dije que estas piezas podían ser tan rápidas a la lectura como un libreto de ópera. Se entiende, sin el aditamento —esencial— subrayante y lentificador de la música. Mas mi propósito se basaba en el supuesto de una recreación subrayante y lentificante por parte de los copartícipes en la materialización del espectáculo. O para que, sobre ese «cañamazo inductor», dieran ocasión a una forma de glosa o desarrollo particulares. Es decir que se trata de un género «abierto». El sentido coral, el emblematismo plástico y sicológico de los personajes reclaman esa dilatación adherente de la creación colectiva con todos sus resultados aleatorios.

Ningún director, compañía o grupo se propusieron hacer nada de esto con mi «Teatro Furioso», hasta ahora.

Y, en vista de que esa propuesta no se quiso asumir y siempre fue considerada «a la letra», es decir, como teatro corto, intenté dilatarlo yo mismo en la única comedia «furiosa» de dimensiones normales, cuyo tiempo ha de medirse aproximadamente en líneas de lectura. que *Coronada y el toro* me parezca una de mis comedias más aceptables, no quiere decir que en ella no decline lastimosamente mi aspiración a proveer el teatro de esos guiones inductores susceptibles de un desarrollo más denso, como sucede con el «no» japonés.

Hasta aquí el «Teatro Furioso». El contraste entre éste y el que yo llamo de «Farsa y Calamidad» consiste en lo siguiente: no hay, en primer lugar, aspiración ninguna a ese desarrollo más o menos aleatorio y, en segundo lugar, la acción es menos coral, menos esquemática, la anécdota más novelesca y explícita, los personajes algo más complejos. En ella se produce, casi siempre, como una distorsión del melodrama romántico y de misterio. Es teatro «gótico», si lo tomamos en el mismo sentido de lo que, no desde hace mucho tiempo, se ha venido definiendo como novela o como «literatura gótica». *Malditas sean Coronada y sus hijas* me parece la obra que mejor representa este teatro de «Farsa y Calamidad».

También este teatro se distingue del otro en cuestiones de lenguaje, que trataré en un apartado siguiente. No existe la exasperación, el efectismo o barroquismo verbal, concebido para que el lenguaje en el «Teatro Furioso» fuese enfática y delectablemente pregonado por el actor. Un lenguaje carente de coloquialismo.

Este coloquialismo existe, pues, en el teatro de «Farsa y Calamidad». Incluso en *Delirio del amor hostil,* en donde —como si perteneciera al otro género— he mezclado en mayores dosis aquel otro elemento barroquista.

En relación al estilo de expresión en «Farsa y Calamidad», hay en casi todo él como un remedo del «kitsch» romántico-burgués, como un anticuado relamimiento capaz de difundir un sutil efecto cómico, en contraste con lo extremoso y delirante de algunas situaciones. Tomando en serio este recurso humorístico, alguien me reprochó la cursi extenuación de cierto personaje femenino de

Tórtolas, crepúsculo y... telón. No tengo por qué decir más extensamente que éste no es sino un recurso estilístico y gusto por *teatralizar el teatro.*

Sin embargo, tanto en uno como en otro, la temática no cambia esencialmente. Simplemente se ha bifurcado en dos tendencias formales.

Diría que en tres, pues posteriormente ensayé un tercer género, cuya única muestra, *Sombra y quimera de Larra,* no merece que me extienda excesivamente sobre él. Quise llamarle «Teatro de Crónica y Estampa» con intención de tratar en él hechos históricos y biográficos concretos. En este caso, la figura de Larra.

Lo que formalmente le puede distinguir mejor de los otros dos géneros es un particular tratamiento del «pastiche». Por identificación con los moderados gustos de Larra en teatro, esta vez fue el pastiche moratiniano. Moratinismo de convención y nunca de una fidelidad purista. No es un teatro aleccionador, pero sí informativo; quiere decirse que, en algo, puede aparecer como didáctico, lo cual me horroriza no poco.

Tampoco en éste mi postura «moral» —si así puede decirse— ha cambiado. En *Sombra y quimera de Larra* la sociedad mata o hace que se suicide un psicópata inteligente, simpático, hedonista y refinado. Burgueses españoles de los años 30 del siglo XIX. La mejor política administrativa mata constantemente hombres de mayor calidad humana que Larra. Yo vi en aquéllo un conflicto trágico. El olvido del sentido de tragedia nos llevaría estúpidamente a preguntarnos qué aplicación práctica podemos dar al carácter de Orestes sin parecer mezquinos.

Esto es todo cuanto puedo decir de «mis» géneros.

El desarrollo argumental viene a ser en todos el mismo y observa una ley en cierto modo irracionalista, fiada a la irreprimible conducción del sueño y por la que, a veces, obtenemos lo imprevisible. Ese imprevisible es, para mí, la materialización de esa realidad del pensar que es «pensarlo todo». Quiero ser sorprendido por esa «realidad». No creo que, tras el simbolismo, el dadaísmo, el surrealismo; tras haber determinado la raíz irracionalista del símbolo poético, nadie se sustraiga enteramente a explorar en su inconsciente, lo disimulen o no. En todo caso, quien lo haga me parecería un propagandista banal. No es posible que la sed trágica y la ambición totalizadora no se dejen arrastrar por el imán irracionalista. En esta aventura nos representamos a nosotros mismos como flotando en la ingravidez del destino a pesar de nuestra voluntad, nos vemos sujetos a todos los devaneos de la inteligencia y de los sentidos. ¿A qué resultados más verdaderos nos puede conducir este abandono? Hay que obnubilar la voluntad partidista y probatoria en favor del instinto trágico, que todo lo complica, lo subvierte, lo enrarece. Que aporta, con todo, una más densa realidad.

Con su aparente fantasía, esta realidad me aprovecha para construir toda la comedia, trato de sumergirme en ella con todas mis facultades de ser pensante que quiere pensar lo que aún no se imagina que puede pensar. Tentaciones y repulsas surgirán más puras de esta inmersión en el yo. Que, por otra parte, tantas veces puede coincidir con el yo de los demás. Esta inmersión me exime, lo primero de todo, de juicios prácticos y probatorios antes de encontrar una sustancia dramática con suficiente entidad. Por perseguir esta realidad sustancial mi teatro aparece desarrollándose en una esfera onírica. Bien, no creo que sea necesario probar que todos los sueños —como la facultad de «pensarlo todo»— son una realidad. Una realidad a la que nos conduce la trágica lucidez del arte.

La palabra: construcción y destrucción

La palabra se mueve. No existirían las modernas lenguas sin la destrucción de las antiguas matrices. El lenguaje es elección, selección, creación. Y no puede haber lenguaje detenido. Las Academias sólo definen una entidad o identidad siempre en peligro de evolución. Todos los lenguajes verdaderos son «jerga». Son «caló». El caló de los gitanos españoles puede variar de una forma notable de una a otra época muy próximas entre sí. Hasta ahora, los gitanos españoles han pertenecido al hampa. Pues bien, la marginación o la irresponsabilidad social hizo posible, hasta ahora también, que el lenguaje del hampa fuese la escuela en que se aprende a nombrar las cosas por primera vez renunciando al «prejuicio» que supone el empleo del término justo. El más bajo pueblo, los desposeídos, no siente el idioma correcto como herencia que deba conservar y pulir. Pertenece a otros. Irónica o despreciativamente, el lenguaje correcto lo depreda a su antojo, lo «malversa». Y, sin embargo, hay algo que nos sorprende por la precisión sentimental, la exactitud ambiental que resultan de esa malversación depredatoria de la lengua del hampa. Esa malversación también es culpable, empezando por lo que pensara un gramático.

Y, sin embargo, es creadora. Para el hampa, la vieja palabra «alude» solamente. La nueva —o argótica— define y concluye. Hace más suyo el objeto, lo valora según una profunda necesidad de aprehenderlo. Y es claro que todas las lenguas vivas se valen del material de las antiguas como nexo simplemente alusivo. Todas las lenguas son neológicas. Neologismo y creación son sinónimos.

No hay para mí gran diferencia entre un científico que se ve precisado a nombrar por primera vez un hecho, una materia o un concepto que antes no se habían presentado a su percepción y un individuo que precisa nombrar a los garbanzos con mayor saturación expresiva que la simple palabra «garbanzo». Hay en el argot del hampa como una convención expresiva surgida de una no racionalizada conciencia de clase; es lenguaje discriminatorio, es iniciación y consigna. Pero yo he observado —por ejemplo, en algunas tabernas muy populares de Andalucía— una dimensión mayor, surgida, de pronto, de la necesidad de «argotizar sobre la marcha» de forma improvisada, indómita y brillante. La elocuente creación de la jeringonza. Esto ya viene de una euforia creativa más profunda. El individuo sigue ya el camino alucinado del artista.

He aquí un comportamiento sutilmente culpable según la óptica. Si también la palabra es un instrumento de dominio, igualmente lo es de rebeldía y liberación. Atentar contra una palabra es atentar contra un determinado sistema que se vale de ella. Según ese sistema, su valor debiera ser detenido, «congelado». También «la culpa» pesa sobre la palabra desde los fundamentos de una gramática o un diccionario. Pero no hay modo de detener ni de congelar las palabras.

La palabra no es el pensamiento. Al buen entendedor todas las palabras le sobran y ninguna le basta. Y el arte es un juego azaroso y atrevido que busca, por encima de todo, «precisar» sensaciones ilimitadas. En cuestión de precisar sensaciones ilimatadas todas las pabras sobran y ninguna basta. Toda sinonimia es resultado de un dinamismo sensorial. Y la sinonimia es ya el comienzo de la jerigonza. ¿Quién limita y fiscaliza el vasto imperio sensorial de la sinonimia? Tan sólo una «convención flotante de inteligibilidad». Y los sinónimos pueden tener una cotización bastante gaseosa. Mas lo inteligible no puede estar reñido con la «precisión de sensaciones ilimitadas», sino con la congelación expresiva de la palabra. Mientras haya precisión puede haber destrucción y, naturalmente, creación.

No necesito decir más para que se intuya por esto que, en la precisión de esas sensaciones, yo me valga de la ruptura idiomática, la polivalencia y la rarefacción de los vocablos. No hay modo de precisar nada sin escapar de las precisiones saturadas de otro significado insuficiente y limitador. Así, para mí, el lenguaje puede aparecer como una ruina provechosa y un área de predación y expoliación. Reconozco que, en esto, mi culpabilidad se muestra bastante adormecida.

Por ejemplo, en *Delirio del amor hostil* hay una sostenida violación del lenguaje y una continua transacción de significados a base de desechos argóticos, dialectales, arcaicos. Sus personajes, a medida que se hacían, iban haciendo su propio idioma trágico, agónico. Es decir, destruyendo a medida que se construían.

Esa era, en suma, la que yo creía —y sigo creyendo— la función del lenguaje, tanto en la vida como en el teatro.

La palabra se mueve.

Los personajes

La idea de lo que es «burgués» ha tenido que evolucionar desde la época de Baudelaire hasta nuestros días. Para mí, el burgués es, desde el banquero moderno hasta el proletario hipertrófico de televisión y música pop, un mentor y un árbitro temible para quien intenta «pensarlo todo». Es el intendente del instinto de conservación. Le desconcierta demasiado la tragedia de pensar. Y para él, ya en la antigüedad, se hizo la comedia y no la tragedia. Y para él, tanto para el hacendado como para su más avispado esclavo, escribió Menandro y no Esquilo. Para él surgieron los personajes mínimos y anecdóticos provistos de «psicología». Psicología de clase.

¿Qué clase?

Pues cualquiera que aspire a que le hablen de sus problemas sentimentales y administrativos con entretenida nimiedad y siempre a favor de su concepto de la vida. Y su molesta vigilancia viene de que todas las clases se sienten corruptibles.

El psicologismo del teatro burgués más próximo, incluso aquél al que tanto se aferran hoy mismo las propias masas aburguesadas, me ha irritado mucho. Pues hay que convenir que lo que llamamos «pueblo» en un sentido todo lo amplio que se quiera es el creador absoluto del teatro y de la tragedia. Y el pueblo totaliza su percepción del mundo trágico en símbolos más concentrados y menos particularizados o individualistas que los personajes definidos por un psicologismo anecdótico propios de una clase más genérica. La que, también con un sentido todo lo amplio que se quiera, podemos llamar burguesa. La clase «vigilante» por antonomasia.

Es notable en el pueblo su facultad de crear o de entender el símbolo. Más símbolos que tipos. O, acaso, prototipos. Lo que hace que Don Quijote sea el ideal; Otelo, los celos; Crespo, la justicia popular; Celestina, la corrupción senil, y Tartufo, la hipocresía. Las demás adherencias psicológicas vienen dadas por nosotros bajo forma de meditación sobre el símbolo.

Esto no quiere decir, ni mucho menos, que yo haya podido adueñarme de ningún prototipo notable o definitivo. Pero es lo que, de algún modo, he querido hacer.

Supongo que, aunque carentes de una psicología compleja, mis personajes como yo mismo —pueden ser psicoanalizados como manifestaciones de una obsesión. La obsesión es el estilo, todo estilo es una obsesión.

Me he visto llegado al punto en que mi obsesión había de convertirse en una «poética». Y, como toda autodefinición tiene sus límites, dejemos algo —que puede ser mucho— para los que con buena disposición están dispuestos a interpretarnos mejor que podemos interpretarnos nosotros mismos. No hablemos ya de una peor interpretación. Dejemos una abertura a la esperanza.

En esta exposición de personajes con sentido prototípico y simbolizante, no muy larga ni profusa, aparecerán los de mayor significación al lado de los que, como necesidad técnica secundaria, sirven únicamente para construir la comedia como «figurantes». Con ello ofrezco dos posibilidades de juicio: la interpretación de mis obsesiones y, a la vez, la de mi técnica. Quiero añadir, para terminar, que todos aquellos que me parecen principales, y eso posiblemente se verá, son siempre «deletéreos», receptores o propagadores de «la culpa», un punto gozosos de serlo; sadomasoquísticos en una acepción más o menos evidente. El trasfondo —que supongo otra vez de esencia trágica— puede incluso interpretarse como «divinización de la culpa».

Coro.—(*Pelo de tormenta-Nosferatu.*) Eco del conflicto en el pueblo, comentarista desde un ángulo particular. Alocado, dispuesto al desafuero, orgiástico, justa o injustamente vengativo, burlón, anhelante, caprichoso, mágico e ilógico. Aun sumido, asimismo, en el conflicto, es como un elemento indestructible y siempre renaciente.

Personajes corales y presentadores.—(En distintas comedias.) Consecuentes con el sentido anteriormente expuesto (ejemplo: «el ciego de la guitarra» en *Pelo de tormenta*). En suma, mi concepto de «pueblo» tiene una vertiente ferozmente optimista, cruelmente indiferente ante el destino individual; atrabiliario como una divinidad antigua con sólo consciencia juguetona de su inmortalidad.

El personaje doble. La pareja unánime.—Muy frecuente. (Opalos y Tasia en *El combate de Opalos y Tasia*. — La Melga y la Dalga, Panzanegra y Tenazo, en *Coronada y el toro*. — Cariciana y Locosueño, en *Los españoles bajo tierra*. — La viuda y la sobrina, en *El fandango asombroso*. — Los hermanos Barrabás, en *Tórtolas, crepúsculo y ...telón*. — Malagana y Tudaño, en *El baile de los ardientes*. — La Blanca y la Roja, en *El paño de injurias*. — Sor Prega y sor Isena, en *El rayo colgado*. — Priscila y Avedelma, en *Malditas sean Coronada y sus hijas*. — Cambicio y Denario, en *La señora tártara*, etc.) ¿Por qué esta necesidad de desdoblar un personaje como recurso cómico? Ser o ente redoblado y terco, algo conserva también del brío popular, pero ya sometido a un destino particular adverso. La concepción y explotación de este personaje doble y unánime no sé muy bien si se remonta a una lejana impresión concebida por los ayudantes de K en *El castillo,* de Kaffka, los dos fuegos fatuos en el cuento esotérico de Goethe *La serpiente verde,* los gemelos de *Alicia en el país de las maravillas* y otros personajes por el estilo que lo mismo pueden caracterizar un estamento social, confabulante, complotado y enredador, que un elemento mágico con igual sentido. Personaje despersonalizado y un tanto maligno de resultas de ese desdoblamiento y suma de fuerzas. Se manifiesta eufóricamente, generalmente en un plano cómico de obcecación, como marcan muy bien Opalos y Tasia en la pequeña comedia citada.

El niño como ente arcano y superior.—(El príncipe Tomás en *La carroza de plomo candente*. — Porrerito en *El rayo colgado*. — El aprendiz en *Nosferatu*. — Escarlata en *Malditas sean Coronada y sus hijas*. — Balbino en *El paño de injurias*. — El bastardillo en *El baile de los ardientes*. — Tomás en *Es bueno no tener cabeza*, etcétera.) En efecto, distante, superior y arcano, este personaje se manifiesta con frecuencia finamente marginado del conflicto, rebelde y dispuesto a desviar su curso o contrariar o invertir los significados. Aparece casi siempre como algo irreductible y participando de una esencia entre divina y diabólica. Al él podemos asimilar también el personaje adolescente llamado «el muerto» en *Delirio del amor hostil*.

El joven héroe.—Sujeto pasivo, sometido a toda clase de tentaciones o manipulaciones; tan egoísta como incauto, este joven héroe es un antihéroe, pero dotado de arrogancia y belleza cuyo privilegio es inoperante, insuficiente. Es la víctima más propicia a la confusión catártica. (Silverio en *Malditas sean Coronada y sus hijas*. — Jasón en *Delirio del amor hostil*. — Cambicio, en *El baile de los ardientes*. — Ary, en *La señora tártara*. — De nuevo Cambicio, en *Los españoles bajo tierra*, y otros.)

La madre cenagosa.—(Dama Vinagre, en *El combate de Opalos y Tasia*. — Imperia, en *El baile de los ardientes*. — La reina Kelly, en *Nosferatu*. — La Garrafona, en *La carroza de plomo candente*. — La Coconito, en *Delirio del amor hostil*. — Trapezzia, en *Tórtolas, crepúsculo y ...telón*. — Mariagrande, en *Malditas sean Coronada y sus hijas,* etc.) Con mayor o menor evidencia, este personaje se afirma como sabia y cínica tentadora, transmisora de la culpa; su portavoz altanero, embriagado, impetuoso. Servidora de la naturaleza que obliga a sumergirse en un piélago pasional, sensualmente emporcado, inmoral o amoral. Es, en suma, un ser eufórico y avieso. El personaje finalmente revelado en *Malditas sean Coronada y sus hijas* participa también de este concepto general. Aparte de otras razones, acaso más profundas, es probable que su influencia literaria me provenga de la *Celestina.*

La mujer, víctima superior.—Al contrario que el joven héroe, la mujer aparece, a veces, en mi teatro con un talante de arrogancia que la adversidad no llega a sofocar. (Todos los personajes llamados Coronada. — Algunos aspectos de Ermelina y la Coconito en *Delirio del amor hostil.* — De las tres hermanas feas de *El baile de los ardientes.* — De los personajes femeninos dobles y unánimes: Opalos y Tasia, Cariciana y Locosueño y otros.) Es, pues, de observar que el principio femenino, el arcano infantil, la confabulada energía popular arboran para mí como un sentido positivo, tenaz y renaciente, germinal, creacional, rebelde. Por el contrario, el principio masculino aparece sumido en una alienación difícil de superar, pasivo, tentado, zarandeado, propiciatorio. Vuelvo a sugerir que, basado acaso en razones más oscuras, la literatura, en su influencia exterior, haya tenido una parte en la definición de estos personajes o entes: la mujer en la obra de Lope de Vega, pongo como ejemplo para el principio femenino y el héroe o antihéroe juvenil en la novela picaresca para el principio masculino.

Los constrictores.—Llamaré así a los numerosos personajes que, en mi teatro, aparecen como abstracciones de las fuerzas del mal. Son muy numerosos, prototípicos, los más carentes de psicología y humanidad. Pero todos ellos han sido tratados con maliciosa delectación. (Desde las *Madres Cenagosas* hasta los personajes más o menos importantes o secundarios: personajes unánimes masculinos —no todos— Cebedeo en *Coronada y el toro.* — El rey Luis, Camaleón, Frasquito, Saturno en *La carroza de plomo candente.* — Sabadeo en *El rayo colgado.* — El Cabriconde en *El baile de los ardientes.* — Nosferatu, el Gran Marcial, Fiacro, Mikey Mouse en *Nosferatu.* — Senedian en *Tórtolas.* — Fray Mortela, Gargarito en *Los españoles bajo tierra.* — El Farce en *Delirio del amor hostil.* — Sería larga la enumeración: todos los reyes, inquisidores, alcaldes, mendigos, etc., aparecen con un sentido emblemático, desprovistos de matiz, pero, como ya he dicho, tratados con una especie de alegre e insidiosa delectación, hasta con paradójica ternura y aditamento y profusión de detalles pintorescos y grotescos. Me complace soltar sobre la escena estos entes constrictores y diabólicos. Y, acaso por ello, pude un día definir mi teatro como «de la tentación esencial»; tentación de excarcelar sobre la escena una gran suma de potencias malévolas con un sentido finalmente victorioso, contravalorativo y orgiástico. Este es, finalmente, la impresión que, en mi juventud, casi en mi infancia, dejó la sucesión de personajes malévolos que desfilan por la novela picaresca, reducidos a prototipos de unos estamentos o situaciones sociales propias de su tiempo. Añado los personas simbólicos en *Los sueños,* de Quevedo.)

No creo poder añadir más. Creo que la suma total de esta enumeración nos lleva a definir aproximadamente mi teatro como secreta y constantemente guiado por una complacencia desafiante, saturnal, convulsiva y revulsiva por medio de las fuerzas del mal, a la vez que por una forma de abrazar la culpa como principio y esencia del placer. El placer que guía al conocimiento y a la muerte. Una forma paradójica de victoria, cuya entraña se nutre y prolifera a partir del «principio trágico», «impasse» de irresoluble superación. Visión subjetivamente totalizadora que, ahora, toca a los demás aprobar o rechazar tras haber leído, si a tanto ha llegado su paciencia, este ensayo de una poética individual.

Colofón

No sé si con una muy ceñida y rigurosa estructuración del poema lograría lo mismo con lo que ahora pienso hacer, y es agrupar los conceptos por núcleos, dentro de los cuales esos conceptos se precisan a la vez que se impregnan unos de otros, se entrelazan y entre ellos se rarifican y hasta se descomponen. Veamos qué sucede.
El teatro es vida alucinada e intensa.
No es ni el mundo, ni manifestación a la luz del sol, ni comunicación a voces de la realidad práctica.
Es una ceremonia ilegal,
un crimen gustoso e impune.

(Estética del delito. La culpa teológica aparece más claramente definida como culpa social. La culpa, desahogo pasional y, a la vez, sed de conocimiento. La orgía es destructora y creadora y cima emocional catártica. El conocimiento y la culpa se entrelazan con el placer y la muerte. Conocimiento y placer oscuros, nocturnos, en sombra de culpa. Culpabilización del arte por el instinto de conservación y aplicación práctica de los impulsos humanos dirigidos. Con todo, el origen del conocimiento es —o aparece en mi estética— como una curiosidad culpable frente al aspecto práctico que intenta distraer o reprimir el sentido devastador de las totalizaciones y rupturas contra el instinto de conservación. La orgía es «viciosa», como vicioso puede ser el conocimiento; es dilapidación de sí, subyuga y aterra por esa dilapidación apráctica, placentera y atormentada que nos acerca a la muerte; por lo tanto, que nos acerca a la tragedia tan deseada como irremediable. La orgía es revolución en esencia, revolución contra todo, expresión última —consciente dentro del abandono— de la rebeldía humana. Esa última rebeldía es la incubadora de la culpa; como he dicho, no tanto culpa teológica como social. Se produce la paradoja de que en la culpa, el conocimiento culpable, el placer y la muerte, la devastación apráctica y otros aspectos de la orgía, se inicia como una resurrección de los instintos, del principio de la vida, que vuelve a caer trágicamente en el mismo género trascendente y último de tentación y rebelión en círculo cerrado.)

(A estos conceptos se enlazan los personajes como El Coro: Alocado, justa o injustamente vengativo, anhelante, caprichoso, dispuesto al desafuero y, a la vez, elemento indestructible y siempre renaciente. Los personajes corales y presentadores - Las madres cenagosas: Tentadoras, celestinescas, eufóricas y aviesas, servidoras de la naturaleza, que obligan a sumergirse en un piélago pasional; sabias y cínicas transmisoras gozosas de la culpa y el conocimiento culpable. El niño, como ente arcano y superior: Divino y diabólico, que confunde e invierte los significados, que revoluciona, contradice, sorprende, etcétera.)

Es alteración y disfraz:
Actores y público llevan antifaces,
maquillajes,
llevan distintos trajes...
o van desnudos.
Nadie se conoce, todos son distintos,
todos son «los otros»,
todos son intérpretes del aquelarre.

(El humor y la culpa. Dramática tolerancia del humor. El humano relieve, o aspecto, grotesco de los participantes en la orgía y el desafuero. El deseo de «irresponsabilidad social» manifiesto en la orgía hace claro el no querer —o no poder— yo conocer con sentido práctico a los «otros». Me gusta verlos —y saberme yo también— enmascarados o anormalmente desnudos, nunca reconocibles como copartícipes de lo cotidiano, sino cambiados e intercambiables dentro del aquelarre. Seres grotescos o grandiosos, atractivo-repulsivos, mis hermanos incestuosos en la violación de las normas. Gustoso sentimiento de anonimato en la general transgresión.)

(A estos conceptos se enlazan Los personajes dobles: Despersonalizados y unánimes, confabulados, enredadores, obcecados... Los constrictores: Carentes de psicología y humanidad, pintorescos, grotescos, malévolos, atormentadores y atormentados —como yo—, a la vez mis aliados y mis verdugos. «Los otros» irreconocibles y cifrados heráldicamente, como yo me siento irreconocible en el trance orgiástico. Agentes y copartícipes de la culpa en círculo cerrado.)

El teatro es tentación siempre renovada,
cántico, lloro, arrepentimiento, complacencia y martirio.

(Se vuelven a manejar los mismos conceptos pero con un matiz más subjetivo. Quien canta, llora, se arrepiente, complace y martiriza soy yo mismo. Yo soy el sujeto de esa tentación siempre renovada.)

(A esto se enlazan ciertos personajes más protagonísticos a los que, de un modo de otro, bajo el principio masculino o femenino, me siento identificado. EL JOVEN HÉROE: Sometido a tentaciones, egoísta e incauto. LA MUJER, VÍCTIMA SUPERIOR: Con un talante de mayor arrogancia y desafío en la adversidad.)

Es el gran cercado orgiástico y sin evasión;
es el otro mundo, la otra vida,
el más allá de nuestra conciencia.

(El teatro —o el mundo— es el lugar privilegiado y maldito de la orgía en donde —incubados por ella— vamos a conocer otro mundo y otra vida que los cotidianos. Participamos en la destrucción y dilapidación de sí, de nosotros, y esto nos llevará al más allá de nuestra conciencia. Este más allá, atractivo y fatal, es como un compuesto superior de placer, dolor, sabiduría y muerte. Aunque paradójicamente esperanzado y anheloso de una revelación. Revelación de una totalidad.)

Es medicina secreta,
hechicería,
alquimia del espíritu.
Jubiloso furor sin tregua.

(Arriesgada y desesperada terapia. Terapia prohibida y hechiceril. Experimento peligroso y secreto con nuestro espíritu. Renovado e inmarcesible furor que la culpa y el conocimiento alimentan sin cesar.)

F. N.

Malditas sean
Coronada y sus hijas[1]

---

[1] En el ms. «A» encontramos distintas variantes del título. Por un lado, aunque en las tapas de la copia aparece ya el título definitivo que utilizamos en esta edición, aún reza en el interior el de *Malditas sean por siempre Coronada y sus hijas*. Por otro, el subtítulo —que suele ser mucho más expresivo en el resto de la producción de Nieva— aparece aquí simplemente como *Comedia en dos partes*, mientras que en las citadas tapas de «A» podemos ver el de *Comedia*, y escrito a mano encima de éste y como anulándolo el de *Comedia romántica*.

PERSONAJES [2]

Coronada 1.ª
Coronada 2.ª y Marcelina.
Coronada 1.ª bis.
Coronada 2.ª bis.
Humillada Serpezuela, condesa de Arcadia.
Priscila.
Avedelma.
Floriola.
Tonieta.
Escartala.
Mariagrande.
Silverio.
Cordacebo.
Pastores y campesinos.

---

[2] Los personajes tienen nombres que nos recuerdan los de las églogas renacentistas, de marcado carácter idílico, que va a contrastar con el que realmente se refleja en la comedia.
En el caso de «Coronada» conviene hacer notar que, además de haberlo utilizado aquí para cuatro personajes —cosa sólo explicable una vez conocida la trama—, Nieva bautiza con el mismo nombre a otras protagonistas suyas, como son las de *Coronada y el toro* y *El fandango asombroso*. Pero no es éste un caso aislado en él; también nos encontramos con varios «Cambicios» en obras como *El baile de los ardientes*, *Los españoles bajo tierra* y *La señora tártara*.

PRIMERA PARTE

Oscuro. Un creciente rumor de gruñidos, cacareos, balidos, relinchos, gorjeos, etc. Al hacerse poco a poco la luz, el rumor se va gradualmente apagando.
La acción se halla alejada de nuestros días [3]. *El bárbaro país de* Coronada *pudiera inspirarnos un imaginario folklore brutal y anacrónico.*
Dormitorio en un albergue particularmente siniestro. Sólo una gran puerta al fondo y, también hacia el fondo —teniendo en cuenta la ruptura arquitectónica que se le quiera dar al trazado de la habitación—, una pequeña ventana al exterior, sin cristales, pues sólo se cierra con una portezuela de madera. Muy visible, un lecho, quizá con las cortinas recogidas. Un pesado e incómodo sillón forrado de cuero o de piel cerdosa o lanuda; pueden existir otras pieles diseminadas por el suelo, una percha hecha con cuernos de toro, toda clase de detalles que

---

[3] Del mismo modo que en la redacción definitiva ha hecho desaparecer —con respecto al ms. «A»— el subtítulo *comedia romántica,* aquí elimina toda esta frase de la acotación:

> Estéticamente un romanticismo irónico y simplificado sería una buena pista.

Lo que hace, en definitiva, es abandonar toda concreción, aunque las descripciones que nos da pudieran hacernos llegar a ella en una posible —y siempre deseada— puesta en escena.
Otras supresiones existentes no alteran el contenido y parecen sólo retoques de estilo.

vayan confirmando la inmensa riqueza ganadera del país.

La puerta se encuentra abierta y, hacinado tras ella, se muestra el voluminoso equipaje de SILVERIO: *maletas de tapicería persa, un baúl con gran cerradura, portamantas, bastones, paraguas.*

Allí están PRISCILA *y* AVEDELMA, *dos criadas guapas, pero un tanto bastas, planas y despatarradas. Cuando ríen imitan de forma natural, habitual, el balido de las cabras, el gruñido de los cerdos, el grito de algunas aves domésticas. Lo hacen burlonamente, claro está, pero se ve que todo ello es consecuencia de una mímesis obligada por el excesivo contacto con estos animales.*

Durante el diálogo las dos sirvientas, apresuradas, terminan de hacer la cama y van luego introduciendo en el dormitorio el equipaje de SILVERIO.

Es de noche. Una o varias antorchas de sebo iluminan la escena. En conjunto, todo debe suscitar una impresión apesadumbrada y dramática.

PRISCILA. Y viene de lejos, sólo y sin criado.
AVEDELMA. Es un mozo guapísimo.
PRISCILA. ¿Qué sabes tú, si no le has visto antes de que cayera en el cieno? Yo sí puedo decir que le he visto. Ya venía sucio, lleno de polvo, pero era una gloria contemplarle, con aquel pelo rubio y los ojos espantados de forastero. Y ¡zas!, nada más abrir la portezuela del coche mi pobre burrito [4] se cae en el cieno negro y se levanta diciendo que se llama Silverio y que necesita habitación para varios días.
AVEDELMA. ¿Y tú crees que no se notan a los hombres guapos cuando están rebozados en cieno?
PRISCILA. Puede que no vieras nada de particular y todo fuera presentimiento. ¡Huy, los presentimientos!

---

[4] «... mi pobre burrito»: abundan las alusiones al mundo animal referidas a las personas («cordera», «pavita», etc.). Aquí se trata, sin duda, de una apelación cariñosa para referirse a Silverio. Téngase en cuenta que los personajes viven en un mundo cuyos protagonistas son los animales.

Todas las chicas saben ya lo guapo que es un forastero dos días antes de que se presente, y si quien se presenta es feo, pronto se descubre que no era aquél el forastero que se esperaba.

AVEDELMA. ¿Sí? Pues dime con toda sinceridad: ¿es más guapo que forastero?

PRISCILA. ¿Qué quieres decir con eso?

AVEDELMA. Pues... No sé... Piensa que fuera tan soberanamente rubio que ya no te importase siquiera que fuera de aquí.

PRISCILA. Pues mira, si el Silverio de mi corazón no fuese forastero sería deslumbrante como una lámpara de treinta fuegos y ni tú ni yo le haríamos ascos, esa es la verdad.

AVELDEMA

(Levantando uno de los bultos y dejándolo caer.)
¡Uff! Me estoy delibitando de la ilusión.

PRISCILA. *(Transportando otro.)* Pues esta maleta es pesada como una cerda y sus diez crías.

AVEDELMA. Ya, ya. ¿Qué vendrá dentro?

PRISCILA. Ve tú a saber. Cosas bonísimas y forasteras, de las que se fabrican en la otra parte del mundo y de las que aquí no se tiene ni idea. Qué triste suerte que las forasteras no seamos nosotras.

AVEDELMA. Pues hija, sólo te basta pasar la frontera para serlo.

PRISCILA. ¡Qué va! ¡Si eso fuera tan fácil! Pero yo quisiera ser forastera en mi propio pueblo para hacer rabiar a más de una [5].

---

[5] Todas las citas que en esta escena se hacen referidas al «forastero» y al mundo exterior, están muy en relación con el ambiente que se respiraba en España cuando Nieva ideó y escribió las primeras redacciones de esta obra: la España del subdesarrollo frente a la Europa culta. A pesar de ello, en algunos momentos deja entrever para los personajes la posibilidad de ser ellos mismos los forasteros. No obstante, también hay una crítica indirecta e irónica de ese mundo idealizado por los habitantes del «bárbaro país», especialmente en algunas réplicas suprimidas aquí y que podemos leer en el ms. «A»:

AVEDELMA. Pues no pides tú poco.
PRISCILA. Ay, pero al otro lado dará gusto vivir...
AVEDELMA. Qué más vas a decir. Allí nada de animales por las calles ni en las casas, todo el terreno para los ciudadanos. Con la lana de un solo cordero de la que nosotros les enviamos se viste una familia entera y todo el resto del traje lo constituyen las buenas maneras y la cortesía que tienen. ¡Gente civilizada!
PRISCILA. Allí todo son novedades y primores. Un día miré por el ojo de la cerradura y vi a un forastero cambiarse de camisa, y ¡quién lo iba a suponer! La llevaba hecha mil dobleces, en forma de coliflor, con un lazo que era la corbata. Una verdadera maravilla. La desplegó, se la puso, se miró al espejo y se hizo a sí mismo un guiño que me dio escalofríos. ¡Qué hombres! ¡Cómo saben vivir!
AVEDELMA. Llevas razón, pavita. ¡Cómo saben vivir! Esa es toda la suerte de andar sin tropezarse con una bestia a cada paso.
PRISCILA. A propósito: ¿crees que no le molestará demasiado el cerdo que tiene como compañero de cuarto?
AVEDELMA. ¿Qué te has creído, que en sus fondas y posadas [6] han de sufrir semejantes molestias? ¡Desgraciado! ¡Qué noche le espera!

> AVEDELMA. *(Observando la maleta con insistencia.)* Pues yo me sigo preguntando qué guardará esta maleta.
> PRISCILA. Ya se supone, cordera. Cosas de esas que no se sabe lo que son hasta que no te dicen para lo que sirven y desde entonces, si no las tienes, enfermas de la necesidad.

[6] Evidentemente «fondas y posadas» además de tener una connotación arcaica, marcan una degradación que va pareja con la del mundo que Nieva quiere describir, aunque aquí la utilice, en boca de Avedelma, para aludir al mundo de Silverio, naturalmente que desde la perspectiva de ella. Es un recurso que utiliza a menudo. En la réplica que a continuación le da Priscila vuelve a hacer el mismo juego lingüístico con la palabra «murga», de honda raigambre popular, pero —suponemos que por no insistir— que queda eliminado en esta edición, mientras que aparece en el ms. «A»:

PRISCILA.   Cierto, es otro mundo el suyo. Mientras aquí, ¿qué sucede? Un rebaño se te viene encima y si quieres parecer un poco elegante lo menos que has de hacer es subirte a un farol.
AVEDELMA.   Donde los haya, en plena ciudad dirás. Si te coge por esos andurriales te tienes que dejar violar por el rebaño que te abandona en un estado como para que el cielo te maldiga.
PRISCILA.   *(Pensativa.)* Estoy segura de que ese cerdo le va a turbar el sueño.
AVEDELMA.   Eso ni lo dudes[7]. Pero no tendrá otro remedio que resignarse. A pesar de sus remilgos, bien les conviene negociar en nuestro país, no vayas a pensar... ¡Cuántos vienen a cazar una heredera, aunque ésta tenga la belleza puesta en su prima pobre!
PRISCILA.   ¡Cielos, qué luz me has dado! ¿Y si fuese él el famoso prometido de Coronada, el novio universal, el gran bombón, el hombre confitado que se espera para la más rica heredera del país? Todo pudiera ser. Ya has oído esta tarde lo que se rumoreaba por ahí. ¡Ay, Dios, desde ahora estoy sobre ascuas!
AVEDELMA.   ¿Tú crees? ¡Qué va! ¿Cómo va a llegar así, sin que nadie le reciba, a un albergue de pasajeros? Todos los miles de pastores de la gran Coronada le recibirían tocando la cornamusa.
PRISCILA.   ¿Y tú, no has oído a la caída de la tarde una

  PRISCILA.   Cierto, es otro mundo el suyo. Desde que son chicos acostumbrados a escuchar valses que se tocan en la calle. ¿Qué me dices de eso? Sales a la calle y de manos a boca te topas con una murga tocando valses que perfuman el oído de los ciudadanos. Mientras que aquí, ¿qué sucede? (...).

[7] Aquí hace Nieva otra supresión, cuyo texto nos parece significativo:

  AVEDELMA.   Eso ni lo dudes. Estos forasteros no tienen nuestra alegría ni nuestra conformidad. Pero no tendrá (...).

Está claro que con ello estaba haciendo una alusión al tópico generalizado sobre el carácter español. Al suprimir la frase, evita las referencias directas, de las que suele huir casi siempre.

misteriosa onda de solfeada que bajaba de las montañas? Pues yo sí. Y se me ha puesto la carne de gallina.

AVEDELMA. ¡No me digas! Pudiera venir de incógnito, eso es cierto.

PRISCILA. Por temor a desgastarse con la mirada de las mujeres. A mí este lujo y este refinamiento del niño me pone en guardia. Puede que sea el hombre ideal que ande suelto por ahí, uno de esos Rodolfos [8] que vuelan y no hay quien los cace si no es con una buena dote. Y mayor dote que la de Coronada no hay otra.

AVEDELMA. Pues quien se case con esa princesa no sabe en qué misterio condenado puede caer si antes no tantea el terreno. Al verla parece un sol, pero se dice que es de las que tienen la fealdad para andar por casa.

PRISCILA. *(Haciendo oído.)* ¿No escuchas, creo que se acerca? Las botas le arrastran como dos vacas dormidas.

AVEDELMA. Cómo me late el corazón. No lo puedo contener.

(En el marco de la puerta aparece SILVERIO. *Elegantísima silueta envuelta hasta los ojos en espesos grumos de barro gris. Sobre la cara, cubriéndosela por completo, lleva, en efecto, una mascarilla del mismo color. Esta mascarilla se le puede ir levantando fragmentariamente, según pide la acción. Las muchachas se recomponen instintivamente, siguiendo unas actitudes y gestos que denotan un género de coquetería local. Se ensanchan las faldas, se ensalivan las cejas, patalean hacia atrás para sacudirse el barro de los zapatos, se restriegan la nariz.)*

(Tras una pausa en la que intenta dominar su turbación)

---

[8] Se refiere, sin duda, al célebre galán cinematográfico Rodolfo Valentino. Ya hemos dicho que los mitos del cine ejercen un enorme atractivo sobre nuestro autor, pero si en otros momentos se trata de referencias más o menos intelectualizadas, como las del vampiro Nosferatu o de la reina Kelly, aquí se trata de un mito eminentemente popular.

Entre el señor, que aquí es el cuarto[9]. Estas servidoras le dan la bienvenida.

PRISCILA. Sí, señor, entre y no se sienta contrariado por el percance del charco. Sepa usted que eso de andar rebozados en barro es aquí cosa natural.

AVEDELMA. Él ya lo sabrá por otros viajeros. Y si no lo sabe, mucho se divertirá viendo que aquí nuestros hombres, en fechas señaladas, se cubren totalmente de barro y boñiga y se suben muy alegres a lo alto de las colinas a tirar piedras con honda a la luna.

PRISCILA. Es una fiesta muy bonita. Una fiesta de pastores, donde todo es tirar cantazos, contar chistes y comer queso. ¡Uy, qué bien lo pasan! Y, como digo, cubiertos de barro hasta la raíz del pelo.

AVEDELMA. Tanto es así que a esto le llaman el «traje nacional».

(Silverio, silenciosamente, se deja conducir hasta el sillón y se sienta humillado y tristísimo. PRISCILA *y* AVEDELMA *le contemplan con inmensa curiosidad.)*

PRISCILA. ¡Cordero Santo, qué triste está! Puede que sólo sea el cansancio del camino. Y luego, que eso de ver a tanto animal amodorrado y atravesado por ahí debe causar mala impresión. ¿Qué educación pueden tener los animales? Ninguna, ¡pobres bestias! Aquí no es como en aquel país suyo, donde sólo se ven ciudadanos racionales[10] y gente que se pasea con un paquete pequeñito colgando de un dedo.

(Silverio aspira.)

AVEDELMA. Ea, anímese y no se deje abatir por la primera impresión, que ahora estas servidoras le ayudarán a limpiarse y le meterán en la cama. Ya verá

---

[9] Ya hemos hablado antes de arcaísmo premeditado en el lenguaje de Nieva. Aquí vuelve a aparecer, esta vez en cuanto a la construcción de la frase, que tiene un indudable aire clásico. Profundo estudioso de nuestro Siglo de Oro, su influencia en él es innegable.

[10] ¿Se trata de una alusión a los franceses, tan afamados de racionalistas? En caso afirmativo, sería una prueba a favor de nuestra hipótesis sobre el camino recorrido por el protagonista. (Véase «Cuento sin fin».)

mañana qué buen tiempo tendremos. Por esta ventana tan chica se ve un valle muy grande en donde cabe toda la salida del sol.

Priscila.   Yo me llamo Priscila y mi compañera se llama Avedelma. ¿No quiere cenar? *(Silencio.)* Está bien. Le dejaremos al lado de la cama un trozo de cordero en dulce por si le despierta el apetito a medianoche. Y si le gusta el líquido, aquí cerca, en el pasillo tiene la cañería de la sangre. No hay sino darle vuelta al grifo y tomar cuanta se quiera.

Avedelma.   ¡Bah! No recomiendes esas cosas a ciertos viajeros, que no les gustan. A ellos hay que servirles una cocina internacional[11]. La sangre caliente les da bascas. Lo tengo comprobado. No es bebida fina.

Priscila.   Pues también a los franceses les gustan los caracoles babosos y las ancas de rana. Y eso es porque allí todo es bosque lluvioso y resbaladizo. Pero aquí, donde se mata a tanto animal, tiene que haber cañería de la sangre para apagar la sed del pueblo[12]. ¿En qué consiste, entonces, la cocina internacional?

Avedelma.   Mucha lechuga inocente, sin sombra de culpa. Eso es lo que más les gusta.

Priscila.   Pues bueno, ya lo sabe, por si tiene hambre le dejaremos una ensalada. Ahora comencemos por despegar este barro de la cara.
(Levanta la mascarilla por la parte de un ojo.)
¡Cielos, qué ojo dorado tan precioso! ¡Mira, mira, Avedelma!

Avedelma.
(Levantando otro fragmento de mascarilla.)
Pues aquí descubro una nariz que también tiene su mérito. En esta tierra casi todos los jóvenes la tienen

---

[11] Como buen defensor de lo popular, en su más noble sentido, no puede aquí evitar el autor ironizar acerca de esa manía tan generalizada por homogeneizar incluso la gastronomía.

[12] Evidente doble sentido en la frase; uno, el de su significado llano: la sed de beber, otro, el metafórico: la sed de justicia, de libertad, apagada siempre con sucedáneos.

rota de una pedrada. Bromas pastoriles, pero que no dejan de afear un poco.

PRISCILA.
(Levantando la parte que cubre los labios de Silverio.)
¡Qué veo! Pero si está sonriendo, sonriendo debajo del barro! ¡Qué pillín! Nos estaba engañando.
(Silverio sonríe mirándolas. Ellas sueltan una sonora carcajada. Silverio ríe también. Pero poco a poco se vuelve taciturno, saca del pecho de su levita una carta y la contempla pensativo. Alza la vista dudoso, y, tímidamente habla por primera vez.)

SILVERIO. ¡Hum! Aquí debe ser conocida una gran señora que se llama Coronada. ¿No es cierto?
(Un curioso zumbido se insinúa en el aire. Las antorchas crepitan y la luz aumenta, ahora son PRISCILA y AVEDELMA las que se miran interrogantes y deslumbradas entre sí. Callan y retroceden respetuosamente.)
¿Cómo? ¿La conocen? ¿No la conocen? *(Pequeña pausa.)* ¿La conocen?
(PRISCILA y AVEDELMA, alejadas de SILVERIO se juntan la una a la otra llenas de timidez.)
Desearía hacerme anunciar, enviarle esta carta, la carta que le informa de mi visita.
(SILVERIO avanza hacia las dos muchachas. Éstas, siempre admiradas y respetuosas, retroceden aún más, se aproximan de espaldas a la puerta.)

AVEDELMA. ¡Era el hombre ideal! ¡Bien lo habíamos sospechado!

PRISCILA. ¡Y cada vez lo es más! Mira, mira cómo se le alargan las pestañas.
(En este momento se escuchan fuertes golpes dados en el interior. Las muchachas se estremecen y escapan rápidamente dejando suspenso a SILVERIO, que intenta seguirlas.)

SILVERIO. ¡Eh!, ¿qué es eso? Priscila, Avedelma, venid aquí, contestadme.
(SILVERIO se vuelve turbado, con la carta en la

mano. La mira extrañado. Pensativo, la coloca cuidadosamente sobre la cama. Es ahora cuando se escucha distintamente el sonoro y ofensivo gruñido de un cerdo. Silverio *se sobresalta, mira en torno suyo, se desplaza por la habitación buscando de dónde puede proceder aquel gruñido. Se fija en la ventana, da unos pasos hacia ella, duda un momento y luego la abre de golpe. Tras la ventana, varias cabezas apiñadas de hombres y mujeres le observan con gran expectación.* Silverio, *asustado, cierra la ventana precipitadamente y retrocede. Otra vez se escucha el gruñido del cerdo. De nuevo* Silverio *mira en torno suyo y se pasa, consternado, una mano por la frente. Se oye un rumor de voces que se acercan, y vuelven a entrar* Priscila *y* Avedelma, *radiantes, haciendo en dirección al interior señas jubilosas y respetuosas.)*

Avedelma. El señor tiene una visita muy importante. Alguien que le quiere ver con urgencia. Es Cordacebo, señor. Dice que el señor no le conoce, pero le suplica que le reciba y le pide perdón por lo inconveniente de la hora.

Silverio. ¿En este estado? ¿Cómo voy a recibir a nadie en este estado?

Priscila. ¿Y quién se lo impide? Un ser ideal hace lo que le da la gana. Y, por otra parte, cómo vamos a decirle a Cordacebo que se vaya. ¿Nada menos que a Cordacebo!

Silverio. ¿Pero quién es Cordacebo, si se puede saber?

Avedelma. Es el hijo del gobernador, señor, el querido sobrino de la Condesa de Arcadia, un joven poderoso y muy elegante. Un poco granuja, también es verdad.

Priscila. Pero de una altísima posición. Es ingeniero por el Vaticano. ¡Y qué abrigo de plumas de águila trae!

Silverio. *(Dudando.)* Pues... habrá que decirle que espere.

AVEDELMA. ¡Que espere! ¡Ay, qué ansiedad!
(AVEDELMA *mira consternada hacia donde se supone que aguarda* CORDACEBO. *Pero éste, impaciente, se propone entrar ya sin permiso.* AVEDELMA *corre a cerrarle el paso.*)
(CORDACEBO *entra rechazando a* AVEDELMA *y se queda plantado con descaro en el marco de la puerta, flanqueado por las dos criadas que también le observan con exagerada avidez. Viene sosteniendo un farolito en la mano, y envuelto en un fastuoso abrigo de plumas de águila. Es el suyo un atuendo barbárico, ostentoso y agresivo. Pero al mismo tiempo desaliñado y sucio. Lleva unas altas botas embarradas, igual que el extremo inferior de su gordo y alto bastón con puño de plata. También lleva un sombrero o gorro de forma igualmente complicada. Es muy moreno, de cabello ensortijado y con un bigotito ligeramente mongólico. Su gesto es de malicia y otras veces de servil y falsa cortesía.*)

CORDACEBO. Le pido excusas por esta invasión, mas ya puede suponerse que no seré yo solo quien venga esta noche a visitarle.

SILVERIO. ¿A mí? ¿Pero quién y por qué motivos desearía visitarme a mí? A nadie conozco en este lugar. No comprendo.

CORDACEBO. Dice que no comprende. ¡Je, je, me hace gracia!
(*Mira burlonamente a las muchachas, les guiña un ojo, propina un golpecito en las nalgas con su bastón a una de ellas, que parece sentirse muy halagada.*)

SILVERIO. (*Turbado.*) ¿Le hace gracia? Espero que me disculpe. Supongo cuánto le sorprenderá verme manchado de barro apestoso de pies a cabeza. He sufrido un grave percance al descender del coche.

CORDACEBO. (*Entrando decididamente.*) ¿Grave dice? Un pequeño y divertido accidente de los más frecuente entre nosotros. Compartimos el país con nuestros des-

graciados hermanos irracionales que lo tienen convertido en un cenagal.
(*Vuelve a mirar a* Priscila *y* Avedelma *adoptando ahora un gesto torvo.*)
¿Qué hacen aquí estas chicas? ¡Ríaaa, ríaaa
(*Grito y entonación de quien conduce y pastorea cualquier especie de animales.*)
Largaos a la cocina, y dejadnos tranquilos.
Priscila. Sí, señor, al instante.
(*Duda un momento. A* Silverio.)
Con su permiso. Aún le queda cubierta una parte de la frente y tengo que ser yo la que ha de tener el gusto de limpiársela. (*Se aproxima y así lo hace con el mayor cuidado.*) ¡Cordero mayor, qué guapísimo es! [13]. ¡Pero si es mucho más guapo que forastero!
(Cordacebo *y* Silverio *ríen.*)
Cordacebo. Está bien. ¡Fuera de aquí! Tomad ese farol y llenadme el depósito de manteca [14]. Viene casi vacío.
(*A pesar de su risa, un tanto forzada,* Silverio *se halla inquieto, observa a* Cordacebo *con un disimulo cortés. Las muchachas hacen una patosa reverencia y salen entornando con desgana la puerta.* Cordacebo *se apresura a cerrarla completamente. Luego se sienta en el sillón confianzudamente sin pedir permiso, se rasca bajo el gorro sin quitárselo, toca levemente con la punta de su bastón las bellas maletas de* Silverio *colocadas a su alcance.*)
Mal viaje, ¿no es cierto?
Silverio. (*Pausa un tanto embarazosa por parte de*

---

[13] Aunque no estamos indicando todas las variantes, conviene aquí hacer notar la supresión de una frase que por su marcado carácter poético —hay en ella algo que nos recuerda a Federico García Lorca— nos ha sorprendido no ver en la redacción definitiva:

¡En esta frente hay una luna de leche fresca que despierta la sed a cualquiera!

[14] El chiste consiste en que el motor del vehículo de Cordacebo funciona con manteca y no con carburante.

SILVERIO.) ¿En qué puedo servirle? Confieso que estoy bastante fatigado y desearía recogerme lo antes posible.

CORDACEBO. ¿Servirme a mí? Quien está para servirle aquí soy yo.
(Ahora mira enigmáticamente a SILVERIO *y éste da nuevas muestras de alteración.)*
Antes de llegar ha hecho un alto en el camino. ¿No es cierto? Allí acostumbran a reunirse a la caída del sol toda clase de gentes de ganadería, aquel es un paso obligado de muchos rebaños.
(De nuevo se escucha el gruñido del cerdo. SILVERIO *se estremece.)*

SILVERIO. ¿No oye esos gruñidos? Parecen los de un cerdo. Un cerdo que está aquí, en esta misma habitación.

CORDACEBO. ¿Y eso le sorprende? Es natural. Pero no ha contestado a mi pregunta. *(Ríe.)* De todos se mantenía usted apartado y ha estado conversando amigablemente con un simple zagal, un pobre trasquilador de ovejas. ¿Creía que por ser tan niño no iba a saber difundir la noticia?
(Otra vez el gruñido del cerdo.)

SILVERIO. *(Nuevo estremecimiento.)* ¿Qué noticia?

CORDACEBO. ¿Cómo? ¿Pretende seguir guardando su secreto? ¿Supone que yo habría de permitirme visitar así a un simple extranjero sin conocerle lo más mínimo? Mi padre gobierna aquí. Es Archi-rabadán, Pastor de policías, Ordeñador del Estado y tiene otros muchos títulos más.
(Se escuchan nuevamente los gruñidos.)

SILVERIO. ¡Santo Dios! ¿Qué gruñidos son éstos? ¿Me lo quiere explicar de una vez? No parece que a usted le sorprendan demasiado.

CORDACEBO. No intente desviar la conversación.

SILVERIO. No intento sino averiguar por qué se escucha gruñir un cerdo aquí mismo.
(Inspecciona por todas partes.)

CORDACEBO. *(Ríe.)* Usted ha confiado a mi zagal algunas cosas que tienen más importancia que todo eso. *(Súbitamente se pone serio.)* No me diga que no es cierto. El zagal ha venido gritándolo de risco en risco. Todos lo saben ya. Se están matando corderos por millares para festejar el acontecimiento. Los pastores juegan a apedrearse con queso blando y se ha producido una barahúnda colosal. Son la inmensa caterva de los pastores de Coronada.

SILVERIO. ¡Coronada! ¡Oh, no! Hay que desmentirlo, desmentirlo inmediatamente. ¿A qué Coronada se refiere?

CORDACEBO. No digo la Grande, esa mujer temible, esa mujer valiente que se pone dos ratones por pendientes, como le cantan por ahí; sino la hija, la heredera de todo.

SILVERIO. ¡No y no! Se trata de un error, de una desgraciada equivocación, de una fantasía. *(Abrumado.)* ¿Por qué, por qué habré caído en esa estúpida tentación? *(Conteniéndose.)* Dígame, ¿es cierto lo que contaba ese zagal? También lo contaba mi madre y me parecía increíble. Hablaba el muchacho de las inmensas riquezas de Coronada, de las fiestas rituales en su palacio, en donde ella, sus hijas y sus amigas castraban cerdos y corderos vestidas con suntuosos trajes blancos. Y cubiertas de joyas, las más ricas joyas del mundo...

CORDACEBO. ¿Qué está diciendo? Eso es sabido. Cada brillante es como un ojo de buey. Su valor corresponde a ríos de corderos, carreteras de salchichas, cielos de lana, tempestades de leche...

SILVERIO. ¿Y son todas tan bellas, tan bellas como dicen?

CORDACEBO. *(Intrigado.)* No parece sino que todo le coge de nuevas. Aquí hay algunas familias que disfrutan de cierto misterioso privilegio... No me diga que no está usted al corriente. Un privilegio otorgado por la antgiua corte a las mujeres más notables del país para que no se les acabe la hermosura y el buen ver.

Se comenta que Coronada y sus hijas tienen ese privilegio secreto para burlarse del destino.
(Una pequeña pausa en la que CORDACEBO *examina a* SILVERIO *con creciente y torvo interés.)*
Son mujeres de esas que antes de que se sepa de qué color tienen la camisa se evaporan igual que la niebla. Tanta delicadeza y tanto encanto inmaterial tiene sus inconvenientes. ¿Me comprende? El marido termina por consolarse como puede comiendo morcilla negra y visitando los más sucios burdeles del lugar, llenos de mujeres que roncan todo el tiempo rebozadas en el estiércol.

SILVERIO. No comprendo. Algún hombre conseguirá interesarlas.

CORDACEBO. Hay que desconfiar del misterio que se esconde en aquella casa llena de hermosas mujeres que huelen a trébol fresco y degüellan animales sobre el tajo con sus manitas llenas de joyas. Por eso ellas, que no son tontas, buscan su pareja en algún príncipe lejano para ver si pueden cgearlo con la maldita luz del hacha.

SILVERIO. Todo eso parece espeluznante, pero sigo sin comprender nada, nada. Necesito que me dé otras razones.

CORDACEBO. Y yo no se las pienso dar, porque ya estoy comprobando que usted nos engaña. Usted no sabe nada de Coronada y sus hijas, ni es el prometido de nadie.
*(*CORDACEBO *se decide a abrir una maleta de* SILVERIO, *fisga en el interior y extrae alguna prenda u objeto que examina con ojos policiales.)*

SILVERIO.
(Escucha gruñir al cerdo, y se sienta de golpe en la cama haciendo oído con aspecto delirante.)
¡Santo Dios! ¿Dónde está ese cerdo?

CORDACEBO. *(Abandonando por un momento su tarea.)* Debajo de la cama.
(Levanta la colcha y muestra la gran jaula que forma la base del lecho en donde entre los gruesos

tablones se adivina más que se ve el oscuro y agitado relieve de un cerdo.) [15]
Aquí debe compartirse el lecho con algún animal de lana o de cerda. Falta espacio por todas partes. Estamos en un inmenso criadero y matadero y no son ustedes los que menos ambicionan esta riqueza.

SILVERIO. ¡Oh, qué suciedad, qué olor! Es intolerable. ¿Cómo voy a poder descansar con este monstruo que gruñe y se agita debajo de mí? Me quiero marchar, después de lo que ha sucedido no tengo más remedio que marcharme.

(Repara en la carta que había dejado sobre la cama, lee el sobrescrito, la arruga violentamente y la arroja casi a los pies de CORDACEBO. *Luego queda con la cabeza entre las manos en un estado de gran postración.)*

CORDACEBO. *(Que sigue curioseando cada vez con mayor avidez.)* Yo le tengo apego a mi cama, una pacífica conejera. Me agrada por la mañana escuchar a los animalitos roer sus tronchos de col.

(Repara en la carta arrojada a sus pies, la recoge y se pone a leerla. SILVERIO *levanta la cabeza.)*

SILVERIO. Por favor, dame esa carta. Es un asunto privado. Una carta de mi madre a Coronada.

CORDACEBO. *(Rechazándole con fuerza.)* Justo, pero aquí no dice nada de matrimonio.

SILVERIO. Claro está que no. ¡Dame esa carta!

CORDACEBO. Y firma «su humilde sierva».

SILVERIO. *(Desalentado.)* ¡Todo está perdido, todo! Me debo marchar sin pérdida de tiempo. Debo llamar, decir que me preparen el coche...

(Se dirige a la puerta, la abre y tras ella descubre una gran cantidad de personajes, entre los que se

---

[15] Las camas-trampa se repiten en otras obras de Nieva, como por ejemplo la del virrey y la virreina en *Los españoles bajo tierra*. Según Angélica Becker, el tema de las camas está íntimamente relacionado con el de las cuevas, los pozos, los armarios, que abundan tanto en las obras de nuestro autor.

encuentran Priscila *y* Avedelma *en actitud expectante. Nada más verle gritan todos de júbilo.*)
Priscila.
Avedelma.
Otros personajes. ¡Viva! ¡Viva! ¡Dios guarde al rey-pastor, al señor de rebaños! ¡Viva, viva!
Silverio. (*Enloquecido.*) ¡Apártense de aquí, tropa de salvajes!
Cordacebo.
(Arroja la carta, se abalanza furioso, cierra de un golpe la puerta y luego arrastra a Silverio, *tomándole de un brazo hacia los primeros términos.)*
¿De modo que esas tenemos? En el palacio no saben nada de tu llegada. ¿Con qué objeto le has mentido a mi zagal y has levantado ese ciclón en las montañas? ¡Farsante! Te has reído de todos nosotros. Y ¿sabes lo que has hecho? Me has obligado a mentir. A mí también. He dicho que te conocía de larga fecha y me han nombrado tu introductor. ¿Qué se le ocurrirá ahora hacer contra mi reputación a esa puerca centenaria de Coronada cuando se entere? Es una mujer tremenda. ¿Imaginas lo que a ti también te espera? Lo más fácil es que mueras lapidado por las hondas de sus pastores.
Silverio. (*Debatiéndose.*) ¡Suélteme, me iré! Todo esto es espantoso. No quiero saber nada de esas mujeres. ¿Qué me importan a mí? ¿Se han imaginado que a mí me importan algo? ¿Quiénes son ellas? ¿Quién es esa Coronada que todo el mundo venera? (*Zafándose.*) Ahora verá. (*Abre la ventana tras la que aparecen las mismas cabezas curiosas.*) ¡Abajo Coronada! ¡Muera Coronada!
Cordacebo.
(Se abalanza de nuevo sobre él. La lucha es muy violenta. Tras cerrar la ventana termina por reducir a Silverio *sobre la cama agarrotándole los brazos.)*
¡Silencio! ¡Insensato! ¡Maldito impostor! ¿Por qué has mentido?

Silverio. ¡Socorro! Lo diré si me suelta.

(Cordacebo le· suelta y permanece amenazándole con el puño.)

El zagal me dio pie con sus sospechas y yo me dejé llevar por una tonta presunción[16]. Por mi parte era un sueño vago, una fantasía. Soy un pobre extranjero que busca fortuna y nunca he pretendido a tan altas señoras.

(Cordacebo *baja el puño y le mira con el mayor desprecio. Luego, ostensiblemente, pulsa un resorte y hace que el colchón, sobre el que yace* Silverio, *dé una vuelta sobre sí mismo y vuelque el personaje dentro de la jaula del cerdo.*)

¡Ay, socorro!

Cordacebo.

(*Agitados gruñidos del animal.*)

(*Ríe de nuevo y se abate sobre las maletas, fuerza los estuches, husmea, levanta en alto los trajes, hace volar las camisas. Parece elegir las prendas más de su gusto y ponerlas aparte. Termina descerrajando el baúl de una patada.*)

Estúpido vanidoso. Nada bueno te espera. Y pensar que hasta ahora yo he sido rechazado por ellas y perseguido con las burlas más afrentosas.

Silverio. (*Debatiéndose dentro de la jaula.*) Sáqueme de aquí, me iré rápidamente sin dejarme ver. ¡Ah, este maldito cerdo me está hocicando entre las nalgas!

(*Suenan unos golpes en la puerta.*)

Cordacebo. Comienzan las visitas. Ahora nos vamos a divertir. (*Pausa breve.*) Un momento. (*Alzando la voz cerca de la puerta.*) ¿Quién es?

Humillada. (*Dentro.*) ¡Abre de una vez, zopilote!

Cordacebo. ¿Eres tú, madrina? ¿Vienes sola?

Humillada. (*Dentro.*) No vengo sola. Vengo con la Pompadour[17].

---

[16] Esta misma presunción es la que llevará a Jasón Madero, protagonista de *Delirio del amor hostil*, a adoptar una actitud semejante, con semejantes consecuencias.

[17] Como luego se verá se está refiriendo a su «famosa» gallina,

CORDACEBO. Bah, eso es igual. Aguarda un instante. *(Cubre la jaula con una colcha y abre la puerta. Rodeada de la misma gente aparece* HUMILLADA *vestida aparatosamente. Es vieja, con la cara afilada y los ojos chispeantes de malicia. Lleva al brazo una primorosa cesta que desborda de encajes y en ella instalada una gallina con una caperuza muy vistosa sobre la cresta. Entra* HUMILLADA *inclinándose para la reverencia y* CORDACEBO *se apresura a cerrar.* HUMILLADA *da vueltas en redondo y al no advertir al viajero se alza encarándose con su ahijado.)*
HUMILLADA. Aquí no hay nadie. ¿Dónde está ese lucero, ese guía de pastores?
CORDACEBO. *(Con una risa estentórea.)* No hay tal prometido de Coronada. No existe.
HUMILLADA. ¿Que no existe? ¿Y esos equipajes? Y esos vestidos?
CORDACEBO. Está dicho, no existe. Todo ha sido la mentira de un impostor.
HUMILLADA. ¿Qué hablas de un impostor? Tú mismo has dicho que le conocías.
CORDACEBO. También he sido yo impostor. Me hubiera convenido ser su amigo.
HUMILLADA. ¡Animal! Pues estamos lucidos. ¿Y qué has hecho finalmente, le has escarmentado? ¿Piensas que con ello has avanzado algo en tu candidatura? ¿Y estas ropas? *(Levanta una prenda y luego la deja caer.)* Muy bonitas, muy elegantes. Si te las piensas apropiar no te las mereces, zampatortas.
CORBACEBO. Merezco mucho más. Mira a quién tengo encerrado aquí.
(Descubre con ostentación la jaula.)

---

y el hecho de bautizarla con el nombre de la Marquesa de Pompadour (1721-1764), favorita de Luis XV, nos da una pincelada más de la preocupación de los vecinos de Coronada por lo «extranjero», y en este caso concreto por lo refinado y aristocrático. Por otra parte, el hecho de mezclar este nombre con el famoso mito popular de «la gallina de los huevos de oro», destruye todo posible intento de interpretación cultista para acercarlo más al hecho popular.

SILVERIO.   ¡Auxilio! ¡Sáquenme de una vez! ¡Este cerdo no hace más que soplarme indecencias por todo el cuerpo!
   (Golpea las tablas se debate y, de pronto, consigue introducir la cabeza por una abertura mayor en la parte superior de la jaula.)
HUMILLADA.   ¡Cuidado, que se escapa!
CORBACEBO.   No hay que temer. Todavía está bien seguro.
HUMILLADA.   ¡Celestial pichón, en qué estado se encuentra! De modo que tú eres el falso novio de Coronada? Yo soy Humillada Serpezuela, condesa de Arcadia. Me había puesto lo mejor de mis baúles [18] sólo para recibirte. Y venía a presentarte mi gallina Pompadour, que pone los huevos de oro.
CORDACEBO.   No mientas, madrina, delante de este impostor. Esta estúpida bestia pone siempre el mismo huevo, el que tú le introduces para que lo expulse en visita.
SILVERIO.   ¡Sáquenme de aquí! Yo no intento rivalizar con nadie ni ambiciono nada. Sólo quiero que me retiren de la compañía de este cerdo inmundo.
HUMILLADA.   *(Instalada cómodamente en el sillón.)* Pobrecito, te comprendo. Mejor es una gallinita como la mía. A ver Pompadour, miremos si has devuelto tu huevo de oro. ¡Cierto, aquí está! Es verdad que yo pongo el huevo, pero la infeliz pone la envoltura.
   (Exhibe el huevo, que es blanco como un huevo, normal.)
Ahora se casca. *(Lo hace.)* ...y el interior es de oro macizo. *(Demuestra lo que va diciendo.)* ¿Eh, qué te parece?
   (Vuelve a depositar el huevo de oro en la cesta.)

---

[18] «... lo mejor de mis baúles...» es una expresión que demuestra una vez más el carácter y la raigambre populares del lenguaje de Nieva. Nótese que, aunque pudiera no cuadrar con lo que suponemos que debiera ser el habla de una condesa, corresponde perfectamente al de un alta clase acomodada campesina; y éste es el caso aquí.

CORDACEBO. Basta ya, madrina. Por qué te molestas en hacer semejantes demostraciones. ¿No has oído que es un impostor? Ha soñado en voz alta con la fortuna de Coronada y la belleza de las muchachas. Ha querido embaucar y pavonearse ante el zagal Algarino [17] sin conocer toda la importancia de su mentira. ¿Te supones lo furiosa que estará ahora Coronada la Grande? Poco faltará para que lo entreguen a un grupo de pastores que se encarguen de lapidarlo.

HUMILLADA. Uy, eso es seguro. Esa mujer es cruel, como Salomé. Pero ¿qué piensas hacer con él, zopilote?

CORDACEBO. Haremos ver que ha venido sólo a burlarse. Así lo testificará él mismo por escrito.

SILVERIO. Yo no he querido burlarme de nadie. Si fui culpable, lo fui por querer lo que todo el mundo, una mujer guapa y una buena dote. Por lo que veo, tú también lo has querido así, zopilote.

HUMILLADA. *(Ríe.)* Ji, ji, ji! No es tonto, el potrito.

CORDACEBO. Le haremos escapar. Pero antes habrá de escribir unas frases afrentosas que se clavarán en la puerta del palacio. Quisiera ver la cara de Mariagrande, la criada, cuando las descubra.

HUMILLADA. No es mala idea, baldragas. En ocasiones, de un cuerno destornillado te sale una rama de sabiduría. *(Alzando el puño.)* ¡Coronada, Coronada, alguna vez se te bajarán todas las gallinas del palo!

SILVERIO. Haced cuanto queráis, pero liberadme lo antes posible.

CORDACEBO. Yo le dictaré la ofensa. Pero hace falta... hace falta una bandera, un estandarte, algo que pregone bien alto el insulto.

HUMILLADA. *(Se levanta inspiradora.)* ¡No se hable más! El fondillo de mis bragas, zopilote. Así me daré el

---

[19] Nombre propio inventado por Nieva a partir de «algar» (caverna), que es donde suelen cobijarse los zagales durante el pastoreo.

gusto de poner mi trasero contra su puerta. ¿Eh? ¿Qué me dices a eso?

CORDACEBO. ¡Venga ahora mismo! Pronto verán esas orgullosas que también hay quien las marque a fuego. *(De pronto se yergue haciendo oído.)* ¿Oyes, madrina?

HUMILLADA. *(Tras de observar la misma actitud.)* ¿Será posible? Si fuera el coche de Coronada debiéramos renunciar a todo intento. ¡Salgamos de aquí!

CODACEBO. ¡Quieta un momento! Parece... parece que se aleja.

HUMILLADA. ¡Ah, ese coche que rueda a lo lejos! Siempre me ha dado escalofríos, con su doble fondo y su criada con chistera en el pescante.

CORDACEBO. *(A SILVERIO.)* ¿Lo sabías, corderito? ¿También te habían hablado de ese coche? Un enorme baúl forrado de cuero negro, en el que cabrían dos familias igual de numerosas. Y con un fondo secreto, en donde sólo Dios sabe lo que guardan esas poderosas criaturas. A lo mejor se pasean con todos sus tesoros debajo.

HUMILLADA [20]. ¡Malditas sean Coronada y sus hijas! No perdamos tiempo. Que escriba ya esas ofensas y hagamos que esta misma noche queden clavadas en la puerta.

SILVERIO. ¡Terminad de una vez! Escribiré lo que queráis.

---

[20] La descripción del coche está más ampliada en la variante del ms. «A»:

> HUMILLADA. Ya no quedan coches como ése. Antes, todas las familias tradicionales tenían un catafalco así, en donde paseaban a sus antepasados envueltos en vendas alcanforadas. Coronada es la única que lo conserva y también lo ha hecho depositario de su secreto. Se sabe que ha convertido su cochera en un cómodo dormitorio. ¡Desalmada intrigante! Consuélate, zopilote, de haber recibido una negativa.
> CORDACEBO. ¿Ahora quieres ignorar la afrenta, madrina?
> HUMILLADA. No, ésa no la perdono. ¡Malditas sean...!

CORDACEBO. ¡A la obra entonces! Vengan de una vez esas bragas, madrina!

HUMILLADA. Aguarda un poco.

(Deja la cesta de la gallina en el suelo, se abre de piernas, se inclina hacia adelante, introduciendo la mano entre sus faldas. Se escucha un desgarrón y saca un cuadrado de tela que se supone sea el fondillo de sus pantalones íntimos. Luego hace flamear el girón como si fuera una bandera.)

¡Ahí va esa tarjeta de visita!

CORDACEBO. *(Furioso.)* ¡Con cien mil pares de bueyes!

HUMILLADA. ¿Qué te sucede ahora?

CORDACEBO. Que no hay tinta ni pintura.

SILVERIO. Sacadme de aquí. Yo intentaré solucionarlo de cualquier modo. ¡Socorro!

(Se debate ante los ataques del animal, que gruñe excitado.)

CORDACEBO. ¡Tengo una idea! Matemos a la Pompadour y escribamos en las bragas con su sangre.

HUMILLADA. ¿Qué dices, asesino? ¡Jamás sacrificaré a la Pompadour!

CORDACEBO. Adopta a otra gallina. Esta, por lo pronto, me servirá de tintero.

(La saca del cesto. La gallina cacarea y se debate.)

HUMILLADA. ¡Auxilio! ¡Herodes de gallinero! ¡Devuélveme mi tesoro, cobarde!

CORDACEBO. No me da la gana. Ven aquí, Pompadour. Nunca me has sido muy simpática. Acabaste de presumir con tus huevos de oro. También tú eres una impostora.

HUMILLADA.

(Viendo que CORDACEBO *saca un cuchillo de caza y se dispone a cortar el pescuezo al animal.)*

¡Suelta esa gallina, zopilote!

(Le persigue. CORDACEBO *la esquiva y en una de las vueltas se supone que ha cumplido su propósito. Levanta en alto a la gallina descabezada, apretando el cuello con fuerza. La imagen trucada debe ir*

provista de un dispositivo que, cuando lo requiera la acción, deje escapar la sangre como un surtidor.)
¡Ah, desolación! ¡Ay, triste Pompadour, que te alimentaste de oro por el trasero! ¡Cuánto luciste en sociedad! ¡Cuánto honraste a tu ama!
(Seca sus lágrimas con las bragas.)
CORDACEBO. No perdamos el tiempo. Basta de gimoteos. ¡Pronto, pronto! ¡Esta gallina se sale!
HUMILLADA. ¡Asesino! ¡Bandido! ¡Devuélvemela ahora mismo! No te la dejaré utilizar.
(Intenta arrebatársela. En el forcejeo la gallina suelta otro disparo sangriento. HUMILLADA *se retira gritando.* CORBACEBO, *poseedor de la gallina, patalea impaciente.)*
CORDACEBO. ¡Pronto, pronto! Hay que soltar a ese miserable. Vengan de una vez esas bragas y no me quemes más el alma. Nos queda poco tiempo.
SILVERIO. Eso es. Sacadme de aquí. Yo haré cuanto sea necesario.
HUMILLADA. *(Lanza otro grito.)* ¡Ah, ese coche! Escúchale rodar más cerca. Esta vez es cierto. A la puerta las tenemos.
CORDACEBO. ¡Maldición! ¡Mi plan ha fracasado. Por tu culpa, madrina!
HUMILLADA. ¿Por mi culpa, zopilote? Eres un majadero. Si vienen por él, sólo nos queda un buen remedio: entregarle.
SILVERIO. ¡No, no!
HUMILLADA. Sí, señor embustero, sí; habrá que entregarte. *(A* CORDACEBO.*)* Oculta esa gallina, mastuerzo y disponte a adoptar el papel que mejor convenga. Hazme caso a mí, que me he educado en la corte y sé cómo se ordeña una situación. ¿Qué nos importa que muera lapidado o atascado de queso? ¡Así sea!
CORDACEBO. *(Furioso.)* Oveja calamorra, de nada me ha valido tu experiencia. Ni tus sombreros en forma de nido, ni tus gallinas, falsas ponedoras de huevos de oro, han servido para hacer volver en favor a tu zopilote.

SILVERIO. ¡Malditos intrigantes! Aborrezco haber deseado lo que no conocía [21]. ¿No os basta con esto?
(Profundos golpes en la puerta del albergue, rumor creciente de voces.)
HUMILLADA. *(A* CORDACEBO.*)* Zanguango, te voz a arrancar el pellejo a tiras. Me has privado de la Pompadour y nos has puesto en evidencia. Y esa reina feroz, ¿serás capaz de llegar hasta aquí? Y, por lo tanto, ese era el coche, no cabe duda.
(La puerta del fondo se abre violentamente por la presión exterior y aparece MARIAGRANDE, *rodeada de un coro de pastores enzamarrados, zafios y vellosos. Confundidas entre todos, las observadoras* PRISCILA *y* AVEDELMA. CORDACEBO *y* HUMILLADA *quedan suspensos, el uno sujetando a la gallina degollada por el cuello y la otra con sus bragas en la mano.* MARIAGRANDE *es imponente y masculina y pudiera ser representada por un hombre corpulento. Su traje es una mezcla de nodriza y cochero.)* [22].
CORDACEBO. Era MARIAGRANDE, la criada.
MARIAGRANDE. ¡Santas y buenas noches!
(Murmullos de la gente ante la situación en que se halla SILVERIO. PRISCILA *y* AVEDELMA *parecen consternadas.)*
PRISCILA. ¿Qué es esto? ¿El Silverio celestial metido con el cerdo? Eso ha sido cosa del tarambana de Cordacebo, que ha venido a quitarle su palma.
AVEDELMA. ¡No puedo creerlo! ¡El majadero! Pero no temas, que el niño no dejará de ser ideal sin el permiso de las mujeres.

---

[21] El deseo de lo desconocido será también el motivo de las desgracias de Jasón.
[22] Personajes de la cuerda de Mariagrande aparecen muy a menudo en la obra de Nieva: Imperia, en *El baile de los ardientes;* La Madrebuena, en *El paño de injurias;* La Garrafona, en *La Carroza de plomo candente;* incluso Coronada, en *Coronada y el toro,* y Adelasia, La Sarcofa, en *Delirio de amor hostil.* Representan el tipo de la madre indigna, aunque al mismo tiempo son la madre naturaleza.

HUMILLADA. *(Agitando las bragas como un pañuelo.)* ¡Bienvenida, Mariagrande! ¿Cómo van tus señoras?

MARIAGRANDE. Como árboles de hoja perenne. Todas tan lindas. Divirtiéndose a más y mejor. Siempre jugando a las prendas y riéndose de los hombres.

AVEDELMA.
(Indignada se encara con CORDACEBO, *con voz ahogada por la ira.)*
¡Eh, tirano! ¡Qué te ha hecho este ángel viajero para que le trates de este modo?

CORDACEBO. *(Furioso.)* Quita de ahí, descarada! Es un cobarde.

AVEDELMA. *(Descargando su puño sobre el pecho de timbal de* CORDACEBO.*)* ¡Pero un cobarde guapísimo es un valiente para la vista, gran idiota!

MARIAGRANDE. ¿Qué ha sucedido aquí? ¿Prisionero? ¿Quién ha cometido este desmán?

HUMILLADA. Todo es según se mire, Mariagrande.
(Trata de sonreír, luego se reviste de dignidad.)
Querida, soy prima del gobernador y dama de la antigua corte; nosotros somos gente educada y bien pensante y todo lo que hacemos en la vida esperamos a ver lo que parece para saber si hemos hecho algo y si lo hemos hecho bien... [23].

MARIAGRANDE. *(Torvamente.)* ¿A qué viene ese discurso, señora?

HUMILLADA. Vamos por partes: a tus señoras, ¿qué les puede parecer?

MARIAGRANDE. Les parecerá mal.

HUMILLADA. Bueno, pues ya me he quedado tranquila.

CORDACEBO. ¡Pero, madrina...!

HUMILLADA. ¡Claro está! ¿No quería escapar? ¿Cuál era tu misión, Mariagrande?

---

[23] La crítica al autoritarismo —siempre indirecta e irónica— es aquí del mismo tono que en la primera escena de *Coronada y el toro*. Los súbditos son siempre menores de edad y, por lo tanto, necesitan la aquiescencia d esus mayores para saber si han obrado bien o, incluso, como aquí, si realmente han obrado.

Mariagrande. Mis señoras querían saber por qué se había declarado rey consorte. Las niñas se han reído y han alborotado al conocer su fechoría. Anda, Mariagrande, me decían, ve corriendo a ver cómo es el mentirosito y de dónde viene. Pero quien más curiosidad demostraba era su... prometida.

Avedelma. (A Priscila.) ¿Qué es esto? Yo no me explico nada. ¿Es o no es el prometido de Coronada?

Priscila. Calla, hija, que es muy interesante. Sólo le faltaba no querer casarse para subir de precio.

Cordacebo. Si no lo retengo en la jaula del cerdo ya estaría lejos de aquí. Ahora podrás salir porque la cortesía te obliga a presentarte ante Coronada como tu madre había ordenado, hijo obediente.

Humillada. Se acobardó cuando le describimos la grandeza de tus señoras, porque es muy tímido y espantadizo. La timidez se le irá pasando cuando vea con qué alegría estamos dispuestos a recibirle.

Silverio. No es cierto, no es cierto. Todo ha sido una equivocación, un malentendido. Renuncio a hacer ninguna visita después de lo ocurrido. No podré sobrevivir a este ridículo. ¡Yo no soy el novio de Coronada!

Mariagrande. ¡Renunciar! ¿Y usted cree, borreguito ondulado, que se puede renunciar así como así a la mano de mi niña? No, señor, usted viene ahora mismo al palacio conmigo a que le vea la señora y ella diga definitivamente si es o no es el novio que estábamos esperando. ¡Sáquenlo de ahí!

(*A una seña de* Mariagrande *los pastores extraen a* Silverio *de su jaula, pero lo retienen fuertemente por los brazos como a un prisionero que intentase escapar.*)

Humillada. ¡A él esperaban! ¡Fiesta, fiesta! Vegan copas. (Priscila *y* Avedelma *salen en busca de ellas.*) Jovencito, has ganado al fin.

Cordacebo. Primero habías elegido un sueño y ahora el sueño te ha elegido a ti [24].

---

[24] Esta es, sin duda alguna, la frase que resume más claramente la tesis de la obra —que se corresponde con la de *Delirio*

SILVERIO. ¡No y mil veces no! Me niega a ser presentado a esas damas después de oír todas esas cosas sobre las bellezas intocables y los coches de doble fondo...

MARIAGRANDE. *(Volviéndose hacia* HUMILLADA.*)* ¿De modo que han estado chismorreando sobre mis señoras?

HUMILLADA. No ha sido chismorreo sino periodismo. ¡Alegría, alegría!

SILVERIO. He sido un jactancioso, he hablado de lo que no conocía. Ha podido ser un sueño, pero ahora me niego a seguir soñando.

HUMILLADA. ¡Alegría! El sueño le tiene cogido y ahora le llevará por donde quiera.

SILVERIO. ¡No, no, no! ¡Soltadme, soltadme! Esa mujerona me da miedo.

MARIAGRANDE. ¿Tiene miedo de mí? ¿Tiene miedo de la señora? *(Examinándole bien.)* Es muy divertido. Un rebelde muy seductor. Muy finito, afilado por todas partes. Se ve que viene del extranjero más remoto, donde se crían los rubios más subidos de color. Y eso lo aprecian mis señoras por encima de muchas cosas. No queremos maridos que no sean imaginarios [25]. Las niñas sólo sueñan con eso. Con un marido imaginario. Y usted que presume de lo que tiene es el más imaginario de todos.

SILVERIO. *(Debatiéndose.)* ¡Fuera de aquí, tarasca! No quiero ser el marido imaginario de nadie.

MARIAGRANDE. ¡Ja, ja, ja! ¡Cómo se defiende! Pero apuesto toda mi batería de cocina a que se quedan con él.

HUMILLADA. ¡Victoria! Así lo había supuesto yo. Para

---

del amor hostil—; Nieva tiene buen cuidado de insistir en ello a lo largo de las réplicas siguientes.

[25] El espectador —o, en su defecto, el lector— ha recibido ya una importante información indirecta sobre las costumbres y usos de Coronada y sus hijas. Aquí nos da una nota ambiental, y somos informados así, al mismo tiempo que el protagonista, de ese mundo idealizado —tan vivido por Nieva— en el que va a entrar.

festejar el acontecimiento estábamos ofreciéndole mi gallina Pompadour. (*Entrega las bragas a* CORDACEBO, *que envuelve la gallina muerta en ellas como una botella de champán en una servilleta.*) ¡Vengan copas! ¡Alegría, alegría!

MARIAGRANDE. Se han portado bien la señora Humillada y el señor Cordacebo. No dudo que mi señora lo agradezca más tarde con algún regalo.

HUMILLADA. No tiene por qué disculparme, Mariagrande; todos sabemos que eres un buen hombre [26]. ¡Vamos, boyazo, descorcha la gallina!

(*La gallina deja escapar un nuevo flujo de sangre.* PRISCILA *y* AVEDELMA *presentan las copas.*)

SILVERIO. ¡Hipócritas! Esa gallina la habían descorchado ya con otros fines.

(PRISCILA *y* AVEDELMA *recogen en las cuatro copas la sangre de la gallina, que reparten entre* HUMILLADA, MARIAGRANDE *y* CORDACEBO. *La cuarta la conserva* PRISCILA *para ofrecérsela a* SILVERIO. CORDACEBO *entrega la gallina vacía a* AVEDELMA *y ésta debe hacerla desaparecer de la vista del público. Ahora sólo debe hacerse presente la sangre en las copas* [27].

HUMILLADA. Lo que no se comprende es cómo un soñador no se quiere casar con una mujer de ensueño. ¿Verdad, Mariagrande? ¿Quién puede igualar en eso a tus señoras?

MARIAGRANDE. Nadie, señora condesa. Son mujeres de privilegio, mujeres de humo y de espejismo, mujeres ideales [28], encantadoras, caprichosas, iluminadas con

---

[26] Decirle «buen hombre» —aunque aquí como sinónimo de «buena persona»— a Mariagrande y que no haya réplica por su parte, entra en el campo ya trabajado por el autor, de los personajes de sexo indefinido, que aparecen aquí y allá en distintas obras; el Hombre-Monja, de *Coronada y el toro*, sería el ejemplo más notable. También alude al fuerte carácter del personaje.

[27] Automáticamente esta escena nos hace pensar en Artaud, *Le jet de sang,* por ejemplo, o en sus teorías teatrales, en general. Aunque —no hay que insistir en ello— Nieva no conociera esas teorías cuando ideó esta comedia.

[28] Insistencia en el tema de los hombres y las mujeres ideales.

tantos colores naturales que parecen artificiales y tan artificiales como los cuadros más naturales.
HUMILLADA. Sí, sí, lo que se dice unos figurines.
CORDACEBO. ¿Por qué te quejas de tu suerte? El que sueña con un figurín debiera casarse con él. Toma tu copa, amigo mío. Brindemos por Coronada y sus hijas.
(PRISCILA *acerca la copa a los labios de* SILVERIO, *que la mira con horror.*)
SILVERIO. ¡Jamás, jamás! ¿Qué quieren esas mujeres de mí? ¿Por qué me buscan? Debe haber una razón.
CORDACEBO. ¡Hombre, afortunado! ¿Qué razón tenías tú para soñar con ellas? La misma razón pueden tener ellas para soñar contigo. (*Levantando la copa.*) ¡Himeneo, himeneo!
SILVERIO. ¡Está dicho, no me quiero casar!
MARIAGRANDE. Se casará.
CORDACEBO. Te casarás. Ya nadie puede detener a una ilusión desatada [29].
MARIAGRANDE. Se casará. Pero se cuidará muy bien de no sacar los pies del plato. En todo momento será necesario que se comporte como un caballero imaginario.
SILVERIO. ¡Soy un hombre, soy un ser humano, no soy un caballero imaginario!
(*De un manotazo tira la copa que* PRISCILA *le pre-*

---

[29] El ms. «A» contiene aquí unas variantes que nos parece importante reproducir:

> MARIAGRANDE. (*Cada vez más amenazadora y mandona.*) Naturalmente, habrá de convenir en las costumbres de de la familia. La señora Coronada es muy estricta y no permite que se le lleve la contraria.
> HUMILLADA. En tu reino administrará tu suegra.
> CORDACEBO. Ya se lo puede suponer. (*Ríe con sorna.*) Coronada es una reina justa, y severa. Y ya se sabe que toda felicidad está condicionada.
> HUMILLADA. Una madre amantísima, que sabrá domar y conducir a sus yernos. No pienses, querido, que en tu palacio habrás de hacer siempre lo que tú quieras.
> SILVERIO. No quiero nada Y sobre todo, no me quiero casar.

sentaba. Los demás han ido bebiendo a pequeños sorbos regalados.)

¡Muera, Coronada! ¡Maldita sea Coronada!

HUMILLADA. *(A CORDACEBO.)* ¿Lo estás viendo zopilote? Abre el ojo y aprende a ser un buen pretendiente. Todos los hombres perfectos tratan de escapar. Estas maldiciones le abren de par en par las puertas de aquella casa.

CORDACEBO. ¿Y qué puedo hacer yo, madrina, para ser un buen pretendiente?

HUMILLADA. Estás muy gordo y tienes demasiadas ilusiones. Para ser un hombre ideal hay que tener menos ideales.

PRISCILA. *(A AVEDELMA.)* ¿Pero por qué lloras, tontaina?

AVEDELMA. ¿Te parece que no hay motivo? ¡Se lo llevan, se lo llevan! Y cuando lo hemos conocido todavía no era de nadie.

MARIAGRANDE. *(A SILVERIO.)* Quien ha ofendido a mis señoras tiene que remediarlo de algún modo. Y tanto más si mis señoras han puesto su ilusión en usted.

SILVERIO. Esto es un rapto. ¡Soltadme! Yo no he hecho nada.

MARIAGRANDE. Las has violado con la imaginación.

AVEDELMA. ¡Ay, pobres de nosotras, humildes siervas, que jamás conseguiremos un marido imaginario!

SILVERIO. ¡Por favor, soltadme! Me he portado como un pobre idiota y me muero de la vergüenza. ¿Qué saben ellas de mí? Ahora me veo como soy: un fatuo, un vago...

MARIAGRANDE. Ellas son ricas y hermosas y sólo sueñan con vaguedades.

PRISCILA. ¡Ay, pobrecito aventurero! Venir de tan lejos, con tantas maletas elegantes, para que ahora lo devore la buena suerte...[30].

---

[30] Nieva es muy aficionado a utilizar juegos de palabras antitéticos como éste, en el que «la buena suerte» tiene una connotación negativa porque, al fin y al cabo, lo va a «devorar».

MARIAGRANDE. Nada más hay que decir. La señora lo manda. Tomad su equipaje. ¡A casa, a casa!
HUMILLADA. Sígueme, zopilote, vamos a cumplimentar a Coronada.
SILVERIO. *(Se debate furiosamente.)* ¡Socorro! ¡Mamá!... *(Consigue en un supremo esfuerzo liberarse de sus opresores* [31]. *Un amplio círculo se ha formado en torno a él. Muchos de los personajes o acompañantes llevan consigo alguno de los objetos o maletas pertenecientes a* SILVERIO. *Acorralado, mira a su alrededor. Un pastor saca de entre los pliegues de su faja una honda que hace restallar contra el suelo como si fuera un látigo; luego lo hace otro, y otro, hasta formar un grupo asediante de tres o cuatro.* SILVERIO, *al fin vencido y humilde, se deja conducir atravesando la gran puerta. Todos se encuentran ya de espaldas al público y empiezan a seguirle con solemnidad y en silencio, cuando vuelven a escucharse los gruñidos del cerdo. Sólo ha quedado en primer término* AVEDELMA, *que ha advertido la carta arrugada por* SILVERIO. *La ha recogido y desplegado y ahora trata de leerla parsimoniosamente. A poco viene a reunirse con ella* PRISCILA *y la escucha.)* [32]
AVEDELMA. «Mi buena señora Coronada: ¿Es posible que se haya olvidado de su antigua y humilde amiga de pensionado? Ha pasado el tiempo y somos viejas. Quiero decir más bien que yo lo estoy. Nunca tuve

---

[31] Hay aquí una supresión muy interesante con respecto al ms. «A», que dice:

«Quedando en el centro de la escena.»

Esto que hubiera sido una limitación para el director o el actor, al ver señalado tan concretamente el lugar, es eliminado de la acotación. No obstante, el resto del movimiento escénico queda indicado.

[32] No es único en Nieva este recurso de un personaje introducido por cartas de presentación. También lo utiliza para su Cambicio de *El baile de los ardientes,* que, además, es asimismo extranjero —la acción transcurre en la isla Pantaélica y Cambicio llega de Extremadura— y sufre peripecias que guardan cierta similitud con nuestro héroe.

suerte. Me casé, enviudé y también tuve un hijo que ha vivido hasta ahora en la más penosa estrechez. Tampoco él ha sido muy afortunado»...

Priscila. ¿Conque es huérfano y pobre? ¡Pst! Aún así no deja de ser bastante imaginario.

Avedelma. «Aquí no encuentra trabajo adecuado porque le queda poco tiempo para soñar y lamentarse de su suerte. Algunos le tachan injustamente de inútil, pero yo lo encuentro muy guapo. En resumidas cuentas, que se quiere marchar al extranjero»...

Priscila. No sigas leyendo. Con estas explicaciones parece que deja de ser imaginario.

Avedelma. «Yo se lo envío con mil votos de que pueda entrar a su servicio y, en último término, como pastor de sus innumerables rebaños...»

Priscila. ¡Oh, no!...

Avedelma. «El admira aquel país por su belleza y sus costumbres bucólicas...»

Priscila. ¿Que no nos desprecia? ¡Pero ese hombre es un falso estranjero!

Avedelma. «Yo quisiera verle casado con alguna joven de su condición, en una pequeña granja, rodeado de hijos y de animalitos...»

Priscila. No es posible. ¡Nos ha engañado!

Avedelma. «Le besa las manos su humilde sierva...». ¡Oh!, no era realmente ideal, se ha vuelto ideal en nuestras propias narices.

Priscila. No es verdad, no es verdad, ese mozo es un mentiroso y un presumido.

Avedelma. No, no, para una mujer el hombre ideal es el que a ella le da la gana.

(Se echa a llorar.)

Priscila. No llores. Tendrá su merecido. Esas mujeres tampoco son lo que parecen. Ve tú a saber si verdaderamente existen.

Avedelma. Pues por eso mismo. ¡Ay, qué desgraciado va a ser ese hombre! ¡Pobrecito mío, qué desgraciado! Y yo que tanto le quiero y estoy viva no puedo correr a salvarle.

(Sigue llorando. Los gruñidos del cerdo aumentan y se confunden con el creciente rumor de las otras voces animales, mientras se hace lentamente el oscuro.)

SEGUNDA PARTE

El grito de los animales se transforma en una dulcísima música de carácter pastoril y bajo ella se hace presente[1] *el rico y bárbaro salón de Coronada. Ésta y sus hijas aparecen en diferentes términos vestidas con lujosos trajes blancos y profusamente enjoyadas. En un punto distante y elevado,* CORONADA 1.ª *reposa sobre un "recamier" y cerca tiene un pequeño escritorio portátil, con diferentes tinteros, plumas, barras de lacre, etc. Ahora sostiene un cordón o cadena de plata que apresa un corderito adornado con lazos o joyas prendidos en su vellón.* CORONADA 1.ª *no debe nunca descender de aquel punto eminente. Cuando sale o entra debe hacerlo por alguna parte del fondo. Todas las hijas de* CORONADA *son iguales en juventud y belleza. Excepto la llamada* ESCARLATA, *que está más cerca de ser una niña.* FLORIOLA *trabaja en una rueca.* TONIETA *borda en un bastidor.* ESCARLATA *juega con una muñeca con cabeza de oveja. Y* CORONA-

---

[1] En el ms. «A», donde aquí dice «bajo ella se hace presente», decía:

«el telón se alza lentamente dejándonos ver».

A simple vista está diciendo lo mismo, pero en esta edición es evidente que permite una mayor libertad a la hora de la puesta en escena. Por otro lado, parece más anticuada la indicación del ms. «A», sobre todo pensando en que las modernas puestas en escena eliminan el telón de boca, incluso cuando la sala dispone de él, en una gran mayoría de los casos.

da 2.ª *se abanica con indolentes gestos. A un lado de la escena, Mariagrande se ocupa por medio de una máquina arcaica en hacer salchichas. Al otro extremo, Silverio aparece sentado leyendo un periódico. Está elegantemente vestido y fuma en pipa.*

En el singular salón, los que debieran ser marco de las pinturas son aberturas hacia establos, cuadras y otros reductos para abrigar animales, y por su vano puede aparecer la cabeza de alguna vaca, la de un tierno burrito peludo, los poblados palos de un gallinero. En el centro existe una especie de "ara sacrificatoria" que jugará a su tiempo. Los dorados sillones pueden quizás hundir sus patas en una alfombra de alfalfa fresca. Gran número de candelabros ilumina la imponente estancia.

Coronada 2.ª Mariagrande debiera contar otra historia o seguir con la suya propia, que nunca termina por descubrir.

Mariagrande. Sois vosotras las que no termináis de divertiros. ¿Es que no sabéis respirar sin ansia? ¡Qué niñas éstas!

Escarlata. Debiera cantar la canción del sebo que es tan suave.

(*Ríe burlonamente.*)

Mariagrande. ¿No véis que estoy demasiado ocupada? Además, ya sabéis que todo eso fatiga al señor Silverio.

Tonieta. ¡Bah!, si nada le apetece a nuestro cuñado, ¿para qué molestarse en darle gusto? Todo le parece mal.

Floriola. Dejadle tranquilo en su melancolía. Yo, al menos, detesto los hombres satisfechos. Cordacebo, por ejemplo.

(*Todas ríen.*)

Mariagrande. Me parece que te equivocas, corderita. El señor Silverio comienza a sentirse satisfecho. Miradle ahí fumando con esa parsimonia y recreándose a la vista de todas vosotras.

Coronada 1.ª ¡Calla, Mariagrande, entrometida! Silverio, no hagas caso a esa salchichera burlona o me veré obligada a mandarla a la cocina.
Escarlata. Silverio, ¿me dejarás rellenar de nuevo tu pipa?
Coronada 2.ª ¿Te aburres tú también, Silverio? Anda, cuenta ante mamá aquello que contaste el otro día en el jardín?
Silverio. *(Apartando su vista del periódico.)* ¿A qué te refieres?
Coronada 2.ª Bien lo sabes tú. Me refiero a aquella nueva visita al burdel.
Escarlata. ¡Yo también quisiera ir al burdel!
(A una seña de Coronada 1.ª, Mariagrande *se limpia las manos en el mandil y viene a taparle los oídos a la pequeña* Escarlata, *que se deja hacer dócilmente.)*
Coronada 1.ª ¿De nuevo has ido al burdel, Silverio? Eso me tranquiliza [2].
Mariagrande. ¿No decía yo que tenía cara de satisfecho? Ya ha comenzado a considerar esta casa y a respetar sus propios bienes.
Coronada 1.ª ¡Calla, Mariagrande! Pobre lobito, cómo debes sentirte a gusto fumando tu pipa entre nosotros. ¿Cómo era aquel burdel? Debía ser horrible, ¿no es cierto?
Floriola. ¿Cómo era, dí, cómo era?
Silverio. ¡Uff, qué frío! Había montones de estiércol por el suelo. Algún calor produce el estiércol, pero sólo por la parte en que se reposa tendido. Era una noche terrible, punteada de estrellas frías, y vinieron unos borrachos de las propiedades colindantes a divertirse.

---

[2] La técnica del mundo al revés es muy empleada por nuestro autor, evidentemente aclarada en el transcurso de la escena. Por otro lado el tema de la permisividad tampoco es exclusivo de esta obra, aparece de forma más clara e incluso con un regusto transgresor en *Delirio del amor hostil,* como veremos, y con diferente intensidad en obras como *Pelo de tormenta, Coronada y el toro,* etc.

ESCARLATA.   ¿Ya han entrado en el burdel, Mariagrande?
MARIAGRANDE.   Sí, amor mío.
ESCARLATA.   ¿Y les falta mucho para salir?
MARIAGRANDE.   Ahora están en plena recreación.
TONIETA.   Son como animales esas mujeres. Igual, igual.
SILVERIO.   Ellos se sentaron brutalmente sobre los pobres cuerpos calientes para jugar a los naipes. A menudo se gargarizaban con alcohol y el residuo lo escupían luego sobre el montón como si fueran una cloaca.
CORONADA 2.ª   ¡Las sucias mujeres, las sucias!³ ¿Es posible que jamás quisieran esas criaturas cambiarse por nosotras? ¿Jamás?
FLORIOLA.   Sin duda que alguna daría media vida por verse en nuestro lugar, respetadas por los hombres como es de merecer.
CORONADA 2.ª   Son sucias como la tierra y el estiércol.
TONIETA.   ¿Qué se usa para corregirlas?
SILVERIO.   Un látigo de cordelillo untado de grasa.
CORONADA 1.ª   Se lo merecen. Ellas mismas piden ese trato. Así pagan su pecado en golpes. Me alegro, Silverio, de tus visitas a los burdeles. Creo que ya vas encontrando aceptable nuestra bárbara sociedad.
MARIAGRANDE.   ¡Hum!, no las tenga todas consigo, señora; parece demasiado sumiso para que eso sea verdad⁴.

---

³ No es extraño encontrar galicismos en los textos de Nieva. «Las sucias mujeres, las sucias», se corresponde exactamente con «Les sales femmes, les sales!», cuando parece más corriente, más usual en castellano decir: «Sucias mujeres, sucias» o «¡Qué sucias mujeres, qué sucias!»

⁴ A partir de aquí, en esta escena encontramos la variante más importante, al menos en su extensión, al suprimir toda la historia contada por Mariagrande y haber alterado considerablemente el orden de la redacción, con relación al ms. «A»:
  (*A otra seña de* CORONADA, MARIAGRANDE *destapa los oídos de la pequeña* ESCARLATA.)
  ESCARLATA.   ¿Qué tal? ¿os habéis divertido mucho?
  CORONADA 2.ª   No, niña mía. Es una historia muy triste.
  CORONADA 1.ª   Eres insoportable, Mariagrande. ¿Cómo se puede evitar que te tomes tan excesivas confianzas? Vuelve a tu periódico, Silverio, y no te cuides de ella.

Coronada 2.ª ¡Las desgraciadas...! ¿Y por qué han de ser tan feas?

> Ahora sí que debiera contarnos alguna historia moral. (Silverio *vuelve a fumar y leer, pero esta vez cambia en alguna ocasión unas enigmáticas miradas con* Coronada 2.ª.)
> Mariagrande. *(Que ha vuelto de nuevo a su tarea.)* ¡Va por la historia! Pero claro está que no puede ser inmoral, porque en ella sólo intervienen mujeres y soldados que son siempre enemigos de la inmoralidad.
> Coronada 2.ª *(Por lo bajo, a* Silverio.*)* ¡Desgraciadas! ¡Desgraciadas mujeres!
> Silverio. *(También por lo bajo.)* ¿Quiénes?
> Coronada 2.ª Aquéllas de los burdeles. ¿Y por qué han de ser tan feas?
> Silverio. Por un decreto policial esas mujeres deben afearse el rostro voluntariamente y a la que así no lo hace se le rompe la cara en la comisaría.
> Coronada 2.ª Ah, qué tristeza. Y aun así, para mejor reconocerlas deben llevar una pluma amarilla sobre la cabeza.
> Coronada 1.ª Está bien, Mariagrande. Ya puedes comenzar.
> Silverio. ...Y también un cartelito, en donde constan su nombre y su edad. Gorgonia Ratón, sesenta y cinco años. Les añaden años como castigo moral.
> Mariagrande. Pues, señor, es bien sabido que las mujeres somos grandes amigas de la paz. Nada tan molesto como la guerra, aunque sea tan vistosa. Pues bien, en el pueblo de las mujeres fuertes, los hombres declararon la guerra a un país enemigo. Pero las mujeres tuvieron un consejo secreto y todas acordaron encerrar a sus maridos tras haberles dado un bebedizo para dominarlos. Entonces los del país vecino se colaron de rondón por la frontera, llamando cobardes a todo el mundo.
> Tonieta. Era de esperar. ¿Y qué sucedió?
> Mariagrande. Pues sucedió que las mujeres pacíficas se enamoraron de los enemigos por valientes y se les entregaron con tal de salvaguardar la paz.
> Coronada 1.ª Es justo. Con tal de salvaguardar la paz...
> Mariagrande. Sí, pero era muy de sentir para las mujeres del invasor. Por eso mismo montaron en cólera y como también eran pacíficas llegaron armadas de paciencia en busca de sus maridos legítimos. Se colocaron de siervas en casa de las primeras y se conquistaron a los maridos derrotados formando otros hogares.

SILVERIO. Por un decreto policial esas mujeres deben afearse el rostro voluntariamente y a la que así no lo hace se le rompe la cara en la comisaria.

CORONADA 2.ª ¡Ah, qué tristeza! Y aun así, para mejor reconocerlas deben llevar un cartelito, en donde consta su nombre y su edad: Gorgonia Ratón, sesenta y cinco años. Les añaden años como castigo moral.

(A otra seña de CORONADA, MARIAGRANDE *destapa los oídos de la pequeña* ESCARLATA.)*

ESCARLATA. ¿Qué tal? ¿Os habéis divertido mucho?

CORONADA 2.ª No, mi niña. Es una historia muy triste, aunque no deja de ser moral.

SILVERIO. Me aburren las historias morales, como me aburre el «Correo de las damas»[5].

(Lo arroja lejos de sí. FLORIOLA *lo recoge.)*

CORONADA 2.ª ¡Oh, despreciar un periódico que es tan pura sentencia!

> ESCARLATA. ¿Y cabían todos en el mismo país?
> CORONADA 1.ª Querida niña, en las historias morales los países se agrandan y se achican a vountad. Sigue, Mariagrande.
> MARIAGRANDE. Pronto empezaron a publicar las nuevas mujeres que los maridos derrotados eran mejores maridos, y que un marido derrotado es en realidad la alegría de un hogar. Siempre amable, siempre dulce, siempre presente. Las otras consideraron que la paz había sido suficientemente preservada y despidieron a los triunfantes, significándoles que estaban más que hartas de su petulancia. Los triunfantes, muy caballerescos, las dejaron y se fueron con sus mujeres, mientras ellas se quedaron de nuevo con los derrotados llenas de ilusión por saber si, en efecto, un marido derrotado es la alegría de un hogar. Por su parte, las antiguas siervas propinaron grandes palizas a sus maridos y cuando los vieron derrotados los despreciaron profundamente.
> CORONADA 1.ª Se lo tenían merecido.
> FLORIOLA. ¡Cielos, que cuento tan bonito!
> TONIETA. ¡Y tan moral!
> FLORIOLA. ¿Has llegado a escucharla, Silverio? ¿Qué te ha parecido?
> SILVERIO. Me aburren las historias morales (...).

[5] A partir de esta réplica se reanuda el texto como en el manuscrito «A», salvo ligeras variaciones.

CORONADA 1.ª Sin duda, nuestro lobito preferiría recibir «El pastor de los montes», periódico de oposición. Pero, querido yerno, da la casualidad que mis artículos y cartas sólo son publicadas en el periódico que tú detestas.

(Mientras esto dice CORONADA 1.ª, ha cerrado un sobre y lo ha introducido ostensiblemente bajo la tapa del pupitre tocando un timbre a presión que hay sobre él.)

TONIETA. A las mujeres nos gustan los periódicos conservadores, porque donde hay orden es más fácil patinar, caerse y que todas nos riamos.

CORONADA 2.ª Pues a mí más que los periódicos me gustan los almanaques, que son como los periódicos de todo un año y tan conservadores que ya se sabe todo lo que va a pasar.

FLORIOLA. ¿Habéis leído lo que aquí se dice de Bocafiera, el cerdo salteador de caminos y devorador de pasajeros? *(Lee.)* «...Ha sido apresado y a nadie deja dormir en la prisión con sus bramidos. La condesa de Arcadia, que visita las cárceles, hace lo posible para que no se le ejecute sobre la plaza pública, como está inapelablemente sentenciado.»

CORONADA 2.ª ¡Lo sabía! ¡Qué tormento ser protectora de animales en un país como el nuestro!

TONIETA. Pues, como decía, a mí gusta el orden imperial [6], porque estoy convencida de lo dramático que ha de resultar que en un solemne Te Deum el emperador le pise la cola a la emperatriz y ésta se caiga y enseñe las bragas [7].

CORONADA 1.ª Pero en un Te Deum no se escurre nadie. Eso es lo milagroso y por esas cosas se mantienen las monarquías [8].

---

[6] Podemos interpretar esta alusión como una referencia al machaconeo franquista de la «España Imperial».

[7] La supresión en este punto de la frase siguiente:
«Sólo por esa esperada posibilidad puede una creer en tan bellas instituciones» —según el ms. «A»— elimina un matiz de concreción a esta interesante connotación histórico-política.

[8] La ironía de Nieva llega aquí a culminar las anteriores alu-

FLORIOLA. Y si alguien se escurriese o diese un tropezón se le metería en la cárcel y quedaría deshonrado para siempre.

ESCARLATA. Todos los que tropiezan son de la oposición [9].

CORONADA 1.ª Niña, ¿quién te manda dar tu opinión en una materia tan compleja?

TONIETA. ¿Lo véis? No hay duda de que las mujeres servimos para la política. Y si nos diesen a regir un estado nos desquitaríamos muy bien de nuestra tarea.

FLORIOLA. Ya lo creo que yo también podría ser mujer de estado. Todo me gustaría tenerlo bien limpio y hacer que debajo de los puentes pasase un río de valses a la hora del atardecer.

ESCARLATA. ¡Huy, qué romántica! Pues yo quisiera ser mujer del estado opuesto. ¡Emperatriz de los bandidos!...

CORONADA 2.ª ¡Pero, niña!...

ESCARLATA. Mi estado sería todo rojo escarlata y mi emperador tendría patillas de boca de hacha muy bien afeitadas y un trabuco limpio. Y mis soldados desfilarían dando rugidos iguales, todos arrastrando el mismo lado de la faja.

(Mariagrande y las hermanas, ríen.)

MARIAGRANDE. ¡Mujeres de orden! No pueden negar su condición.

SILVERIO. Para mí es incomprensible.

CORONADA. Pero, querido, ¿nos encuentras incomprensibles?

MARIAGRANDE. Las mujeres somos muy sencillas. Lo digo por mí. ¿Cómo puede ser incomprensible una

---

siones políticas, al descubrirnos de forma indirecta su republicanismo tradicional y sentimental, que se verá más patente en *Delirio del amor hostil,* como luego veremos.

[9] Nos parece interesante indicar esta variante, pues en el manuscrito «A» dice:

«Todos los que dan un tropezón son de izquierdas.»

No queda claro el porqué del cambio; no sabemos si ha ampliado o ha reducido el número de los que «tropiezan». Depende de lo que él entienda por «oposición» y por «izquierdas».

mujer a la que le gusta tener un aparador? Vamos a ver.

CORONADA 1.ª ¿Qué estás diciendo? ¿También tú quieres dar tu opinión?

MARIAGRANDE. Perdone la señora. No sé si me sabré explicar, pero es cierto y bien cierto. ¿Cómo puede ser incomprensible una mujer a la que le gusta tener un aparador lleno de platos? Se sacan los platos, se les pone en la mesa, se ensucian, se les friega y se les vuelve a meter en el aparador. Cuatro horas después se les saca, se les pone en la mesa, se ensucian nuevamente, se les friega y se les guarda en el aparador. Pasa una noche, se sacan los platos se les pone en la mesa, se ensucian, se les friegan, se les pone en el aparador... Quien diga que no comprende a una mujer que le gusta tener un aparador es bien complicado. No hay nada tan sencillo.

FLORIOLA. Pues no deja de llevar razón. Eres muy sabia, Mariagrande.

TONIETA. ¡Bah! Tampoco los hombres son tan complicados. Lo mismo es comprensible que haya un soldadito al que le gusta tener un cañón rodeado de balas. Pone una bala, dispara, limpia el cañón con una escobilla, vuelve a meter otra bala, vuelve a disparar, vuelve a limpiarlo con la escobilla, vuelve a meter otra bala...

CORONADA 1.ª ¡Claro está, eso es el orden! [10].

FLORIOLA. ¿El orden? Depende de contra quién dispare.

ESCARLATA. ¡Con tal de que no sea contra el aparador! *(Llaman a la puerta.)*

CORONADA 1.ª ¡Oh, visita! Y yo que me disponía a escribir... ¡Las noches se hacen tan cortas! De todos

---

[10] Este podría ser un buen ejemplo de cómo Nieva entiende la crítica social e incluso política. Nunca sus ataques son directos; no hace teatro político, pero sí que trata sus temas. Parece evidente en esta escena el alegato en defensa de la mujer y en contra de la guerra, siempre con ironía, haciendo que el público ría con él.

modos, creo que me ha venido una jaqueca con esa historia de platos y de balas.

(MARIAGRANDE *se ha vuelto a limpiar las manos en el mandil y ha salido. Las muchachas, excepto* CORONADA 2.ª *se han levantado y acercado a la puerta por la que ha de entrar la visita.* CORONADA 1.ª *ha permanecido en su lugar. El clima se transforma. Una nueva luz deja caer un velo ceniciento sobre los personajes que accionan sin ser oídos. En el interior de los marcos los animales se agitan y emiten sus voces de forma un tanto lejana. En un área de luz más clara hablan* CORONADA 2.ª *y* SILVERIO. *Durante todo su diálogo se realiza pantomímicamente, en un solemne «ralentí», la entrada de* HUMILLADA *y* CORDACEBO. *Saludos, genuflexiones y nueva composición de la tertulia nocturna en el salón)* [11].

SILVERIO. Deprisa, contesta: ¿cómo hacer para vernos a solas? ¿Cómo decirte en un momento todo lo que debiera decirte?

CORONADA 2.ª Mariagrande ha salido por unos instantes, Coronada puede que nos espíe con el mayor disimulo. Que tus labios se muevan apenas, que tu vista no encuentre la mía.

(*En efecto, hablan casi de espaldas, en una patética crispación del gesto.*)

SILVERIO. Deprisa, contesta: ¿dónde, cuándo?

CORONADA 2.ª Estás perdido, Silverio, estamos perdidos los dos.

SILVERIO. ¿Perdidos? Eres mi mujer. ¿Por qué no puedo acercarme a ti, amarte como a un ser de carne y hueso?

CORONADA 2.ª Porque soy un ideal.

SILVERIO. ¿Por qué quieres semejarte a un ideal? ¡Qué tempestad en mi cabeza! Eres inconsecuente, y a me-

---

[11] La actuación realista va a verse interrumpida aquí por una propuesta entre surrealista y ceremonial. Así vemos cómo maneja, al mismo tiempo, distintos estilos: el realismo deformado, el absurdo, el surrealismo y la solemnidad del teatro de ceremonia, que veremos salpicar toda su obra.

nudo, me pareces tonta. Es decir, quiero creer que lo eres y no lo consigo. También dudo entre creer que sólo eres misteriosa porque te quiero o si te quiero porque eres misteriosa. Por eso, para salvarnos, para salvarme, debo indagar, analizar...

CORONADA 2.ª ¿Eres feliz, queriéndome?

SILVERIO. Lo soy, lo soy, lo soy. Y quiero serlo mucho más.

CORONADA 2.ª ¿Y darías la felicidad por saber si soy tonta o misteriosa, por saberlo realmente?

SILVERIO. Daría la felicidad y la recuperaría porque seguiría queriéndote.

CORONADA 2.ª ¿Aunque fuera tonta?

SILVERIO. Aunque fueras tonta seguirías diciendo todas esas cosas que me admiran y que no comprendo, paradojas insondables, cosas misteriosas. Y por eso debo indagar, analizar...

CORONADA 2.ª Estás perdido, estamos perdidos. De nada valdrá una nueva entrevista secreta.

SILVERIO. Deprisa, contesta, ¿dónde, cuándo?

CORONADA 2.ª Nunca, nunca más.

SILVERIO. Forzaré la puerta de tu cuarto, te apretaré en mis brazos hasta que dejes de ser ideal y te conviertas en mi mujer. Y si de verdad desapareces me dispondré a morir.

CORONADA 2.ª ¡Insensato, insensato! Nos miran, nos escuchan. ¿Sabes que me puedes matar?

SILVERIO. Entonces permíteme estudiarte. Debo indagar, observar...

CORONADA 2.ª ¿Estudiarme? *(Con arrebato.)* ¡Oh, estudiarme!... ¡Si sólo fuera eso!

SILVERIO. Sólo eso, lo juro.

CORONADA 2.ª Me dejaré estudiar, eso siempre consuela a una mujer, pero no te dejaré comprender nada. ¿Sabrás permanecer a distancia?

SILVERIO. Coronada, amor mío, todo te lo prometo.

CORONADA 2.ª Entonces, sí. ¡Oh, haz un esfuerzo, te lo ruego! ¡Estúdiame sin que te deje comprender nada, a ver si me puedes hacer comprender algo a mí. A las doce de la noche en este mismo salón.

(Ruptura. La luz cambia. La visita ha terminado de entrar y también han terminado los saludos. Animada conversación. CORDACEBO, *entre patoso y galante, es aceptado con cierta benevolencia por las muchachas. La condesa de Arcadia luce una nueva «toilette» espectacular.* SILVERIO *y* CORONADA 2.ª *se espían.* ESCARLATA *aborda a* SILVERIO *cuando éste se halla desprevenido.)*

ESCARLATA. ¿Por qué no intentas dejar en paz a Coronada?
SILVERIO. ¿Eh?
ESCARLATA. ¿Seguimos pareciéndotes guapas?
SILVERIO. *(Molesto.)* Ciertamente.
ESCARLATA. ¿Y misteriosas?
SILVERIO. E insoportables.
ESCARLATA. Pobrecito Silverio. ¿Por qué no te interesas por uno de esos viejos deshollinadores tiznados que son tan misteriosos?

(Ruptura de grupo y situación.)
CORDACEBO. ¿Qué tal, azote de los montes?
SILVERIO. Perfectamente, Sardanápalo.
CORDACEBO
(Por lo bajo y alisándose el bigote mongólico con malicia.)
¿Conseguiste algún favor de tu mujercita?
SILVERIO. ¡Déjame en paz! Sigo las costumbres del país, o más bien, me las imponen.
CORDACEBO. ¡Je, je! *(Echándose a llorar burlonamente.)* Te envidio, tanto que no puedo dejar de venir a decírtelo.
SILVERIO. ¡Mentira! Eres un ganso. Sospecho que si me envidiases no sería por lo que parece, sino por algo que tú no dices.
CORDACEBO. ¿Miraste debajo del coche? Debieras inquirir más sobre esa antigualla, subirte al pescante con Mariagrande y ofrecerle un polvo de rapé.

(Disolución más lenta del grupo, mientras hablan MARIAGRANDE *y* TONIETA.*)*
MARIAGRANDE. Muy amigo está ahora el señor Silverio de ese mastuerzo del gabán de plumas.
TONIETA. Me divierte mucho verle a sus pies, después de aquella equivocación.
MARIAGRANDE. Pues debiera interesarte más seguir los pasos de tu hermana. ¡Ay, qué dolor! Esa niña está sentenciada. Dos o tres besos más en la oscuridad y ¡zas!, cátala convertida en plaza vacante y en aire respirable. Se están recibiendo muchas cartas y aquel maldito pupitre no hace más que funcionar.
TONIETA. ¡Dios mío! ¿Y no es posible evitarlo?
MARIAGRANDE. Por orden de la señora mayor, aún debo entregar al pobre lobito más oro para sus burdeles y sus francachelas, a ver si es capaz de honrarla como a mujer propia [12]. Si continúa en sus negras pretensiones, ella, la desgraciada, nos tendrá que dejar.

(Disolución y recomposición del grupo. Durante el diálogo anterior SILVERIO *ha cumplimentado a* HUMILLADA, *que ahora, instalada frente a* CORONADA 1.ª, *aunque siempre unos grados más abajo del lugar eminente en que ésta siempre se mantiene, es el polo de una apasionada conversación.)*

HUMILLADA. En efecto, venimos de visitar la cárcel. ¡Cuánto bandidismo lamentable! Todas las celdas están llenas y una de ellas la ocupa por completo el gran cerdo salvaje que tenía aterrorizada a toda la comarca. Los animales toman mal ejemplo de nosotros. Hemos intentado darle alguna conformidad y no sé si me habrá comprendido, aunque parecía muy

---

[12] En ese mundo «ideal» en que viven Coronada y sus hijas, toda relación física con la propia mujer es pecaminosa. Podemos ver en ello un reflejo de la fuerte represión sexual de la España que Nieva conoce cuando escribe esta comedia, donde sí son permitidos los burdeles —e incluso reglamentados hasta bien avanzada la década de los años cincuenta— para que las demás mujeres puedan seguir siendo ideales. No ocurre lo mismo con el pueblo llano que, evidentemente, no puede alcanzar ese estrato de idealidad.

atento; nadie me ha gruñido en la vida con tanta delicadeza.

CORDACEBO. Pones demasiada pasión en ese animal, que no agradecerá tus desvelos, madrina.

HUMILLADA. ¡Oh, no, el pobre! Es tan hermoso como desgraciado. Si no fuera por ciertos salvajes instintos quién sabe si por dentro no sea todo un hombre.

TONIETA. Considerando su tamaño, sería un hombre como una casa.

ESCARLATA. O como una granja.

FLORIOLA. Pues en el juicio se le condenó a muerte. Ha demostrado ser un enemigo público.

HUMILLADA. ¡No lo creo! Todavía hay la esperanza de un indulto. Quisiera ser su providencia, salvarle y después... que me olvide.

CORONADA 2.ª Es usted sentimental, querida condesa, y puede estar segura de que eso no procura muy buenos ratos.

CORONADA 1.ª ¡Ah, los cerdos! Qué ingratitud y qué frivolidad la suya.

ESCARLATA. ¡A pesar de su tipo!

CORONADA 1.ª Cierto. Ya habrá visto qué modo tan grosero tienen de rebelarse cuando los castran.

(Escarlata se echa repentinamente a llorar.)

¿Qué le pasa a esta niña?

FLORIOLA. Es una tonta que le tiene miedo a su iniciación veterinaria.

ESCARLATA. ¡No podré nunca, no podré! Es tan asqueroso y tan complicado. ¿Por qué no puedo seguir matando pollos que es tan sencillo? Sólo con tirarles del cuello...

HUMILLADA. No sólo hay que inmolar animales, nenita, también hay que saber hacerlos felices.

ESCARLATA. No comprendo por qué se vuelven gordos y felices por medio de esa herida feísima.

HUMILLADA. No importa que lo sepas. ¡Qué no pudiera hacerse lo mismo que ese desdichado de Bocafiera, en lugar de proponerse ejecutarlo en plena plaza pública!

(Se limpia una lágrima.)
CORONADA 1.ª No debiera usted dejarse arrebatar en sus sentimientos por individuos de esa especie. Y luego, tenga en cuenta, mi buena amiga, que a pesar de sus intenciones, hay malas lenguas.
HUMILLADA. Nada me importa el qué dirán. Soy una mujer honrada, pero tengo corazón y principios. Soy humanitaria... soy...
(Los sollozos ahogan su voz.)
TONIETA. Ah, qué tesoros de amor en mujeres como usted. Toda una vida de sacrificios...
HUMILLADA. ¡De sacrificios y de irreprochable conducta! Lo que yo siento por ese cerdo es piedad, es ternura. Lo juro [13].
CORONADA 2.ª Qué corazón el suyo, condenada. No debiera continuar vacío. Poco podrá usted contra la ejecución de Bocafiera. ¿Por qué no adoptar entonces otra gallinita como aquella...?
HUMILLADA. *(Fuera de sí.)* ¡Las odio! ¡Qué horror! Desgraciadas, indecentes, que se dejan aplastar por un gallo sin oponer la menor resistencia. Estoy muy desengañada de esas criaturas sin pudor. Debiera lucharse por imponer mejores costumbres en los corrales. Un poco de rigidez censora [14].
(Durante este tiempo la pequeña fábrica de salchi-

---

[13] La relación mujer-animal se da también en otras obras. Aquí se trata de Humillada-cerdo; en *Coronada y el toro* hay una escena mucho más explícita en la que la protagonista pide ser «corneada» por el toro, con un doble sentido cargado de matices sexuales; en *Pelo de tormenta* el carácter sexual es mucho más claro, ya que Mal-Rodrigo es un extraño animal en forma de falo, apetecido por el elemento femenino del reparto.
Por otro lado, toda esta escena nos muestra una aproximación del mundo animal al humano. donde los cerdos sienten, piensan y comprenden como hombres, e incluso, como ellos, son encarcelados. Y esa referencia a las cárceles llenas nos podría hacer pensar, otra vez, en una alusión histórico-política muy concreta: la España de Franco, especialmente en los años de la postguerra.
[14] Vuelta a empezar con el tema de la represión sexual, pero también amarga alusión a la censura por parte de un autor tan castigado en ese sentido.

*chas de Mariagrande ha ido funcionando y su dueña
actuando un poco al margen de la conversación. Debajo de las faldas ha sacado un taleguito, y disimulándolo se ha aproximado a* SILVERIO *y le ha llevado
aparte. Ahora habla con él y escuchamos este fragmento de su conversación.)*

MARIAGRANDE. ¿Y por qué no puede usted ser comedido y como Dios manda? Aquí tiene esta bolsita con moneda suelta y este cheque, pagadero en el Banco de la Grasa por valor de 500 onzas.

SILVERIO. ¡Qué humillación! Lo que yo quiero es amar libremente a mi mujer.

MARIAGRANDE. Está bien que usted quiera a su mujer, pero estas 500 onzas se las entrega para que la pueda usted seguir queriendo de buena manera, de una forma respetuosa, como quisieron a su abuela, que también era un mujer divina [15].

SILVERIO. No puedo hacer más visitas a los burdeles.

MARIAGRANDE. Y por lo tanto [16], es un modo de realzar lo respetable que es mi niña. Todo como en los antiguos tiempos caballerescos. Sea usted espiritual.

SILVERIO. ¿Pero qué es para ti lo espiritual, grandullona del infierno?

MARIAGRANDE. Escribir con buena letra, el descanso, las joyas, las mujeres honorables...

(Ahora vuelve a dominar la voz de la condesa de Arcadia.)

HUMILLADA. Mi infeliz marido era un pobre de espíri-

---

[15] La variante del ms. «A» añade un párrafo muy enriquecedor de la teoría amatoria defendida por Mariagrande:
«(...) ¿Que no sabe usted amar al estilo antiguo? Y nosotras que creíamos que era usted un hombre sublime, un caballero imaginario, un tatarabuelo joven y rubio. ¡Vaya un chasco! Resulta que es usted un arrapiezo indomable. ¿Usted ha puesto su ideal en un país rico y antiguo? Pues aténgase a las consecuencias.»

[16] Galicismo. Nieva ha traducido literalmente «pourtant» por «por lo tanto», cuando lo que aquí conviene es su exacta traducción: «sin embargo».

tu, un ser sin voluntad, un hombre sin destino, y a pesar de ser embajador, un fracasado.

CORONADA 2.ª ¿Y en qué se notaba todo eso?

HUMILLADA. En que no me quería lo bastante. ¡Oh, cuánto he sufrido! La vida es terrible hijas mías. Preferible es entregarse a sentimientos más elevados y generosos. Esa pobre bestia..., por ejemplo. No por ser un fiero animal deja de haber en él ciertas valiosas cualidades. En el fondo es un ser voluntarioso, que ha sabido lo que quería, y quizá, en el fondo, a pesar de haber sido condenado al patíbulo, no sea un fracasado.

(Tornamos a la conversación de MARIAGRANDE *y* SILVERIO *a propósito del dinero.)*

SILVERIO. ¿Qué puedo hacer entonces? ¿Le doy este dinero para caprichos?

MARIAGRANDE. ¡Pobre pichón! ¡Cómo se lo va a dar! Esas onzas tiene usted que gastarlas en cosas de mucho aparato. ¡Se las gasta en hacerse las uñas! A las mujeres les gustan los hombres que se hacen las uñas. Es un detalle muy espiritual. Aquí todos esos pastorazos las llevan siempre con media luna de porquería. Ellas quieren que sea usted perfecto y no se le acabe nunca la seducción. Para eso le pagan.

SILVERIO. ¡Habrase visto! ¡Fuera de mi vista, maldita gigantona!

MARIAGRANDE. Tome el cheque y gástelo en agua de colonia si no tiene imaginación para más. Pero usted debiera imitar a la gente importante de este país. Al abuelo de Cordacebo, por ejemplo. Aquél sí que era un gran señor. Tenía un órgano de mujeres colgadas y un teclado que las pellizcaba fortísimo. ¡Y daba cada concierto entre sus amigotes! Tenía también una amante bailarina a la que obligaba a batirle el champán hasta que se le convertía en queso. ¡La pobre mujer! ¡Le costaba un trabajo! Luego iba de caza por esas nieves en un trineo con bar y pianola [17].

---

[17] Conociendo los dibujos de Nieva no es de extrañar esta exuberancia imaginativa en la creación de un lenguaje plástico

Silverio. Para qué quiero yo todo eso si estoy enamorado de un ideal.
Mariagrande. Aquéllos eran hombres que se casaban con ideales sin estar emanorados. Caballeros como es debido.
Silverio. No quiero el cheque.
Mariagrande. *(Guardándoselo.)* Pues entonces haga deudas, que es más elegante. Aquí se las pagarán.
(Ruptura de grupo y situación. Cordacebo *estaba examinando la máquina de hacer salchichas con ojos de gula y ahora se encara con* Mariagrande, *que vuelve.)*
Cordacebo. Hermosa Mariagrande, estas salchichas son muy apetitosas. ¿Cuál es su fórmula?
Mariagrande. Ninguna. Sólo me guío por deseo de novedad que tiene todo el mundo. Preferible morir de hambre antes que comer una salchicha anticuada. ¡Ah, señor, yo corro en pos de la salchicha ideal!
*(*Floriola *y* Tonieta *vienen a primer término.)*
Floriola. ¡Uff! ¿No terminará la de Arcadia de contar todo su interés por ese individuo tan poco recomendable?
Tonieta. Ella tendrá esa debilidad por Bocafiera, pero no se puede negar que es toda una señora.
Floriola. ¿Crees que debemos insistir en que venga a la iniciación veterinaria de la pequeña Escarlata?
Tonieta. ¿A una fiesta tan íntima, tan familiar? Me parece excesivo. *(Alterada.)* ¡Cuidado! Ese fatuo de Cordacebo se acerca. Es insoportable. ¿Cómo querrá competir con nuestro caballero imaginario?
Floriola. Pues nuestro dulce caballero va a desencadenar un drama de un momento a otro. Coronada está perdida. Constantemente están llegando cartas y admoniciones del subsuelo. Si esta noche vuelve a encontrarse a solas nada se podrá remediar.

---

con el que nos describe escenas y objetos de un marcado carácter surrealista: «un órgano de mujeres colgadas y un teclado que las pellizcaba fortísimo», «una bailarina que bate el champán», «un trineo con bar y pianola».

(Sonríen hipócritamente a Cordacebo, que se les acerca.)

CORONADA 1.ª
(Que en momentos perdidos había dado término a otra carta, la cierra, la introduce bajo la tapa y pulsa el timbre, ríe.)
Se equivoca, condesa, este pequeño sofá no se llama una «Recamier», sino una «Sevigné»[18] y sirve para escribir cómodamente reclinadas.

SILVERIO. Querida suegra, no sé dónde encuentra tanto tiempo ni tantos motivos para escribir, recibir y leer cartas.

HUMILLADA. Yo también tuve mi época de furor epistolar. Llegué a escribir cartas con café en las servilletas del desayuno. He llorado mucho por carta. Al dormir, me dictaba cartas que luego recibía al despertarme. Pero eso ya pasó. Todo fue porque me quedé afónica en mis relaciones y altercados con un maldito loro.

SILVERIO. No encuentro motivos para tanto escribir.

CORONADA 1.ª Esto de escribir es como bordar. Como mujer de alta posición, yo puedo elegir entre bordar un perro de aguas sobre un cojín o mandar una serie de cartas a las amigas, hablando del perro como si lo bordara.

CORONADA 2.ª Mejor fuera bordar. Se reciben muy malas noticias por carta.

CORONADA 1.ª ¿Cómo voy a bordar el hecho de haber tosido durante toda la noche?

HUMILLADA. Es cierto que la ventaja a favor del género epistolar es que no se puede bordar un chisme o un falso testimonio y en carta pueden quedar muy bien[19].

---

[18] Las citas cultas son abundantes en la obra, pero este juego cursi entre las «Recamier» y la «Sevigné» —que son del mismo corte que antes la «Pompadour»— tiene todo el encanto «Kitsch» que Nieva quiere marcar al ambiente. El chiste vendría por la invención de un mueble inexistente —la «Sevigné»— creado a partir de la connotación literaria con Mme. de Sevigné, una de las grandes representantes del género epistolar.

[19] Toda esta singular teoría sobre lo epistolar la pone en

(Suena el timbre del pupitre sin que nadie lo pulse.)
CORONADA 1.ª ¡Oh, una carta!
(Levanta la tapa del pupitre y extrae un sobre lacrado.)
Pero, ¡si no es para mí! Viene dirigida a ti, mi pequeña.
(CORONADA 2.ª palidece. Todavía duda en abrirla. SILVERIO la sigue inquieto con la mirada. En este momento entra AVEDELMA con una cesta de huevos al brazo y la cara radiante.)
AVEDELMA. Muy buenas noches tengan sus soberanías. Que Dios guarde a sus grandezas. ¿Dan ustedes paso a esta pobre avutarda atolondrada?
MARIAGRANDE. Hija, ¡vaya unos textos! ¿Es cortesía china? Tú no vienes a nada bueno. ¿Y por dónde has entrado?
AVEDELMA. Me he hecho paso entre las sombras sin ninguna dificultad. Y traigo este presente de huevos especiales para ofrecer a la distinguida asistencia.
MARIAGRANDE. ¿Qué huevos son esos, si se puede saber?
AVEDELMA. Son huevos de olor. Se dejan en un rincón disimulado para que alguien los pise y perfumen el ambiente al tiempo que limpian las alfombras. Me he pasado la noche entera preparándolos. Son de esas novedades que siempre sorprenden [20].
MARIAGRANDE. *(Arrebatándole la cesta.)* Que siempre sorprenden cuando todo lo han dejado hecho un asco. ¿Qué hago con ellos, señora?
CORONADA 1.ª Quedan aceptados, muchacha, y te lo agradecemos mucho. Mariagrande, llévalos a mi tocador.

---

práctica Nieva en la escena entre doña Carlota y don Lucas Jordán en *Los españoles bajo tierra*.

[20] La sorpresa es un elemento expresivo en Nieva, que llega a ser una constante en su teatro, junto a la de novedad expresadas o reclamadas por los propios personajes en conflicto; lo que le hace decir a uno de ellos, agonizante, en *El rayo colgado* que su propio tránsito al otro mundo le parece una novedad.

(Coronada 2.ª *apenas ha desplegado la carta, ha lanzado un grito ahogado. Todos se han vuelto hacia ella, pero sin moverse de su lugar. Avanza hacia el centro de la escena y mira a su alrededor con ojos ausentes.* Silverio *se abalanza hacia* Coronada 2.ª, *pero a mitad de camino se oye la voz estentórea de* Coronada 1.ª *que le detiene.*)

Coronada 1.ª ¡No te acerques!

(Pequeña pausa.)

Coronada, querida, ¿no te sientes bien? Trata de calmarte y reposar.

Humillada. Se ha hecho muy larga la velada y debiéramos marchar. Zopilote, ven a anudarme el lazo de la capa.

(Floriola, Tonieta *y* Escarlata *rodean por un momento a* Silverio *suspenso.* Coronada 2.ª *se fuerza en sonreír, saluda a* Humillada, *que se despide y luego va apartándose hacia un extremo. La luz comienza a cambiar. Algo inquietante que se insinúa en el ambiente. Afloran tristemente los mugidos de una vaca, el cavernoso gruñir de un cerdo y otras voces de animales ansiosas y angustiadas. Todo ello ha de ser muy paulatino.* Avedelma *lo mira todo con inmensa curiosidad.* Mariagrande *la atenaza de una mano.*)

Mariagrande. ¿Me vas a decir de una vez lo que te trae?

Avedelma. Nada, nada. Todo es puro obsequio por mi parte y por parte de Priscila, mi compañera.

Mariagrande. No tenéis precio como espías. ¿Vienes a ver qué ocurre entre el Silvenio bonito y esa otra, no es cierto? La gente comienza a hablar. Y lo que me intriga es quién te ha abierto la puerta. A no ser que una orden más secreta te lo haya facilitado todo.

Avedelma. Por ahora, nada puedo decir.

Mariagrande. ¡Me lo sospechaba! Tú y aquella pavisosa queréis un empleo en esta casa, por si queda una vacante.

Avedelma. Sabríamos cumplir y ser agradecidas.

Mariagrande. ¡Ya! ¿Y tú crees que con lo que os gusta el dulce Silverio seríais mucho de fiar?

Avedelma. Podremos sufrir y aguantarnos como mujeres enamoradas.

Mariagrande. Está bien. Lárgate y ya veremos si vuelves.

Avedelma. Mañana es día de fiesta aquí, la pequeña ensaya por primera vez con el cuchillo...

Mariagrande. Muy informada estás. No necesitamos ayuda. Y no me entretengas más, debo apagar todas esas velas...

(Desde el principio del diálogo entre Avedelma *y* Mariagrande, *después del grito de* Coronada, *la asamblea se ha ido descomponiendo dentro de las mismas actitudes pausadas y mudas en que se compuso la vez anterior. Saludos, genuflexiones, lenta retirada de todos los presentes.* Silverio *ha salido también prendiendo sobre la solitaria* Coronada 2.ª *una interogante mirada.* Mariagrande, *con un apagavelas, va matando todas las luces mientras se escuchan unas apesadumbradas campanadas. Todo queda sumido en la sombra. Suaves rumores de vida animal. Los ojos de las bestias fosforecen en lo oscuro.* Coronada 2.ª *avanza hacia el centro y allí se mantiene a la espera.* Mariagrande *ha salido.* Coronada 2.ª *se deja caer de rodillas sollozando. El gran traje blanco forma en torno suyo una gran corola. Vuelve cautelosamente* Silverio.*)*

Coronada 2.ª No te acerques. No te acerques nunca más si es cierto que me quieres.

Silverio

(Que aún se mantiene a distancia.)

Esa carta... ¿Por qué has gritado?

Coronada 2.ª Pronto habrás descubierto todo y dejarás de quererme.

Silverio. No dejaré de quererte. Sólo dejaré de indagar en esta niebla.

Coronada 2.ª Ay, yo debiera morir, tomarme uno de esos venenos de teatro que hacen confesarlo todo hasta el final y después morir. Pero sólo dejaré que me lleven.

SILVERIO. Pero, ¿por qué, por qué?

CORONADA 2.ª Porque no soy lo que tú crees. Porque no somos reales ni mis hermanas ni yo.

SILVERIO. Pero si os veo y os oigo. Y sois graciosas y sorprendentes, y ¡tan guapas! Coronada misma me admira por su majestad, sus cartas, su conocimiento de todo. Sólo os considero crueles porque sacrificáis animales y, a pesar de ello, encuentro que sois deliciosas y que nada tenéis de irreal.

CORONADA 2.ª Pobre inocente, no sabes que tú también eres irreal. Al menos, para mí.

SILVERIO. ¡Ah, qué locura! No soy un caballero imaginario, soy un ambicioso pobre, un triste canalla, si lo quieres saber.

CORONADA 2.ª *(Llorando.)* Siempre parecerás perfecto, como te parezco perfecta yo. Por esta misma apariencia yo fui para ti atractiva y deseable. Así me habías soñado antes de verme. Y así soy para ti, aunque en el fondo sólo sea una sierva.

SILVERIO. ¿Una sierva?

CORONADA 2.ª Las mujeres llevamos muchos siglos de servidumbre, pobres de nosotras, y a veces nos contentan diciendo que somos sublimes. Por eso algunas, más ambiciosas que otras, se han propuesto ser sublimes de verdad y que los hombres que ellas sueñan no sólo lo digan, sino que lo crean. Yo no quisiera ser sublime, ni ninguna de mis hermanas, pero es lo que se nos ha impuesto como disciplina. Permaneceréis sublimes para que se sepa lo que es verdadera adoración. Y no sabes lo que me desespero cuando me miro al espejo y me veo fea de puro ideal, que parezco otra, la pintura de alguna abuelita sublime. Ay, amor mío, tú no sabes lo que yo daría por vestir de rojo, ser chata y morena. ¿Me querrías? Di, ¿me querrías si fuese chata como un cerdito?

SILVERIO. No, vida mía; te quiero como eres. Me pareces sublime.

CORONADA 2.ª ¿Lo ves? ¿Lo ves? Todo es un sueño. Y si no te decides a seguir soñando me perderás [21].

SILVERIO. Coronada, me estoy debatiendo entre sombras. ¿Qué sueño es ese por el que te puedo perder si te toco?

CORONADA 2.ª Pues el tuyo. El tuyo y el de otras personas más poderosas que tú. Yo no tengo la culpa, amor mío. No es a mí a quien lo debes reprochar. Yo soy inocente.

SILVERIO. Pues no tengo miedo ni de mí ni de nadie.
(Impulsivamente besa y retiene en sus brazos a CORONADA 2.ª)
¡Mi pequeña, mi pequeña inocente!
(Pausa.)
¿Todavía te parezco irreal?

CORONADA 2.ª Me haces dudar, Silverio.
(Llora reclinada en su hombro.)

SILVERIO. Te tengo en mis brazos y todo esto me parece más bello que un sueño. *(Pausa.)* Escucha ese viento negro que nos rodea, como no puede nada contra el calor que nos dan los buenos animales. Comencé odiando este país de estiércol, de oro y de sacrificios. Y en este instante, en que nada temo, me parece el más inocente. Ahora comprendo que es la sangre de los animales la que nos lava de nuestras culpas [22]. Yo te amo, Coronada, y todo lo encontraré justo y hermoso mientras permanezca contigo.

UNA OCULTA VOZ FEMENINA MUY POTENTE. ¡Coronada!
(CORONADA 2.ª y SILVERIO levantan la vista aterrorizados. Instintivamente se separan un poco en su abrazo.)
Pronto amanecerá y tienes que vestirse para la fiesta. Ya está ligado el cerdo en la artesa y el cuchillo afi-

---

[21] El juego entre irrealidad y realidad lo ha utilizado también en otra obra suya, *Tórtolas, crepúsculo y... telón,* y es una técnica teatral que va desde Pirandello y sus epígonos, hasta Jean Genet.

[22] La sangre como elemento purificador es un tema ya clásico. La frase puede parecer irreverente si se considera aislada, pero entendida en su contexto es fácilmente asimilable.

lado. Toma el traje más blanco de tu guardarropa y las joyas de mayor precio. Revístete de la cruel virginidad de tu destino o desaparece para siempre, abandona esta casa sin dejar rastro.

Coronada 2.ª   Silverio, Silverio. Me llaman, debo dejarte. ¡Perdón, perdón!

(Coronada 2.ª *se ha ido desprendiendo de los brazos de* Silverio *que la buscan. Tras unos instantes de duda, ella sale corriendo. Se han oído unos golpes férreos, como de martillo contra un yunque, un correr de cadenas. El ara sacrificatoria se abre como un arcón, dejando escapar un rojo y nebuloso resplandor. Dos pastores barbudos, atezados y medio desnudos surgen de esa profundidad. Luego, con ayuda de unas sogas, comienzan a subir una artesa en la que gime un cerdo amarrado por las patas a los cuatro costados. La artesa inclinada hacia el fondo de la escena no deja ver enteramente el animal* [23]. *Las demás bestias se agitan llenas de pánico, las aves escapan en remolinos.*)

Silverio.   ¡Coronada! ¡Coronadaaaaa!
(*Corre en su busca.*)
(*En un inquietante clima de reflejos y semioscuridad entran* Tonieta *y* Floriola, *sosteniendo a la amedrentada* Escarlata. *Las tres han cambiado sus anteriores trajes blancos por otros igualmente blancos, pero infinitamente más lujosos, vaporosos y descotados. Llevan altas diademas y un largo velo flotante. Sus cuellos, sus brazos, sus manos refulgen con el brillo de las joyas. Su atuendo y su porte tienen algo de litúrgico* [24]. *Las sigue* Marigrande, *llevando un afilado y agudo cuchillo sobre un co-*

---

[23] Indicación de trucaje escénico que servirá para que el público reciba a nivel de sugerencia y no con realismo la escena de la castración.

[24] Esta es la escena en que más claramente aparece el matiz de teatro ceremonial, fuertemente relacionado con las ideas de Artaud, y en claro paralelismo actual con el teatro visual de Bob Wilson.

jin. En su eminente puesto vuelve a aparecer Coronada 1.ª. *También se muestran dos pastoras encapuchadas que tocan un bronco cuerno y un tamboril.)*

Escarlata. ¡No podré, nunca podré hacerlo! Quiero ser niña siempre. Los cerdos me asquean...

Mariagrande. Cariño, no puedes pasar todo el tiempo arrancando alas de mariposas y pisando cucarachas. ¡Si vieras qué hermosa estás! Éste es un gran día en tu vida.

Coronada 1.ª Cálmate, mi niña, no tiembles así. Nunca parecerás más bella que cumpliendo este rito. Mariagrande, entrégale el cuchillo.

Escarlata. No puedo, Floriola. ¡Ah, qué gritos! No puedo, Tonieta. ¿Has visto cómo me mira de este lado con un ojo pequeño? Pobrecito, ¿qué estará mirando con el otro?

Tonieta. No temas, no temas. Toma el cuchillo. Así. ¡Ah, qué bonita estampa de Judith! [25].

Floriola. ¡Maravillosa! En una antigua égloga se dice que alguien se enamoró de una pura doncella pastoril viéndola castrar un cerdo.

Escarlata. Nunca le acaba de sonar esa trompeta del hocico y eso me achara.

Floriola. Vamos, acércate y haz como si no le oyeses.

Escarlata. ¡No, no! Me va a odiar, me querrá morder. Explicadle que estoy obligada a hacerlo, a ver si se tranquiliza.

Mariagrande. *(A las músicas-pastoras.)* Y vosotras, mentecatas, tocad más fuerte.

---

[25] Otra vez una cita culta, pero aquí para explicar el sentido que Coronada y las suyas dan a esta ceremonia: el cerdo, símbolo del macho, va a ser castrado. Escarlata, como antes lo hicieran sus supuestas hermanas, va a ser la Judith que ajusticie a Holofernes. Pero como quiera que antes hemos visto que los cerdos, los animales en general, pueden simbolizar al hombre, aquí el mito habría que transformarlo o incluso tomarlo a la inversa, para entender que lo que Nieva nos presenta es la castración de un pueblo.

CORONADA 1.ª ¿Por qué tanta dilación? Mariagrande, oblígala a hacerlo.

MARIAGRANDE

(Empujando a ESCARLATA, *casi volcándola sobre la artesa.)*

¡Haz tu obligación, maldita niña, y córtale sus impurezas! No tienes por qué mirarte en sus ojos ni hay que demostrarle que llevas razón [26].

CORONADA. Hijita, tú eres un ángel y ese es el modo de angelizar a una pobre bestia.

MARIAGRANDE. Ven aquí.

(Guiándola como una maestra veterinaria.)

Primero se unta la parte a cortar con esta crema azufrada. Y luego se va cortando con decisión por la línea de puntos ya marcada. ¡Adelante, no lo pienses más! ¡Y vosotras, tocad, tocad más fuerte!

(Las encapuchadas pastoras dan vueltas frenéticas sobre sí, sonando sus instrumentos. Horrísonos gritos del cerdo mientras la niña clava en él su cuchillo. FLORIOLA *y* TONIETA *enhebran una punzante y curvada aguja con una cuerda de guitarra.)*

ESCARLATA. *(Gritando mientras obra.)* ¡Aaaaaah!

MARIAGRANDE. ¡Húndele el cuchillo y corta en el tocino sin misericordia! Ya verás como termina por ser un hermoso ejemplar de gordura y castidad... (...) Así, así. No dispares tu pulso ni tales por donde no debes. Asáltale sólo en ese turbio lugar.

(Uno de los negros pastores levanta en alto, por medio de una tenaza, el rojo jirón. MARIAGRANDE *pone la aguja en manos de* ESCARLATA.*)*

MARIAGRANDE. Ahora toma el hilo y vuelve a juntar la

---

[26] La razón que ellas se otorgan, evidentemente. La explicación queda más clara con la frase que ha suprimido el autor del ms. «A», en el que Mariagrande termina diciendo:

«Obras así en vista de un juicio más alto que el tuyo.»

Ese «juicio más alto» debe referirse al de las ocultas Coronada 1.ª y 2.ª bis, pero también puede interpretarse como de procedencia divina, como es costumbre invocar, para el abuso de poder, en los regímenes absolutistas.

línea de puntos. No coras tanto ni des tan grandes puntadas, que lo dejarás todo fruncido y maltrecho.
ESCARLATA. ¡Pobre de mí, no puedo seguir!
MARIAGRANDE. Ya has terminado, tontaina. No he visto mejor cirujana. De ahora en adelante harás este trabajo como si tocases el piano.
VOZ DE SILVERIO DENTRO. ¡Coronadaaaaa...! ¡Coronadaaaaa!
ESCARLATA. ¡Ah!
(Cae hacia atrás en brazos de sus dos hermanas. Quedan formando un grupo a un lado de la mesa sacrificadora. Con celeridad la artesa se vuelve a hundir entre los rojos vapores de donde salió y los dos pastores descienden detrás.)
MARIAGRANDE. *(Al último, que desaparece atenazando el jirón.)* Extiende sobre el fuego esa tajada, Cabezalobo. Yo me la comeré.
(Las dos pastoras encapuchadas se han quedado agazapadas y anseantes[27] *en un extremo.* CORONADA 1.ª, *glacial, se ha sentado en su acostumbrado lugar y sus ojos permanecen fijos en el vacío. Las muchachas en el suelo, suspiran con la pequeña* ESCARLATA *vertida en el regazo. Forman un sutuoso cúmulo de blancura,* MARIAGRANDE, *secando sus manos en el mandil, va a colocarse a los pies de su ama. En el nuevo silencio las voces de los animales son ahora más fantásticas e irreconocibles, como lejanos lamentos agónicos, chillidos de rata en asedio, gorgoritos, nauseabundos chapoteos. Estos murmullos auguran el próximo aquelarre*[28]. *Durante la escena que sigue, las bellas muchachas, bajo una histérica presión, se transmutan en extrañas bacantes, se retuer-*

---

[27] Neologismo con la desinencia culta de los participios en -nt de raíz latina. Podría ser considerado también como italianismo.

[28] A pesar de la similitud con las teorías de Artaud en *Le Théâtre et son double,* cómo no pensar en un precedente que con toda seguridad conoce, mucho más cercano, como es el de las pinturas negras y los aguafuertes de Goya.

cen y babean desesperadas, lejos de ser las razonables señoritas que aparentan.)

Voz de Silverio dentro. ¡Coronadaaaaa!... ¡Coronadaaaaa...!

Escarlata. *(Débilmente, como en un sollozo.)* Quiero volver a la cama, quiero dormir. Nunca amanece temprano en esta casa.

Floriola. Todavía no es el día ni la noche. Esta es la hora en que yo pienso que todas nosotras fuimos degolladas en el pasado [29].

Tonieta. Tampoco a mí me gusta estar despierta en esta hora fría. Yo, que soy buena chica, me entran tentaciones de lanzar mi espíritu aullando por los barrancos.

Voz de Silverio dentro. ¡Coronadaaaaa! ¡Coronadaaaa!

Escarlata. ¿Lo véis? Es mejor dormir y no hacer nada en estas horas malas, dejar tranquilos a los cerdos gruñones. Es ahora cuando siempre que me rasco tengo miedo de que mi mano se convierta en una garra peluda que me destroce a mí misma.

Floriola. Yo tengo miedo de ser fea. Y creo que alguna vez lo fui. No sé cuándo. Era un lagarto que chapoteaba en el fango y no hacía más que llorar y llorar de verme tan fea, apoyando mi cabeza muy triste en mi manita de escamas.

Tonieta. ¡Aggg! Yo fui peor y ni siquiera sé lo que era, pero todo lo tocaba con mis narices.

Escarlata. ¡Ji, ji, ji!

Tonieta. Con mis narices hacía sonar una trompeta y con mis narices pedía limosna. Mis narices me servían para amar y para defenderme. Un día me acerqué

---

[29] El aquelarre descrito en la acotación se ve completado aquí y en las réplicas siguientes con alusiones a la hora y a los hábitos de las brujas. Además, la escena está plagada de símbolos eróticos muy en relación con los textos de Georges Bataille, al que Nieva conoció después de haber elaborado su estética.

a oler un peligro horroroso y ¡plaf!, me rompieron las narices.

Floriola. ¡Ji, ji, ji!

Voz de Silverio dentro. ¡Coronadaaaa! ¡Coronadaaaa!

Escarlata. Yo recuerdo que nací debajo de una piedra y crecí como una torta delgada. Cuando levantaron la piedra y me encontraron me morí de vergüenza y del escozor.

(Las tres muchachas se irán levantando y parecen gravitar en su alucinación.)

Floriola. Pues yo, en otra ocasión, todo lo que se tiene dentro del cuerpo lo tenía fuera y vivía muy bien en un estanque de saliva, pero un día me pescaron con un palo, me rebozaron en arena y me reventaron a pisotones.

Voz de Silverio dentro. ¡Coronadaaaa! ¡Coronadaaaa!

Tonieta. También yo viví en el planeta morado de las injusticias y, encima, mis semejantes me llamaban «la desgraciada».

Escarlata. A mí, una vez, me empezó a engordar la lengua y en ella me nació un niño llorón.

Floriola. ¡Ay, qué dolor siento! Tengo mi espíritu repartido por las cinco partes del mundo y las infinitas partes del tiempo. Viene corriendo desde hace varias horas, seguido por un guerrero etrusco que me lo ha pisado varias veces [30].

Silverio. *(Entrando de repente.)* ¡Coronada!, ¿dónde estás?

(En un instante se hace de día. Pían los pájaros y una luz dorada lo invade todo. Coronada 1.ª *bosteza delicadamente y se pone a escribir. El pequeño rolde de brujas se ha convertido en un grupo regocijado y retozón.* Mariagrande *se alza con una*

---

[30] A parte de las connotaciones eróticas, las imágenes que nos sugiere el texto de esta escena son surrealistas de pleno derecho, y otra vez nos hacen pensar en los dibujos que el propio Nieva suele hacer dejando volar su imaginación.

enorme bandeja en los brazos, cargada de primorosos servicios de café, dulces y frutas.)
MARIAGRANDE. ¡El desayuno! ¡Niñas, niñas, basta ya de dar vueltas!
(Las dos pastoras encapuchadas también se levantan y en ellas reconocemos a PRISCILA *y* AVEDELMA *que hacen alegres comentarios entre sí. Se marchan haciendo un gesto de burla a* MARIAGRANDE *y mirando a* SILVERIO *con ojos tiernos. A lo largo de esta próxima escena,* FLORIOLA, TONIETA *y* ESCARLATA *comen golosinas y beben sorbos con aire de pájaros volubles.)*
SILVERIO. *(A* MARIAGRANDE, *deteniéndola.)* ¿Dónde está mi mujer? ¿Dónde está? Decídmelo.
MARIAGRANDE. ¿No está aquí? Pues creí que sí. Ya la encontrará. Y si no la encuentra, no se apure. Las mujeres hermosas son muy repetidas.
(Da media vuelta y sigue afanándose por todo el salón.)
SILVERIO. ¡Qué estúpida! *(A* TONIETA.) ¿Quieres decirme dónde se esconde mi mujer?
TONIETA. ¿Se esconde? Algo le habrás hecho.
SILVERIO. ¿Por qué no está aquí, entre vosotras?
TONIETA. ¿Cómo? ¿Pero es que no está? Tiene que estar.
SILVERIO. ¿Dónde? ¿Tú la ves?
TONIETA. En este momento, no, pero debiera estar.
SILVERIO. ¡Sí, pero no está, no estááa!
TONIETA. Hijo, no grites así. Ya aparecerá. *(Se aleja.)*
SILVERIO. *(Para sí.)* ¿Y si ya no estuviera nunca, nunca más? *(Llamando.)* ¡Coronada!
FLORIOLA. ¿Por qué gritas?
SILVERIO. No veo a Coronada, no está.
FLORIOLA. Pues claro que está.
SILVERIO. ¿Dónde? ¿Tú la ves?
FLORIOLA. Siempre la estoy viendo, nunca nos separamos desde pequeñas.
SILVERIO. ¿Pero la ves ahora?
FLORIOLA. ¿Por qué no la voy a ver?

SILVERIO. Señálamela.

FLORIOLA. ¿Para qué?

SILVERIO. Para que yo sepa exactamente dónde está.

FLORIOLA. ¿Dónde podría estar sino aquí?

SILVERIO. Pero si está aquí, ¿dónde está?

FLORIOLA. Pues aquí. ¿Cómo se pueden hacer preguntas tan tontas?

SILVERIO. Pues tienes que señalarme con el dedo dónde está Coronada. Anda, sé buena, es un juego.

FLORIOLA. ¿Un juego? Está bien, te la voy a señalar... *(Primero busca con la vista y luego se torna hacia* SILVERIO *y le pregunta.)*
¿Dónde está?

SILVERIO. ¿Por qué me preguntas eso a mí? ¿No dices que tú lo sabes?

FLORIOLA. Claro que lo sé. Siempre está aquí.

SILVERIO. ¿Dónde? Sañálamela con el dedo. Llévame hasta ella y dime: ésta es Coronada.

FLORIOLA. *(Tomándole de la mano.)* No tengo inconveniente. *(Pregunta a* ESCARLATA.*)* ¿Habéis visto a Coronada?

ESCARLATA. Sí.

FLORIOLA. ¿Dónde está?

ESCARLATA. Por ahí debe estar.

SILVERIO. Si es así, Escarlata, dirige tu dedo a donde está y dime: esa es.

ESCARLATA. *(A* FLORIOLA.*)* Que extraño. ¿Qué le pasa? ¿Se ha vuelto loco?

SILVERIO. No me he vuelto loco. Loca tú, mocosa, que dices que sabes dónde está y no lo sabes.

ESCARLATA. ¿Que no lo sé?

SILVERIO. Si lo sabes, tienes que decírmelo.

ESCARLATA. Ya te he dicho que estaba aquí.

SILVERIO. *(Cada vez más furioso.)* ¿Dónde es aquí? Señala con el dedo dónde es aquí.

ESCARLATA. *(Señalando verticalmente.)* Aquí.

SILVERIO. Tú has señalado aquí, pero ahora tienes que señalar donde está Coronada.

Escarlata. *(Mirando a su alrededor.)* ¿Dónde está Coronada?

Silverio. ¿Ves cómo no sabes dónde está?

Escarlata. Sí lo sé. Está aquí. ¿Es que te has vuelto ciego? Míralo por ti mismo.

Silverio. Si dices que sabes donde está no quiero mirarlo por mí mismo. Quisiera que tú, Escarlata, lo mirases por mí. Tómame de la mano y llévame donde está Coronada.

(Escarlata le mira asombrada. Pequeña pausa.)

Escarlata. Y eso, ¿por qué?

Silverio. *(Desesperado.)* Está bien, no me hagas caso.

(Vuelve junto a Tonieta.)

Tonieta, Tonieta.

Tonieta. ¿Qué te ocurre ahora?

Silverio. Me he quedado ciego. No veo nada.

Tonieta. ¡Ah, qué horor! ¿Qué dices?

Silverio. Completamente ciego.

Tonieta. ¡Socorro!

Silverio. Calla; no grites. Es una ceguera momentánea. Eso se pasa.

Tonieta. ¿Cómo sabes que se pasa? ¿Pero es que no ves nada, nada?

Silverio. Nada, absolutamente nada. Me ocurre de tarde en tarde, pero cuando me ocurre es la ceguera total. Debe ser la falta de sueño.

Tonieta. Pobrecito. Pues vete a dormir.

Silverio. Sí, pero antes tienes que conducirme hasta donde se encuentra Coronada. Tienes que situarme a su lado y decirme: Ésta es Coronada, tócala. Anda, toma mi mano.

Tonieta. Dámela.

(Le toma de la mano y se dirige a Mariagrande.) ¿Dónde está Coronada?

Mariagrande. *(Siempre atareada.)* Aquí debe de estar.

Tonieta. *(A Silverio.)* ¿Lo oyes? No te inquietes que está aquí.

Silverio. Házmela tocar. Tienes mi mano en tu mano.

Ahora pon mi mano encima de su hombro y déjame con ella. Solo con ella.

TONIETA. De acuerdo. *(A MARIAGRANDE.)* Mariagrande, ¿no decías que estaba Coronada aquí?

MARIAGRANDE. Estaba aquí.

TONIETA. ¿Dónde?

MARIAGRANDE. Niña, tú pareces tonta. ¿No te he dicho que aquí?

SILVERIO. *(Por lo bajo a TONIETA.)* Sigue preguntando, sigue preguntando. Pregunta si ella la ve.

TONIETA. Mariagrande, ¿tú la ves? ¿Dónde está?

MARIAGRANDE. ¿Es que no tienes ojos? Dejadme en paz con vuestros juegos.

(Se va.)

FLORIOLA. ¿Qué le sucede a éste? Parece muy alterado

TONIETA. Se ha quedado ciego. Dice que no ve absolutamente nada.

FLORIOLA. ¿Ciego? ¡Ah, qué horrible desgracia!

TONIETA. Pero no te apures, él dice que se pasará, que es por falta de sueño.

SILVERIO. Claro que se me pasará. Lo que ocurre es que no veo a Coronada.

FLORIOLA. Pobrecito, ¿cómo la vas a ver si estás ciego?

SILVERIO. Decidle que me conteste, decídselo vosotras.

FLORIOLA. *(Levantando mucho la voz.)* ¡Coronada, contéstale!

SILVERIO. ¿Cómo se lo decís a Coronada, si no está aquí?

FLORIOLA. ¿Y tú qué sabes, si dices que no la ves?

SILVERIO. ¿Y tú la ves? Dime que la ves, dímelo.

FLORIOLA. La veo.

SILVERIO. *(De nuevo furioso.)* ¿Por qué dices que la ves si no la ves?

FLORIOLA. ¿Y tú por qué me has dicho que diga que la veo?

SILVERIO. Porque tú dices que la ves. *(Llamando.)* ¡Coronadaaa! ¿Lo véis? No me contesta siquiera.

Tonieta. Si la llamas con esos modales no te querrá ni contestar.
Silverio. *(Muy bajito, llorando.)* Coronada, Coronada, amor mío... *(Angustiosa pausa.)* No ha contestado.
Escarlata. *(Que ha estado escuchando las últimas frases.)* Estará enfadada contigo.
Silverio. No me importaría siquiera que estuviese enfadada conmigo con tal de que estuviese aquí, pero no la veo, ni la oigo.
Floriola. No la ves porque estás ciego y no la oyes porque no te contesta.
Silverio. Yo no estoy ciego. Os he engañado. Veo y oigo que no está.
Escarlata. ¡Huy, qué malo! Se quiere burlar de nosotras haciéndonos creer que no está y por eso no la vemos. Cielos, qué hombre tan mentiroso.
Silverio. No soy mentiroso. Es que no está. Por eso no la véis.
Floriola. *(Marchándose.)* No la vemos porque tú quieres que no la veamos. Pero está aquí.
Silverio. Pues yo quiero que aparezca y no aparece.
Escarlata. Entonces será porque no quiere ella.
Silverio. ¿Y por qué no querrá? Decídmelo, ¿por qué?
Escarlata. *(Marchándose.)* Ve tú a saber... Rarezas.
Silverio. *(Desesperado.)* Si no aparece es porque no está aquí.
Tonieta. Qué tontería. Está aquí, pero no aparece. ¡Oh, qué sudores, qué ojos de loco! Tú no te encuentras bien.
Silverio. Sí, sí, me encuentro bien. Es que he pasado muy mal rato. Creí que no estaba Coronada.
Tonieta. ¿Lo ves? Por fin te has convencido de que está. Pero, ¿qué te ocurre? ¿Por qué gimes así?
Silverio. Perdón, perdón. Me cuesta vergüenza decirlo. Pero no la veo...
Tonieta. Porque no te encuentras bien. Coronada te cuidará. Y será la primera vez que te cuide porque nunca has estado enfermo.

SILVERIO.   No me puede cuidar si no aparece.
TONIETA.   Ahora, Silverio, déjame. Tengo mucho que hacer. Quédate aquí con Coronada.
SILVERIO.   ¿Con quién has dicho?
TONIETA.   He dicho con Coronada.
SILVERIO.   ¿Dónde está Coronada?
TONIETA.   *(Retirándose.)* Aquí.
(Silverio ha ido expresando la indignación, la esperanza, la sumisión, el furor. Ahora queda rendido y desesperado, como al final de un ansioso viaje sin éxito [31]. CORONADA 1.ª *ha estado escribiendo y de vez en cuando ha mirado la situación que se desarrollaba a sus pies con ojos friamente observadores. Hacia el final se la ha visto terminar su carta, cerrar el sobre y colocarla ostensiblemetne en el interior del pupitre tocando con la palma de la mano un timbre. Este timbre sobresalta a* SILVERIO, *que levanta sus ojos hacia* CORONADA 1.ª, *la cual se le muesta imponente y glacial.)*
SILVERIO.   Señora, señora, ¿dónde está Coronada? ¿Por qué me ha dejado? ¿Quién la hizo desaparecer? Esto es injusto. ¿Por qué no hemos podido ser felices habiendo estado tan cerca el uno del otro? ¿A quién podré amar de ahora en adelante si no es a Coronada? Dígame dónde está. Dígamelo, señoría mía, señora... Sólo usted, que todo lo puede y lo sabe, me lo habrá de decir.
AVEDELMA
(Que ha entrado por un primer término, de espaldas al público y se la confunde con CORONADA 2.ª, *por llevar su mismo traje blanco, se inclina y toca delicadamente con sus dedos la espalda de* SILVErio.)
Señor.

---

[31] Toda la escena de la búsqueda de Coronada por parte de Silverio nos recuerda la técnica empleada por los autores del teatro del absurdo y, especialmente, el Samuel Becket de *Esperando a Godot*. También nos lleva a la concretización dialogada que equivaldría a un pequeño tratado sobre la angustia.

(AVEDELMA *se muestra bellísima, casi irreal, en su nuevo atuendo.*)
SILVERIO.   Coronada, ¿eres tú? [32].
AVEDELMA.   ¿Qué le sucede? No se agite así. Ya estoy aquí.
SILVERIO.   ¿Quién eres tú? ¿Por qué llevas ese vestido? ¡Tú! Tú eres Avedelma, la muchacha de la posada. ¿Qué haces aquí?
AVEDELMA.   Ya lo ve. Aquí estoy.
SILVERIO.   Ya lo veo. Pero, ¿por qué? ¿Qué quieres de mí?
AVEDELMA.   Es mi nuevo empleo. La señora me ha dado este traje...
SILVERIO.   Es un traje de mi mujer.
AVEDELMA.   Ella ha dicho que era mío.
(SILVERIO, *amenazante, se detiene próximo a* CORONADA 1.ª, *que no se inmuta y de nuevo se torna hacia* AVEDELMA, *con ojos espantados.* AVEDELMA, *sin embargo, lo mira enternecida.*)
Silverio, pollito, soy yo, aquí estoy para siempre, y seré una esposa obediente y digna, la mujer ideal.
SILVERIO.   ¿La esposa de quién?
AVEDELMA.   Pues la tuya, la tuya... Yo soy... Yo soy...
SILVERIO.   No mientas. Tú eres Avedelma, la muchacha de la posada. Te conozco bien.
AVEDELMA.   No, pollito, yo soy Coronada. Coronada otra vez...
SILVERIO.   (*De nuevo, furiosamente agresivo se vuelve hacia* CORONADA 1.ª) ¿Qué es esta estúpida comedia? ¿Qué es esta burla intolerable? Maldita, maldita mujer. La culpa es tuya, tuya y te he de matar...
(*Se escucha el timbre.* CORONADA 1.ª, *inmutable, abre el pupitre, extrae una carta, la despliega y le echa una rápida ojeada. Se levanta y se encara con* SILVERIO.)

---

[32] El personaje que representa dentro de la misma obra, que es otra persona, otro personaje, nos hace pensar inevitablemente en obras como *Las criadas* o *El balcón,* de Jean Genet.

Coronada 1.ª Mi querido yerno. Es necesario saber qué es lo que quieres. Viniste en busca de una fantasía y antes de tu boda conociste debidamente a nuestra sociedad. No por eso saliste huyendo. Encontrabas tolerable nuestro mundo con tal de satisfacer finalmente esa fantástica ambición. Recibías con agrado el homenaje de los demás por una boda tan ventajosa [33]. Esto se acabó, corderito, no puedes ir más allá. Ven conmigo si todo lo quieres saber y si quieres volver a ver a esa mujer que persigues. Sígueme. Y tú, Coronada, vuelve con tus hermanas; también ellas te buscan y les será más fácil reconocerte. Silverio, ven conmigo.

(AVEDELMA *hace una reverencia, luego tira un beso con la mano a* SILVERIO *y sale.* SILVERIO, *estupefacto, sigue a* CORONADA 1.ª *La escena se va transmutando* [34] *en una vieja cochera polvorienta y medrosa. Al fondo, un coche parecido a una enorme diligencia, tétrica como un catafalco. Su parte inferior la forma un cajón que se abrirá a su tiempo, dejando ver fácilmente lo que se oculta en su interior. Desde el primer momento de la transformación no ha dejado de oírse la disertación de* CORONADA 1.ª *sobre los coches.*)

Voz de Coronada 1.ª Aquí, mi querido Silverio, el uso del coche está muy regulado porque el coche se inventó en este país antes de la era cristiana. Y lo

---

[33] La variante que aquí se nos presenta, con respecto al ms. «A», nos parece trascendente porque resume la intención de la obra. La frase sigue así:

> «Me sorprende tu ingenuidad. Por lo visto un amor que ya no es una fantasía o que, por lo menos, no te lo parece te ha hecho cambiar. Cada vez deseas más lo imposible, no te contentas con lo honrosa imagen de una felicidad sino que quieres ser realmente feliz. Esto se acabó (...).»

[34] Una de las características técnicas del teatro de Nieva es su afición por los cambios de lugar progresivos y a la vista del público. Aquí es el Nieva escenógrafo quien escribe.

inventó Erichtonio [35] para poder andar por haber nacido cojo. Pero le puso una patente que después se ha observado con el mayor rigor. Pueden usarlo las damas porque dan los pasos cortos y luego, naturalmente, los viejos, los enfermos, los consejeros de los reyes, las personas eclesiásticas y los caballeros pleiteantes para que no falten a sus obligaciones; los letárgicos y los nefríticos. Hay que tener cuidado de que las personas no se provoquen una calentura artificial con tal de andar en coche. Esto quiere decir que con el tiempo y el progreso no habrá nadie que no quiera ir en coche e incluso no salir jamás de él. En suma, tan aficionados serán a ellos que se correrá el peligro de que los roben como se roba un paraguas... [36].

(SILVERIO *mira con asombro el amedrentador lugar.*)

CORONADA 1.ª En fin, ya hemos llegado. Tú conoces bien nuestro coche por haber sido el único hombre que ha tenido el honor de subir en él. Es el vehículo antiguo, pero cómodo y espacioso como ninguno. ¡Son tantas las ventajas que ofrece un coche! Por eso no es raro que Coronada y su hija, mis señoras [37], casi no quieran salir de él. ¿Ves este largo y ancho cajón que hay en su parte inferior? Pues es un cómodo lecho en que madre e hija nos acompañan siempre en nuestros paseos. Todo lo escuchan por una bocinita instalada a su cabecera y todo lo observan por estas peque-

---

[35] La cita culta parece llegar aquí a su culmen. Nieva tiene en su memoria este personaje, procedente de sus lecturas clásicas (Propercio, Hyginus, Plinio, Eratósthenes, Virgilio y Ovidio citan a este Erichtonius como hijo de Vulcano y de Atenea o como «niño sin madre», que había sido escondido en un cesto junto con una serpiente; llegó a ser rey de Atenas, al que se le atribuían muchos beneficios, que había instituido las «Panateneas» y que había sido el primero en enganchar cuatro caballos a un carro).

[36] Parece una crítica irónica e indirecta —como siempre— hacia la sociedad de consumo. Técnicamente, el párrafo sirve para dar tiempo a la mutación escenográfica.

[37] El público va enterándose del misterio al mismo tiempo que Silverio, a medida que Coronada 1.ª va desvelándolo.

ñas claraboyas de cristales ahumados. Ellas siempre se ocultan y nosotras no somos sino sus bellas representantes en el mundo, ideales mujeres a sueldo [38]. Las otras hijas de Coronada no existen, murieron ya y en plena juventud, pero no hubo necesidad de declarar su muerte, puesto que sus bellas representantes pueden gozar siempre de muy buena salud. Es un viejo privilegio otorgado en secreto por el orden imperial, que tanto ha gustado de los ideales esplendorosos. Yo conocí a tu madre cuando se me educaba en una pensión extranjera con objeto de representar más tarde dignamente a la grande y secreta Coronada [39]. Con ella y su hija me comunico por carta, haciéndoles el recuento de todo lo que acontece en torno a sus delegadas en sociedad, que somos nosotras. Viven muy solitarias y escondidas y quienes las conocen tienen prometido bajo juramento no divulgar el secreto, con la esperanza ellos mismos de heredar este privilegio de la belleza

---

[38] El teatro dentro del teatro; una vieja técnica siempre eficaz. El párrafo de Coronada 1.ª está bastante mutilado a partir de aquí, con respecto al ms. «A». En este punto el texto continuaba:

«¿Qué más puede querer una mujer que ser hermosa y amada fácilmente? Ellas son listas y apasionadas, pero desgraciadamente son feas y viejas. También son, además de ingeniosísimas e influyentes, soberanamente ricas. ¿Y por qué siendo tan ricas, no habían de aspirar también a un marido ideal, a un caballero imaginario? Es natural que no tengan en cuenta otra felicidad que la suya, como puede haberte ocurrido a ti.»

[39] Aquí otra supresión importante, tanto por la extensión como por el contenido:

«... de eso hace ya mucho tiempo. Tal privilegio se conoce, pero no se sabe quiénes gozan de ello y quiénes no. Tampoco se sabe en qué medida, y si es un individuo sólo o una familia entera. Mucha gente rica y poderosa tiene la belleza comprada a este precio y se contentan con ostentar la imagen de la felicidad por lo mucho que viste y decora. A su modo son felices, porque en la medida de lo posible todo lo pueden. Yo misma recorrí pensionados y universidades famosas con tal de procurar a mi señora una gran cultura y refinados modales.»

y de la juventud compradas, que algo se parece también a la inmortalidad. La condesa de Arcadia y su ahijado Cordacebo son del grupo de sus íntimos y aquí esperan ahora el momento de abrir el cajón para cumplimentarlas. ¡Eh, amigos! Vengan ya a echarme una mano. Parece que se oyen algunos gemidos ahí dentro.

(Ante el mudo asombro de SILVERIO *aparecen* HUMILLADA *y* CORDACEBO *muy mal trajeados, con viejos guardapolvos llenos de manchas y en zapatillas.)*

HUMILLADA.   Trabajo le doy a Coronada con este yerno rebelde. Agradecido debía estar a tan altos favores como se le han acordado en este tiempo [40].

CORDACEBO.   ¡Vaya!, el «azote de los montes» condenado al desengaño. Vamos, haragán, ven a desencajonar a tu mujer y a tu suegra que ya deben estar trinando. ¿Te quedas ahí plantado? Ya te arrastrarás por el suelo con tal de limpiarles el moco.

HUMILLADA.   Déjale, que está incubando una berrenchina. Zopilote, tira de aquella asa. Y tú, Salomona, ayúdame de esta parte, que me siento derrengada. *(Todos tiran.)* ¡Oppla!

(Vuélcase el cajón hacia el público y aparecen acostadas [41] *e inmediatamente incorporadas —aunque sin salir de él—* CORONADA 1.ª *y* CORONADA 2.ª *bis. Son feas, viejas y encenizadas, envueltas en trapos ajados que hubieron de ser fastuosos vestidos* [42].

---

[40] Nieva corrige su redacción del ms. «A» y en vez de decir como allí: «tan altos favores como se le han hecho», dice «como se le han acordado en este tiempo», y comete otro galicismo («Accorder une faveur» es una de las acepciones más usuales en francés para este verbo). Es el precio que paga por sus años de exilio cultural en París.

[41] Aquí, como en tantas otras obras (la escena final de *Los españoles bajo tierra,* la inicial de *El Buscón,* sobre todo), las camas con trampa, los cajones-dormitorio, entran en la simbología de Nieva.

[42] Inútil imaginar esos vestidos si no se conoce *de visu* la realización de los diseños de Nieva, con su especial tratamiento en los colores y formas.

Coronada 2.ª *bis, es una casi ancianita pueril con cara de garbanzo, peinada con rubios tirabuzones y una guirnalda de ajadas flores de tela en la cabeza.*
Coronada 1.ª *bis lleva una cofia y parece una mujer más que centenaria. En el cajón hay viejos juguetes, mendrugos de pan roídos y otros irreconocibles desechos y detritus. Los ojos de las dos encajonadas brillan con un destello de retorcida astucia. El lecho-cajón queda separado e independiente del coche y una trampilla vuelve a disimular el hueco.)*
Humillada. ¡Uff! Que mala peste se escapa de esta piltra. Esto marea. *(Gritando a la* Coronada *encajonada.)* Aquí nos tienes a tu servicio, hermanita. Y al zopilote con unas ganas locas de devanar madejas contigo. Mozo más gentil y sufrido no se encuentra ni a tres tirones.
Coronada 1.ª bis. Apártate un momento Humillada, que quiero ver los arrestos de aquel relamido para enfrentarse con la realidad [43].
Coronada 1.ª Le he leído toda la cartilla, señora.
Cordacebo. Así se encuentra de apabullado. No querrá dar crédito a sus ojos.
Coronada 1.ª bis. Acércate, lobito. Esta que aquí ves a mi lado es tu verdadera mujer, pero muy pocos tienen derecho a saberlo. Es más lista de lo que parece. De todo entiende un poco, y a pesar de su alcurnia, ha aprendido hasta corte y confección [44]. Las pobres chicas de arriba se aprenden todos los papeles que esta

---

[43] Silverio aparece en este momento como el individuo medio, situado entre el mundo hipócrita —que se ha creado un entorno falso en su fantasía— y la horrible verdad de la realidad. Es aquí donde mejor vemos su condición de héroe juvenil, ilusionado y pasivo, siempre víctima, repetido por nuestro autor a lo largo de su producción en personajes como el torero Maraúna, de *Coronada y el toro,* los Cambicio, de *Los españoles bajo tierra* y *El baile de los ardientes,* o el Jasón, de *Delirio del amor hostil.*

[44] En efecto, los estudios de «corte y confección» abundaban por los años en que redactó las primeras versiones de su obra, y nos remiten ahora a la España de los años cincuenta, en los era la «salida» de muchas jóvenes de clase humilde y media.

criatura les escribe. Con su belleza y las frases que les imbuye parecen diosas amables. ¿No dices nada? Y tú desventurada, dedícale siquiera una sonrisa. Mentira parece que seas directora por correspondencia de una escuela normal de maestras. A la larga, cuando le haya entrado la conformidad y sepa estimar todo el poder que nosotros le hemos otorgado, puede que os entendáis a las mil maravillas.

HUMILLADA. No sigas, Coronada, mira la mala disposición en que está. Oye cómo le hierve la garganta. Poco falta para que se te arroje como un gato.

CORDACEBO. Está fuera de sí. Eh, galán, guárdate de no armar una escandalera o nos vamos a ver las caras.

HUMILLADA. Cubríos como podáis, que se le va a disparar el genio. Indómito, no mires así a tu esposa, que le estás arrancando las lágrimas.

(CORONADA 2.ª bis *hace un puchero espantado y deja escapar un quejido repugnante, de clarinete.* SILVERIO, *que iba a arrojarse sobre ella, cae de rodillas pegando furiosos puñetazos en tierra.*)

SILVERIO. ¡Dónde está Coronada!

TODOS LOS DEMÁS. ¡¡Aquí!!

SILVERIO. ¡No, no, noo! Digo la mía, la desaparecida. ¡Devolvédmela, brujas malditas! Esta vez no me engaño. No amo a un ser imaginario. Es a ella a quien quiero. No a este monstruo espantoso.

CORONADA 1.ª bis. Esta es tu esposa legítima. Y tú, niña, no llores con un trémolo tan agudo, que eso hace caer los dientes y sólo te quedan seis.

SILVERIO. No es ya un sueño, ahora estoy seguro de no soñar. La quiero a ella. Ella es mi amor verdadero. Y aunque jamás apareciese siempre lo será. ¡Coronadaaaa! ¡Coronadaaaa!

CORONADA 2.ª bis. (*Llorando con el mayor desconsuelo.*) ¡¡Jíiii!!

CORONADA 1.ª bis. Desalmado, no grites de ese modo. ¿Quieres verla de nuevo? Ya lo tenía previsto. No creas que he olvidado ese detalle. Ahí la tienes. Si es

a ella a quien buscas, llévatela. *(A* Coronada 1.ª*)* ¿Dónde está Marcelina?
Coronada 1.ª   No debe andar muy lejos. *(Llamando.)* ¡Marcelina! ¡Sal!
(Llega[45] *la anterior* Coronada, *ahora* Marcelina, *y avanza hacia* Silverio. *Va vestida humildemente, de forma parecida a la camarera* Avedelma *en el primer acto. Lleva un pañuelo a la cabeza y un hatillo de ropas en la mano. Sólo con oportunos silencios debe marcarse esta nueva y rápida transformación sentimental de* Silverio.*)*
Marcelina.   ¡Silverio!... Señor.
Silverio.   ¿Por qué señor? ¡Coronada, Coronada! *(Observándola.)* Coronada, habla. Somos libres. Soy tuyo. Coronada, bésame. Esos demonios nada pueden contra nosotros.
Marcelina.   Si quisieras, Silverio... Hay en la montaña una casa de piedra, toda tallada de una pieza. Es mi solo bien. Eso y dos vacas. Pero yo, Silverio, no sé si soy digna...
Silverio.   Eres la sola persona digna de mí, porque eres la misma, la que yo soñé.
Marcelina.   No, no. Yo quisiera ser la misma, pero no sé si sabré. No puedo pasarme la vida repitiendo todo lo que sé de memoria y que era lo que me daba valor para enfrentarme contigo. Yo sola... frente a ti... Siempre tendré miedo.
Silverio.   Coronada, no vuelvas a confundirme. Vuelve en ti. Eres libre, porque te libero yo de este palacio risible de la apariencia y de la muerte. Pero tú eres

---

[45] Otra vez reprime su ánimo de concretar la puesta en escena y elimina para la redacción definitiva el primer párrafo de esta acotación:

> «El término donde se hallan los demás personajes se oscurece y en donde permanece Silverio queda iluminado. Es una carrera de luz que une a Silverio con Marcelina desde su aparición, abstrayéndoles de todo el resto.»

O es que le ha parecido que este efecto de luz podría «idealizar» la escena y ha preferido marcar la realidad, eliminándolo.

la misma, no me engaño. ¿Verdad que eres la misma? Porque si no ¿quién eres?

CORONADA 2.ª Soy Marcelina. Pero ¿cómo debo ser? Ay, no me pregunte esas cosas, señor, que me pongo muy nerviosa. Yo seré como usted quiera.

SILVERIO. Pero ¿por qué hablas así? ¿Quién te prohíbe que sigas siendo Coronada? Dilo ¿quién te lo prohíbe?

MARCELINA. Nadie me lo prohíbe. Es que soy Marcelina.

SILVERIO. No, no. Eres tú misma la que te lo prohíbes. Eres tú la que no quieres parecerte a Coronada siendo la misma. Yo no he cambiado. Yo quiero seguirte. Yo te seguiré hasta tu establo, pero no por eso has de cambiar. Me basta que tus cabellos tan largos y pálidos se extiendan alrededor de tu cabeza. *(Le acaricia la cabeza y hace caer el pañuelo. Tantea, mira y se retira extrañado.)* ¿Y tus cabellos?

MARCELINA. Se los han quedado esas cochinas.
(Deja caer el hatillo y se cubre la cabeza con las manos.)

SILVERIO. ¡Ah, malditas alimañas! Te han desposeído incluso de tus cabellos. Pero no importa. Consuélate, amor mío. Ya crecerán.

MARCELINA. Sí, pero de otro color. Los otros son de esa enana horrible que se los cortaba para dármelos a mí. Es lo único bueno que crece en esa cabeza de pan mascado. Por eso mi vergüenza. Por eso preguntaba tanto si el señor me habría querido de ser morena... y de ser chata.

SILVERIO. ¡Santo Dios! ¿Quieres volverme loco? Tu nariz es la misma.

MARCELINA. *(Llorando.)* No, no es la misma. Los cabellos rubios todo lo mejoran.

SILVERIO. Oh, no llores así, no te dejes abatir. Yo te compraré un traje blanco como el de antes. Y serás igualmente bella y misteriosa. Y te obligaré a decirme otra vez todas esas cosas que me inquietan y me asaltan.

MARCELINA. *(Abrazándose a él.)* ¡Oh, sí, sí! Todo lo repetiré.

SILVERIO. ¡No me lo repetirás!

MARCELINA. ¿Cómo hacer entonces?

SILVERIO. ¿Pero es que no puedes inventártelas? Di, ¿es que no puedes decirlas por ti misma, imbécil?

MARCELINA. Señor, señor, qué daño tan grande me está haciendo. Tenga paciencia y trate de verme como soy. No soy muy lista, pero tengo buena memoria.

SILVERIO. *(Desesperado.)* ¿Cómo eres? ¿Quién eres? *(Sacudiéndola.)* ¿Quién eres? Dí, maldita tú también... ¿Por qué lloras? Dí, estúpida, ¿por qué lloras tanto?

MARCELINA. Lloro porque el señor no me quiere. Quería a una Coronada que no existe. El señor es caprichoso. Todos los caballeros imaginarios lo son. Bien sabía yo que el señor no sería nunca para mí.

SILVERIO. *(Cubriéndose la cara con las manos.)* ¡Ah, qué horror!

MARCELINA. Yo soy buena, señor, podría haber sido una buena esposa, aunque no fuese la mujer ideal.

SILVERIO. No quiero una buena esposa, quiero ser feliz con Coronada. ¡Vete tú también, vete lejos de mi vista!

(MARCELINA *le toma la mano y se la besa.*)

¿Qué haces? *(Retirando la mano con asco.)* ¿Por qué haces eso?

MARCELINA. Porque le quiero, señor, le quiero y no lo puedo remediar. ¡Estoy tan triste, tan triste!

SILVERIO. Márchate, vete. Tú también me haces daño y no quiero hacértelo a ti.

MARCELINA. Tampoco yo quiero hacerte daño.

SILVERIO. Pues me lo haces. Todo me hace daño, todo me duele.

(Se muerde los puños desorbitando los ojos. MARCELINA huye sin poder contener sus sollozos. Vuelven a la acción los personajes del fondo. Ahora CORDACEBO, sentado frente a CORONADA 1.ª bis, le ayuda a devanar madejas de lana. La segunda da dentelladas a un mendrugo.)

Humillada. Yo también tengo un corazón difícil. Esto quiero, esto no quiero... Creo que debiera consultar con un gran especialista, un sabio, un matemático, alguien que me estudie aplicándome microscopios por el cuerpo como si fueran ventosas.

Coronada 1.ª bis. Calla, locatis. ¿Por qué le das tanta importancia a las cosas que no la tienen?

Humillada. ¿Y por qué un francés se sienta con tanto respeto delante de una tortilla francesa? Son problemas del alma vagorosa. ¡Yo he sido siempre tan espiritual!

Coronada 1.ª bis. *(A Silverio.)* ¡Eh, mocito!, todo ha terminado. ¿No es así?

Silverio. ¿Y esta criatura horrible se ha inventado todo lo que esa pobre iba diciendo?

Coronada 1.ª bis. Es lista la niña, ¿eh? Lástima que huela tan mal mi pobre criatura. Apesta de estar tanto tiempo encerrada.

Silverio. ¡Brujas, brujas malditas!

Cordacebo. Este se queda, no hay duda.

Coronada 1.ª bis. Se quedará porque, si no lo es, al menos querrá parecer feliz. Siempre le tendrá más cuenta. Somos ricos, Silverio. Millones de corderos pasan por mis manos en forma de hilo, sin chistar, como buenos corderos sumisos, sin molestar al horizonte con sus balidos que no se sabe lo que dicen.

Humillada. ¡Son tantos y tan ansiosos! Yo tuve un cordero que me decepcionó profundamente. No hacía más que balar y balar. Al principio me interesó por su blancura y sus ojos de cielo matutino, pero luego lo encontré de una banalidad...!

(El coche se inflama de murmullos y risas femeninas, Mariagrande y todas las muchachas aparecen ocupándolo; alguna de ellas sube al pescante con la criada. Le saludan: ¡Silverio! ¡Silverio! Coronada 1.ª da a Silverio un cariñoso cachetito en la mejilla, hace después una pequeña reverencia, y luego, majestuosa como siempre, sube al coche.)

Humillada. Qué bullangueras son esas chicas. ¡Primer paseo de la mañana! No hay quien las haga reposar.
(Ha sacado una baraja y se ha puesto a hacer solitarios en el mismo suelo.)
(Un chorro de luz se despliega sobre la parte delantera del coche como una puerta abierta hacia la mañana. El coche arranca y Silverio, *que había permanecido en actitud abstraída y atormentada, quiere seguirle.)*
Silverio. ¡Coronadaaaa! ¡Coronadaaaa!
Cordacebo.
(Al pasar Silverio *ha extendido el pie y le ha hecho caer de bruces. Luego se ha levantado y le ha tomado por el cuello de la levita. Le atenaza fuertemente.)*
Eh, tú, rey de los pastores, quédate aquí a hacernos un poco de compañía. Ahí fuera hay cien badulaques que te harían morir como a un cerdo después de haberte alimentado de ilusiones como si fueran bellotas. Dale un poco de placer a esta princesa secreta que ya te está mirando con muy buenos ojos.
(Le empuja y le hace caer de rodillas frente al cajón.)
Humillada. Anda y déjale. No le sacudas de ese modo, zopilote. Estos tipos ideales se resignan a parecer felices cuando ya no les queda otra ilusión[46].
(Las voces de los animales se convierten en un fragor hasta culminar en el oscuro.)

---

[46] Esta frase final, recoge lo que ya antes habíamos señalado como idea fundamental. Por otro lado, a la memoria nos viene una cita que podría estar en la misma línea; nos referimos a la famosa frase de Albert Camus en *Calígula:* «Los hombres mueren y no son felices.»

Delirio del amor hostil
  o el Barrio de Doña Benita

DRAMA SIN HONOR [1]

Sugerido por un relato de Ramón Gómez de la Serna [2]

PERSONAJES

La Coconito: Comadreja de las calles y portavoz de la ignominia [3].
Ermelina: Eva futura.
Adelasia «La Sarcofa»: Madre indigna.
Jasón Madero: Un triste Adán [4].

---

[1] Nieva es muy aficionado a subtitular una o dos veces sus obras, parécenos que con el ánimo de evitar toda posible desviación clasificatoria por parte de los críticos.

[2] El relato a que hace referencia está incluido en *El novelista*, de Ramón Gómez de la Serna.

[3] El personaje está directamente inspirado en la realidad: una viejecilla madrileña que anda rondando las colas de los cines contando chistes o dándolos por escrito a cambio de cinco pesetas. Personajes callejeros como éste abundan en las ciudades. Por otro lado, el autor nos da la pista de su origen literario al citar, en el programa del estreno, a «La Nardo», de Ramón Gómez de la Serna.

[4] «Un triste Adán» que inevitablemente va a estar ligado a Ermelina, «Eva futura». Por otra parte, *Eva futura* es el título de una de las famosas «nouvelles» de Villiers de l'Isle Adam.

El nombre del personaje nos da pistas diversas. Por un lado, Jasón es el héroe del mito clásico de la búsqueda del vellocino

«El Farce»: Intrépido de Barrio en toda su gloria.
Graciadiós: Trapero y «self made man».
«El Muerto»: Un «cheli» amargo [5].
Larbinio: Tarzán de los evacuatorios.
Floreano: Un indígena tabernero.

El Tiempo: Un ahora fugitivo y casi antiguo.
La Acción: En el desapareciente Barrio de Doña Benita, frente a Madrid, ciudad maldita en el occidente europeo.

---

de oro y el de los Argonautas, en ambos el protagonista va en busca de algo y se adentra en mundos extraños al suyo, como en el drama que nos ocupa. Por otro, el apellido de este Jasón está tomado del de Francisco Madero (1873-1913), Presidente de la República de México, en tiempos de Emiliano Zapata.

[5] El «cheli» vendría a ser la versión actual del chulo madrileño, y de hecho Nieva así lo llamó antes de rectificarlo para su estreno: «chulito amargo». En la copia que manejamos aparece corregido a mano.

PRIMERA PARTE

La Coconito, *vejetilla jovial y requemadita, la cara con mucha chafarrina*[6] *de colores, traje dispar y estrafalario de su invención a listas de crochet*[7] *y boina de lo mismo rematada por un pompón*[8]*, entra por donde se la deje haciendo exhibición de desparpajo y, a veces, de siniestra coquetería. Indudablemente se dirige al público.*

La Coconito. A mí se me importa un bledo que me riáis a la espalda. Ojos tengo por detrás, al comienzo del espinazo ¡y me «cao»[9] en la tripa molde que os hizo a todos y en vuestros antepasados y futuros hijos de madre! ¡Collones![10]. No sabéis lo que es andar y correr calles... De todos los que aquí estáis ninguno fue con sus pinreles[11] ni en otra tracción menos decen-

---

[6] Neologismo por deformación de «chafarrinada» o «chafarrinón»: borrón o mancha que desluce una cosa.
[7] Galicismo aceptado en la lengua corriente pero no por la Academia: labor de ganchillo.
[8] Galicismo no aceptado por la Academia con esta acepción (borla), pero sí como término militar referente a la indumentaria.
[9] Contracción de «me cago», imitando la fonética popular, pero no por eufemismo como pudiera parecer.
[10] Arcaísmo procedente del italiano «coglione» por conducto del francés «couillon» (cobarde, tonto, majadero), con resonancias del catalán «collons» sólo en el aspecto fonético pero no semántico, pues aquí es sinónimo de «cobardones».
[11] Expresión popular argótica: pies.

te al Barrio de Doña Benita, porque vos [12] sobra el desprecio, que yo os devuelvo, y no tenéis valentía para conocer las afueras del mundo. Claro, que allí no se espera que lleguéis, ni falta que hace. ¡Infelices! Tenéis el apego cobardón de vuestro portal con limpiabarros y costumbres de ratones. No tenéis peor castigo que el que os venda esta lotería que nunca toca ni de reintegro. ¡Dios la bendiga! Véase la estuporación [13] de cara que hacen todos cuando yo hablo. Éstos, que creen conocerme y se me ríen del capricho con que me sale del troño [14] indumentarme. ¿Qué? ¿Se puede con cuatro madejillas del peor cordero acrílico vestir mejor y con aparato de elegancia que casi voy de turista recién llegada? Y turista soy, ¡me «cao» en la ley de vagos y en tres colores patrios [15] de la luz de los semáforos! Hora es de que me conozcáis de veras y os ponga sobre el aviso de que soy la Coconito. Y si el apodo no os dice mi fama, ¡me «cao» en todos los respetos y en las perlas de la corona! [16] ¡Esa soy yo! La discreta espabilada que sabe de actualidades más que la red de teléfonos. Y eso ¿por qué? Porque toda la bobina de actualidad la desenrolla mi barrio y de allí sale el ganado que a gachas y con disimulo la va repartiendo por Madrid. De allí viene la costumbre de robar coches y de mear con soltura y luz diurna en un quicio del Banco España sin tanto así de temor a la guardia urbana. También de allí es el progreso

---

[12] Arcaísmo: os.
[13] Neologismo creado a partir de «estupor».
[14] Eufemismo de «coño».
[15] Aquí parece referirse a la bandera tricolor de la República Española, aunque la referencia quede desviada por la alusión a los semáforos.
[16] *Las perlas de la corona,* melodrama francés, más tarde adaptado como zarzuela y puesto en música por Barbieri. Es connotación del sentimiento republicano popular en que quiere sumergir al barrio de los marginados, que le viene, por otra parte de una nostalgia familiar. Conviene decir que el padre de nuestro autor fue Gobernador civil de Toledo, y un tío suyo, Cirilo del Río, ministro de la Segunda República; él mismo es un gran admirador de la figura y los escritos de Manuel Azaña.

de deber cuanto se tiene y el de que pobres y ricos sean todos de una misma clase y con tal fraternidad que nos podemos odiar unos a otros sin que se tenga por pecado [17]. ¡Qué no sabremos del mundo, que hasta la televisión aburre! Y los hay que tienen cinco, las unas sobre las otras, por si algo se pesca de más, pero sin feliz resultado. Vecinos hay que gozan de un frigorífico en son de marcha sólo para refrescar la ropa de invierno que les sale del antojo ponerse en pleno verano. Pues ¿y del crimen? ¡Ah, los crímenes de mi barrio, esos sí que tienen entresijo y mala excusa, en los jamases descubiertos! [18]. Pues menudo es ese Barrio de Doña Benita, el mío. ¡A ver! ¿Quién tiene el valor de acompañarme hasta aquel andurrio [19], quién es el desocupado y curioso que se venga sin más dudar con la Coconito? ¿Nadie se alza? No me extraña. Pues si aquí nadie se empina contad con que el drama ya es resumido y no hay función [20]. ¡Afuera todos, me «cao» en el Monte de Piedad y en la salida de la Opera! *(Observa con una sonrisa zorrina.)* Como postrero recurso pudiera gritar si se ha entrado aquí por puertas algún tipo que se tenga por personaje de comedia [21], un fulano desajustado y fuera de parva, un poco pierde y desempleado... [22].

(Se distingue a JASÓN, *acomodado con despectiva indolencia en algún lugar.* LA COCONITO *lo denuncia.)*

---

[17] La noción del mal en Nieva tiene paralelos muy cercanos con la filosofía de Georges Bataille —como vimos en *Malditas sean Coronada y sus hijas*—, aunque nuestro autor plantee siempre el asunto con desenfado.

[18] Vuelve otra vez con el tema del mal.

[19] Neologismo creado a partir de «andurrial» (de «andar»), significando lugar extraviado.

[20] Conciencia del personaje como tal, y alusión al teatro tan de su gusto.

[21] Otra vez el personaje consciente de su condición teatral.

[22] He aquí una retahila de expresiones y voces jugosas, populares, utilizadas para definir a Jasón, todas ellas con un significado muy cercano: un marginado, o más exactamente, alguien que se siente marginado.

Allí parece que me lucen unos ojos muy significantes. Nada se pierde en preguntar. Diga usted, mozo espigoncio [23] ¿no coincide su persona con el nombre poco usado, por civil y republicano, de Jasón Madero? No se pierda esta ocasión, porque le hago protagonista.

JASÓN. Coincide porque es el mío. Tú me conoces, Coconito. No te cubras de disimulo, que te empeora ese modelo que llevas puesto.

COCONITO. ¡Me «cao» en el mes de las lilas y en la manga riega! ¿Que yo te conozco? Serás tú quien me conozcas a mí por el viso [24], pero de trato no lo creo.

JASÓN. ¿Por qué habrías de saber mi nombre? Por hurona [25] te conozco. Tú me has seguido los pasos, tú me has metido en tus informes. Pero ¡ahí está la cosa! a mí esas trampas me divierten, porque soy el pocopierde y el sin carriles que mencionas. Y bien lo sabes, fantochona.

COCONITO. Que me planche un autobús y me plieguen en la Casa de Socorro si yo sé, ni tan siquiera, que seas un hijo de viuda ni que a tu madre la conozcan por Eutimia, la de Madero —a la vez sastre y miliciano [26]— por acuñarle más el nombre [27].

---

[23] Con un fino sentido peyorativo, es un piropo que designa la juventud y esbeltez. Neologismo (espiga-espigado = esbelto).

[24] Cultismo deformado en la expresión utilizada. «Por el viso» equivale aquí a «de vista».

[25] Persona que se mete en todo, que todo lo averigua.

[26] Cuando el término se utiliza referido a la guerra civil española (1936-39), habla de un voluntario que ingresa en el Ejército, no siendo profesional, en batallones especiales. En general, un civil en una organización militar, para la defensa constitucional (Milicia Nacional).

[27] Nieva acostumbra mucho a utilizar este recurso, en el que negando afirma, y que no podemos considerar exactamente como lítote o atenuación —figura retórica que consiste en no expresar directamente el juicio, sino negando lo contrario de aquello que se quiere afirmar—. En *Los españoles bajo tierra* utiliza este mismo recurso haciendo decir al pintor:

> «Kean Rosengarten.—Non parlo italiano. Sono pittore tedesco, anch'io abagliato (...).»

Jasón. Visto está que no lo sabes porque es cierto.
Coconito. ¡Hum, lo que sufre esa madre! Pero no creas que lo sé. Tan sólo me lo supongo. No pienses que lo adivino, sino que lo voy inventando. ¡Mira que con treinta añazos —y perdona que lo suponga— no haberle puesto la cresta al término de una carrera!
Jasón. Pues, precisamente, es eso lo que yo menos suponía que me habría de ocurrir...
Coconito. ¡Pena de Universidad, que se queda sin deportistas! [28] ¡Anda, barbián, poco debe gustarte a ti mantenerte en el vilillo de no saber si el fracaso te lo mereces por guapete! Y en esto sí que no marro ¡me «cao» en la calle de la Montera, que está en cuesta y escurre bien! ¡Viva ese cuerpo de tirante y ese bigote de visón caro! ¿En dónde enganchas el «slip», cintura de canalillo? A ti te consuela el triunfo de que te comas un «sandwich» y te engorda en las pestañas. ¿O no es así? Pero yo te lo predigo: Tú no levantas ya cabeza. Muchas circunvalaciones le vienes dando a esta vida perruna y ya es hora que te pierdas por el Barrio de Doña Benita. Vamos, sígueme, que para tan desobrado como estás no pierdes nada.
Jasón. Poco te engañas. Segura vas de que te sigo. Será mi sino señalado [29], aunque para mí ese barrio, te lo juro, me resulte desconocido. Será nuevo.
Coconito. ¡Huy! ¿Nuevo dices? Pues ¡nada de eso, Maderillo! Para mí que tú no sabes, por años pocos que aún tienes [30], lo que en un tiempo se llamaba hotelito particular y casa barata cuando Don Alfonso XIII iba vestido de blanca momia [31] a jugar al tenis. Era el

---

[28] El chiste consiste en que los «deportistas» serían los que sí acaban la «carrera» universitaria.
[29] La premonición hecha por la Coconito en la réplica anterior —«tú no levantas ya cabeza»— se ve ratificada por esta afirmación trágica de Jasón, aunque expresada en tono menor —«mi sino»—, más cercano al romanticismo que al clásico «destino».
[30] Hipérbaton violento, de una gran expresividad.
[31] Nieva se refiere al aspecto físico de Alfonso XIII a través de ilustraciones gráficas en antiguas revistas, donde el rey deportista, muy delgado, aparecía practicando el tenis.

andurrial más digno. Y, de dos casas, en una había piano y en otra loro. Allí entré yo de niñera a los quince de mi edad [32] y me lo recorrí entreo dando vaivén a las criaturas. Mil veces me hubiera preñado yo de no ser estéril como una mujer divina. Por presunción no lo digo, pero yo he visto cada apolonio [33] salir de sus calzoncillos largos que ya se me hacen barullo en la memoria y me parecen gusanera... (EL JASÓN y la COCONITO *van gastando camino mientras departen.*) Luego vino la hecatombe [34] y, de dos casas, en una se mataba al señorito y en otra al amo. No quedó tabique en pie y, para sobrevivir, me hice la puta furtiva en aquel amasijo de escombros. ¡Y ya ves cómo los tiempos hacen rollo sobre sí mismos! Ahora, aquello es Babilonia prosperosa [35]. Allí viven los mañosos, tanto que nunca se sabe de qué sustancia se mantienen. Hay quien hasta tiene un coche aparcado en la azotea y tan sólo lo pone en marcha para que lo escuchen los vecinos. ¡Es una gloria celestina! [36]. Ahora, con el piar de las motos me levanto cada mañana [37]. Van los niños a la escuela para saber que no hay maestro. ¡Aquello es naturaleza! Cómo será que no hay ni entierros. Allí los muertos se disipan, porque lo más natural no es aquel morir de cama dando fastidio a la familia, sino el irse civilmente y de tapujo a poner la propia carroña en otra

---

[32] La preocupación por la expresividad del lenguaje es manifiesta. «A los quince de mi edad» venía redactado en la copia que manejamos como «con quince años», corregido a mano por el autor.

[33] Obsérvese la gracia popular con que se refiere al miembro viril. Además, hay una referencia al Apolo mítico y a la castiza estatua del dios en el Paseo del Prado madrileño.

[34] Inequívoca alusión a la guerra civil española.

[35] Neologismo a partir de «próspera», creado por analogía con palabras terminadas en -osa (suntuosa, obsequiosa, religiosa, etc.).

[36] Juego de palabras entre «gloria celestial» y «Celestina», la madre alcahueta de Rojas, como representante de un mundo «indigno», como diría Nieva.

[37] Alusión al ruido de las grandes ciudades; Madrid en este caso, confundiéndolo irónicamente con el idílico piar de los pájaros.

parte. Para mí no hay otro barrio mejor que aquel de
Doña Benita. Mírale a lo lejos.
(En tanto duraba [38] la monologada de Coconito *fueron arribando las construcciones tan tristemente muñequeras que campan con todo su "kitsch" europeísta de hace más de cincuenta años en el barrio de Doña Benita.)* [39]
Jasón. Pero ¿qué tengo de mirar si ya estamos en él?
Coconito. Y ¿qué importa? En un barrio tan lejano siempre hay que mirar de lejos. ¿Qué te parece?
Jasón. ¡Pst! Así, a vistazo golondrino, no me parece muy apetente. Algo tristón y carroñoso [40]. ¿Por dónde andan los vecinos? ¿Qué hacen?
Coconito. Lo que quieren. Mira si es comodidad residencial. Hay solares de esparcimiento, barrios de al lado y cunetas de reposorio. Estarán viajando en metro o gustando algunas tapas con vino en el extranjero.
Jasón. ¿No hay aquí establecimientos?
Coconito. Aquí no falta el mejor y con la ausencia se le cuida por no minarle los cimientos con broncas ni con malos tratos. No me digas que tu padre no te llevó alguna vez de la manita a eso que llaman «merendero». Nada más quedarme huérfana me dio una pena mordentísima [41] saber que sin padres y aún sin novio, nadie habría ya en el mundo que me llevase a un merendero. Pues ¡ya ves!: esa puerta en desbarajuste es la de uno [42]. Estás de suerte. Con sentarte en ese banquillo, por resorte, te sale un tipo a pedirte que

---

[38] El uso del imperfecto en las acotaciones nos recuerda el estilo de Valle-Inclán.

[39] Como ya hemos visto en *Malditas sean Coronada y sus hijas,* la mutación simultánea y ante el público es una de las características del teatro de Nieva.

[40] Derivado de «carroña». Oposición al anterior «prosperosa».

[41] Una pena con mucho «mordente» (o «mordiente»), muy corrosiva. Aquí Nieva ha transformado en adjetivo un sustantivo y, además, lo utiliza en grado superlativo.

[42] Elisión muy usada en el lenguaje coloquial. Se refiere a la puerta de uno de los establecimientos por los que preguntaba Jasón.

le pidas [43] y se llama Floreano. *(Alejándose con misterioso desliz mientras* JASÓN *mira hacia el señalado lugar.)* ¿Lo retienes? Mira que eres tan turuleta [44] que si te dejo porque me voy ni te acordarás de mí. Ya te conozco, Madero... *(Aún más lejos.)* ¿Eh? ¿Me tienes ya menos presente...? *(Se escamotea andando de espaldas con torva y maliciosa mirada.)*

JASÓN. ¿Menos presente? No queda sino presente para los prójimos como yo. ¡Me tengo harto! Esto de salir errante buscando el odiar de más lo que aún no se odia bastante [45] me hace el triste. A ver, que me oriente: estos terrenos vendrán a ser, si no yerro, el Barrio de Doña Benita. Lo recuerdo. ¡Pues vaya un puerto! ¡Viejas casas! Y aquello es un merendero, me figuro. ¿Pues no me trajo mi padre hace mil tiempos a esta especie de boliche [46] sin gracia? Había más animación. Pues aquí me siento.

FLOREANO. *(Como si estuviera al acecho abre su puerta prestando el busto.)* ¿Qué se ofrece?

JASÓN. *(Absorto y nada sorprendido.)* Aún no lo tengo muy pensado.

FLOREANO. Pues yo me llamo Floreano.

JASÓN. ¡Buena noticia! Tampoco a mí me da mucho disgusto decir que me llamo Jasón por no tener más que perder. ¿Hay cerveza?

FLOREANO. Hace tiempo que no la pruebo.

JASÓN. Va en gustos. Pues yo sí.

FLOREANO. Esa es la mala coincidencia. Tampoco me atina mucho el «whisky», pero todavía me sobra algo

---

[43] Nieva busca el efecto de lenguaje con cualquier oportunidad. Aquí la redundancia resulta expresiva, como también en la frase siguiente: «si te dejo porque me voy», donde la repetición es sólo semántica.

[44] Otra deformación expresiva: «turuleta» por «turulato», con una terminación en «eta», muy popular (chuleta, pataleta, etc.). Aquí significaría atolondrado, alocado.

[45] Esta afirmación de Jasón podría ser la clave del personaje, huyendo de su mundo aburguesado y maldiciéndolo.

[46] «Boliche» está aquí usado en su acepción de «tenducho» o «figón», siendo entonces un americanismo.

más de un dedo, aunque sufra la amenidad de llevar sepulta[47] una mosca. No lo recomiendo. Aquí la manga del vino es la que no para.

JASÓN. Con este calor que ahora cae tan de maceta el vino tiene mucho aplaste[48]. No me ilusiona.

FLOREANO. Con una rodaja de salchichón se mete usted en el letargo y gana la tarde del domingo mirando a lo lejos Madrid.

JASÓN. ¡Ah! Pero ¿es domingo?

FLOREANO. Esa es la muda[49] que hoy nos hace el calendario. ¿Ha visto usted los rascacielos que se nos van aproximando?[50]. Yo temo que lleguen, pero si ahí quedasen arraigados sin adelantar más pasos parecen las pirámides de Egipto.

JASÓN. ¿Tanto importa que se adelanten? ¡Muy bonito, el progreso!

FLOREANO. Sí, pero aquí tenemos cardos, que es una flor de «mírame[51] y no me toques». ¡Progreso dice! Por demás cunde la libertad en el Barrio de Doña Benita. Todos somos gente suelta y progresista. Pero, siendo ya progresista ¿para qué se necesita el progreso?[52]. Mire usted a ese.

---

[47] Aunque la regla aconsejaría aquí el participio regular «sepultada», Nieva prefiere la forma irregular «sepulta» que, según la norma, se usa sólo como adjetivo.

[48] Neologismo creado a partir de «aplastamiento». Todo este tipo de deformaciones entran en el lenguaje de Nieva por la vía popular. Son formas expresivas que se están acomodando en la lengua a través del mundo «cheli» o «pasota» que, por ejemplo y en la misma línea del vocablo comentado, dice «cuelgue» en vez de «colgamiento», utilizando la tercera persona del singular del presente de indicativo como sustantivo.

[49] El juego metafórico está en la comparación de las hojas del calendario con las de un árbol, o con el pelaje o plumaje de los animales.

[50] Personificación de «rascacielos», para dar más fuerza al temor que por su avance siente el personaje.

[51] Aquí la frase proverbial está usada en su sentido irónico.

[52] La idea del progreso industrial aparece aquí como negativa frente al progreso del comportamiento humano, que es el que parece defender Floreano.

(De una boca de alcantarilla [53] sin tapa emerge LAR-BINIO con un informe talegón de lona en bandolera y una linterna muy profesional que termina de guardar en su fondo.)

JASÓN. ¿Es inspector de alcantarillas?

FLOREANO. Es Larbinio, y tiene tantos oficios desocupados que ya no le quedan ni domingos que ocupar. ¿Hay más progreso? ¿Te pinta [54] la idea de un vino, Larbinio?

LARBINIO. No mucho, porque hace poco me lo ofrecieron al emboque de otro agujero.

FLOREANO. Se está haciendo popular y lo esperan a las salidas porque sorprende. Y más ahora, con la murria [55] de las vacaciones, porque nos metemos en Semana Santa.

JASÓN. ¡Ah! Pero ¿estamos en Semana Santa?

FLOREANO. Ya ve usted qué imposiciones. Pero al Larbinio no le importa para gazapear [56] a su gusto y ventura por el municipio entubado. ¡El mundo que habrá corrido bajo tierra en explorador!

JASÓN. Y ¿qué ventajas sotira [57] de ese rastreo? No lo entiendo.

LARBINIO. Es deporte.

FLOREANO. ¡Y ciencia! Lo que no haya visto el Larbinio metiéndose por el tuberío [58] de lo guarro. Cuenta y no acaba.

---

[53] Ya tenemos aquí una de las constantes de Nieva. En este caso es una alcantarilla, en otras obras son cuevas o fosos o tumbas o pozos, como en *El rayo colgado y peste de loco amor, Coronada y el toro, Los españoles bajo tierra, Pelo de tormenta*, etc.

[54] Expresión utilizada con el sentido de «te apetece», «te ilusiona», «te gusta», «pintarse algo en la imaginación».

[55] Sinónimo de «aburrimiento».

[56] Verbo creado a partir de «gazapo». Aquí corretear como los conejos por la gazapera (madriguera), es decir, «agazapados».

[57] Voz de resonancias arcaicas, significando aquí «obtiene» o más exactamente «extrae».

[58] Neologismo, con el sentido de «conjunto de tubos o de tuberías».

LARBINIO. Estos de Madrid no saben sobre qué florideces [59] interesantes van pisando.

FLOREANO. Ha conocido un convento de clausura con frailones que rezan por penitencia con las lavazas [60] hasta el cuello. Pero le han pedido el secreto y me lo ha comunicado para que cunda la discreción.

JASÓN. ¡Bah! No será verdad.

FLOREANO. No lo parece y por eso lo digo, para que no pierda el secreto ni aunque se le tramonte [61] en voces. Quien no lo ve no lo cree. Ha encontrado el tesoro de Raquel Meller [62].

JASÓN. Esa me suena como cantante de otros tiempos. ¿Un tesoro?

LARBINIO. Si se quiere. No vale nada: peinetas, atavíos de chifladura, mantillas llenas de costra, mucho volante, medallas de la Pilarica y un pulserío [63] de tan poco precio que hasta las niñas del Barrio le han hecho ascos. Allí queda, en lo adentrado, un baúl casi sarcófago, todavía a medio vaciar de esos desperdicios. Pero en la tapa pone en claro que pertenece a dicha Raquel antigua.

FLOREANO. Yo me acuerdo haberla oído en lo reculado del tiempo en aquellas placas de gramófono en cerámica talaverana [64]. Mi padre tenía gramófono en el merendero. ¡Niñerías de babero para lo que hoy se estila! Ahora yo tengo una «te uve» [65] en color que

---

[59] Abundancia de flores. Aquí en sentido figurado.

[60] Agua sucia por haber lavado algo con ella.

[61] Neologismo, significando vocear de un monte a otro.

[62] Raquel Meller era el pseudónimo artístico de Francisca Marqués López, cancionista y cupletista española que triunfó en Europa y América, y que en el cine interpretó películas como *Violetas imperiales* y *Carmen*. Nació en Tarazona (Zaragoza), en 1888 ó 1893, y murió en Barcelona en 1962.

[63] Neologismo creado a partir de «pulsera», por analogía con el final en -ío, como gentío, por ejemplo. Como antes «tuberío».

[64] Lo hiperbólico de la expresión no deja lugar a dudas. Los antiguos discos (placas), a pesar de su dureza, no se hacían con cerámica de Talavera de la Reina (Toledo). Irónica comparación entre «disco» y «plato».

[65] Floreano, como buen representante del mundo sainetesco

sobrecoge a la clientela cuando enseñan un tomate en vivo.

JASÓN. Nunca me pasó por las cejas que hubiese tanta amenidad entre las venas de desagüe[66].

LARBINIO. ¡Hasta dinero! Parece rara ilusión que se fuguen los capitales por el bujero[67] excusado. Pues ¡ahí tiene! Yo, a éste, le pago mucha botella con moneda desinfectada, porque ya ve que voy de guante y la caca tiene su trato. *(Muestra de la bolsa un par de manoplas de goma.)*

JASÓN. Estoy notando por aquí como un saber vivir muy entendido y sin común, fuera de todo compás. Por darle un nombre, en términos de periodismo, se diría que esto es conducta marginal. ¿Me hago entender? Pues miren que yo también me siento deslizar por el mismo curso aunque me encuentre muy novato.

LARBINIO. ¡Atento, Floreano! que éste se ha sentado aquí como indagador estudiante. Se le nota. Pues le va a costar un sentido termometrear[68] la mala leche que se destila en este Barrio cuando llega un encuriosado para meternos en el censo de los pelagatos.

JASÓN. *(Que se yergue un poco de genio.)* Se equivoca mucho usted, Tarzán de los evacuatorios. A mí me ha traído al Barrio un pie tras otro y ¡me «cao» en la música de disco a céntimo el surco y en la marihuana de azoteas que ya me sabe a pis de minino!

LARBINIO. Éste trata con la Coconito.

JASÓN. ¿Quién es ésa?

FLOREANO. Para mí tengo, Larbinio, que el señorito

---

a lo Arniches, deletrea las iniciales (T. V.) para referirse al receptor de televisión.

[66] También Jasón emplea un lenguaje achulado, como en los sainetes de ambiente madrileño, o «cheli» si se prefiere su versión actual. El resultado es de un barroquismo cercano al de Quevedo, o más exactamente del Quevedo que se burla de Góngora (cejas por mente, venas por tuberías).

[67] Recreación del lenguaje popular, con tan brutales contracciones como «bujero» por «agujero», uno de los vulgarismos más usuales.

[68] Verbo inventado a partir de «termómetro». Medir, calibrar.

no es más que un blanquillo que prueba meterse a «cheli» barriobajil [69]. Es manso.

JASÓN. Cuando no me aprietan un huevo [70] con intención de cascármelo. Yo busco tranquilidad, calma chicha [71], y que no me pase nada que me haga propasarme. Viajo por si me pierdo y por cuenta del desagrado [72]. Con que ¡a no desagradar, amigos!

LARBINIO. No hay mal que pensar. Bien se puede que le haya picado el virus del Barrio de Doña Benita y, de cierto, querrá aburrirse, porque aquí no pasa nada. *(Con través del ojo.)* ¿Verdad, Floreano?

FLOREANO. Bien se puede. Aquí los habrá que vengan como de montañismo civil, sin mochila ni agarraderas.

JASÓN. Algo de ese gusto. Deportistas, como el Larbinio.

FLOREANO. Pues ¡a divertirse en la serranía! Voy dentro.

LARBINIO. Lo prudente. De tomar algo, los montañeros se abeodan [73] con buenos aires. Yo también me agacho a lo mío. ¿Quieres algo, Floreano?

FLOREANO. Que me traigas una sirena y yo le quitaré la cazcarria.

(Cada uno por su lado, emigran los dos.)

---

[69] Toda la réplica está plagada de expresiones muy castizas, muy populares. «Señorito», en contraposición a obrero o, en este caso, a los habitantes del barrio, orgullosos de pertenecer a su baja extracción social. «Blanquillo»: aquí podría ser sinónimo de «puro» —como el pan candeal— o, por analogía con «pardillo», significaría «ingenuo», «inexperto». «Cheli», ya visto más arriba. «Barriobajil»: neologismo inventado a partir de «barrios bajos», por analogía con «cuchitril», «cubil», «zascandil».

[70] Vulgarismo. Testículo.

[71] Término marinero, referente al aire en completa quietud. Aquí, sinónimo de tranquilidad.

[72] «Viajo (...) por cuenta del desagrado.» Otra frase clave para la interpretación del personaje. Jasón siente hastío de su mundo, desagrado, y por ello busca nuevas experiencias en el barrio. Por otro lado, en el ámbito de la droga «viajar» significa «estar fuera de sí, traspuesto, en otro mundo».

[73] Se emborrachan. Verbo creado a partir de «beodo» (borracho), aquí usado en sentido figurado.

Jasón.   Adiós, estampas. ¿Quienes son? Sólo basta que uno salga del camino trazado para ver fantasmas. ¿Soy yo fantasma y me han nombrado confraterno?[74]. ¡Qué paraje! El que me tenga[75] merecido. Esto es la nada en paisaje. Y la nada siento yo que me zapa por todo el cuerpo. Un galope de aburrimiento. ¡Maldito sea! Pues mejor que no pase nada, a ver si me chafo de una vez. *(Un gritito de mujer.)* ¿Qué pasa?

Ermelina.   *(Que asoma la cabeza admirable por cima*[76] *de la tapia del avieso hotelito de una rancia modernidad.)* Pues que me he torcido un pie por mirarte desde aquí en alto.

Jasón.   ¿Me estabas mirando a mí?

Ermelina.   Como a veces me entretengo cambiando de parecer, no lo repito.

Jasón.   Debe ser que te aburrías.

Ermelina.   Ni me aburro ni me divierto. Tengo tanta neutralidad en la vida como para pasarme las horas largas en una modorra de duquesa.

Jasón.   ¿Tienes amigas, tienes novio, transitas por las discotecas o haces ahora esa vainica abuelística que se ha puesto tan de moda como entrenamiento gimnástico?[77].

Ermelina.   No es mi patrón de modelo ese que tú me presentas. Tengo para mí que soy una extramundana caída del planeta de la churremugre[78]. Y si no ¡al tiempo! ¿Conoces alguna suntuosa y moderna que sepa vanagloriarse de tener progenitores que fueron un tiempo traperos? Tengo yo muy pocas iguales. Ya ves:

---

[74] Véase el capítulo de la introducción titulado *Cuento sin fin*.

[75] ¿Por qué este subjuntivo aquí? Posiblemente se pueda explicar por el ambiente de incertidumbre, de duda, en que se encuentra el personaje.

[76] «Por cima» tiene un aire arcaico muy del gusto de nuestro autor, un sabor a pueblo manchego que no aparecería en la expresión corriente «por encima».

[77] Otra réplica llena de encantos achulados, con un lenguaje que se muestra forzadamente culto en boca del personaje.

[78] Composición redundante: churre-mugre, que aumenta su valor semántico y expresivo.

se dice que soy muy rica de millones y tengo toda la desgana de no reclamar las pruebas hasta que herede. Sólo me acuerdo que soy rica si me aburro cuando duermo. Prefiero el gusto especial de figurar como Magdalena en estas estepas tan sucias y no renegar el triste nido de mis padres, que son unos simples.

JASÓN. Es un extraño proceder. ¿De qué raza eres entonces?

ERMELINA. De la raza pringosa [79]. ¿No te digo?

JASÓN. Oye, tú eres lista. Y no esperaba encontrarme con semejantes snobismos en el Barrio de Doña Benita.

ERMELINA. No hay clase en Madrid. Pero no lo digo por mí. El avance aquí es haber llegado a no tener más que pedir, sino tomarlo. Entonces ¿para qué se quiere el dinero? Puede que, si a mí me da la gana, te tome a ti sin poner mucho el oído en tus lamentos. Espero que me apetezcas un poco más.

JASÓN. Me desarmas con esa velocidad de criterios. ¡Vaya un progreso! Tienes una vida secreta.

ERMELINA. Me balanceo en un columpio que ahí tengo pendiendo de un árbol. Pero si algo más quieres saber, pregunta, que yo te respondo. Todo lo que pueda callar no me habrá sido preguntado. De mi lado, el preguntar no me basta. Me valgo por otros conductos.

JASÓN. ¿Es verdad lo de tus padres traperos y, a la vez, ricos?

ERMELINA. De extraño no tiene la cosa sino que a ti te interese. Por eso mismo lo he dicho. Que hoy hagan chocar sus ceros con algunas cifras delante no deja de ser común, incluso sin la necesidad providente que les tocase la lotería. Pero no son nadie. Puede que sólo en la Bolsa sepan algunos agentes que mi buen pater [80] se llama Graciadiós, nombre paleto. Y el de mi madre Adelasia, que en círculos más privados conocen por

---

[79] Insiste en buscar sinónimos a «churremugre».
[80] No deja de ser sorprendente esta utilización del latín, pero entra en el ambiente de la conversación.

«la Sarcofa». ¿Qué? ¿No te da un sobo de placer rozarte con esta maldignidad nuestra?[81].

Jasón. Casi me zambulle en el éxtasis, ya que tanto interés pones en esos títulos a la inversa[82]. Tienen recámara. Parece lenguaje cifrado. ¿Por qué no bajas y vienes aquí, conmigo, balarrasa[83], mujer futura?

Ermelina. ¡Ah, ya tropezaste! ¡Y qué pronto! Pues no bajo porque soy culicolgada[84] y tengo una pierna corta. Ya está dicho. Yo quería darte ilusión y caldo de cabeza[85]. Entra en mi resignación el poder ser tan frescaza cuando me asomo por la tapia. Soy una desgraciada.

Jasón. ¡Acabáramos! Pues ya me has dado el frenazo. ¿Dices verdad? Así, de súbito no lo creo. Pero si fuera eso cierto todo cambia en esta improvisación. No soy sensible. Me iré, sin duda, y tan sólo me acordaré de cómo no te llamabas.

Ermelina. Para que, al menos, te apene un poco, te diré que me llamo Ermelina, otro nombre que suena como de lejos y a mí misma me llena de compasión. Yo sí sé cómo te llamas. Y mira: aunque te incomode, estoy bastante segura de que nada puede cambiar entre tú y yo si yo lo quiero. La duda la tengo puesta en si aún

---

[81] El placer por «lo indigno» o incluso como aquí «lo maligno», es una constante en Nieva. El mismo se considera «un autor indigno».

[82] Jasón parece aquí interpretar la posible reacción del público ante esa alabanza de los «títulos a la inversa», que nos recuerdan la escena de *Malditas sean Coronada y sus hijas* en que Silverio es invitado a visitar los burdeles, claro que salvando las distancias, pero sí por lo que suponen de planteamiento de un mundo al revés.

[83] En su acepción más usada, balarrasa significa aguardiente fuerte, pero Nieva lo emplea aquí recordando una antigua película —el mundo del cine, otra vez— titulada precisamente *Balarrasa*. Voz popular para referirse a una juventud alocada y juerguista.

[84] Neologismo por composición, significando «de nalgas caídas» o «de nalgas bajas».

[85] En realidad está repitiendo con una fórmula expresiva el vocablo anterior, «ilusión», pero el hallazgo es indudable, al utilizar una expresión popular mejicana.

me apeteces bastante. Si lo tuviera más seguro, tú no desclavabas [86] de aquí.

JASÓN. Gracias, con todo, por el homenaje, pobrecita calamidad. Si me acuerdo y si lo puedo, me llego a darte un consuelo. ¿Te hace ilusión?

ERMELINA. Vendrás, Jasón, mientras yo quiera. Te dará gusto el volver. Tú no escapas ya del garlito [87] y nosotros somos gente canalla y de un seguro poderío. Te puedo contar canalladas. ¡Claro que vuelves!

JASÓN. ¡Que he de volver! No me importas, no sé quién eres [88], a pesar de tanto relato. Tú mientes.

ERMELINA. Tú no adivinas. Seré la guapa horrorosa [89] que va a lograr desbordarte y te va a sacar de madre. Y alcánzame este otro dato que te interesa: con todo mi cuerpo de pera colgona, soy la dueña propietaria del Barrio de Doña Benita y, por demás, una furia que te mantendrá en acecho desde ahora y a la que puedes ir temiendo como al desleal de las películas. Y a los vecinos conmigo, porque nos deben alquileres y tienen la vida perdonada.

JASÓN. No me da ningún miedo su Majestad Ignominiosa.

ERMELINA. ¿Que no? Pues esta noche me sueñas sin cuerpo y con la cabeza cortada [90]. Te lo aseguro. Anda, vete. Vete y vuelve.

---

[86] Elisión del objeto directo: «tú no desclavabas *los pies* de aquí» o «tú no *te* desclavabas de aquí». Es decir, no te marchabas, no te ibas.

[87] Se corresponde con la réplica anterior de Ermelina. Jasón ha caído en una trampa de la que no podrá y no querrá salir, como Silverio en *Malditas sean Coronada y sus hijas*.

[88] Jasón —como Silverio con Coronada 2.ª— parece ignorante de los usos y costumbres del barrio y de la verdadera personalidad de Ermelina.

[89] Otra vez se hace inevitable la comparación entre Ermelina y Coronada 2.ª, es decir, de los mundos que ellas representan. Aquí la antítesis es explicable: «guapa» porque es hermosa, «horrorosa» porque la realidad así lo es.

[90] La imagen nos recuerda su pieza corta *Es bueno no tener cabeza*.

(*Retira la cabeza* ERMELINA *y* JASÓN *queda estupefacto, con el ademán de fuga en suspenso. Es una estatua. Y se produce una penumbra de nocturno bajo la que, de nuevo, se aparece* LA COCONITO.)

COCONITO. (*En confidencial soliloquio de aviso al público.*) Que vuelve no tiene dubio [91]. ¿Dónde irá éste desde ahora, si ya no le sopla el norte que le gire la veleta? Vendrá por propia desgana. ¡Qué desgracia de juventud, empalagada de pereza! Jasoncillo, eres la flor de la mandanga [92]. Así vea yo a todos los ilustrados ¡me «cao» en la Complutense [93] y en su reguero de hormiguillas! Es tan cierto que volverás que te has dejado aquí tu sombra. ¿Qué sombra ibas tú a tener en aquel Madrid tan iluminado? (*Hace visera con la mano para mirar lejos.*) ¡Qué luciente se le ve al fondo! ¡Cuántos guiños y centelleos por de noche! Y miren qué mala querencia de los trenes la de ir siempre a meterse en el mismo abrasadero [94]. A ninguno de esos convoyes le da por irse a pastar a una dehesa lejana y limpia.

(*Emerge la sombra de* LARBINIO *por el agujero, trabajosamente, intentando sustraer un cuerpo inerte, el de un mozo con los "vaqueros" enlodados y una camiseta sin mangas, el pelo como negra corola estropajosa.*)

¡Larbinio! ¿Eres tú? ¿Qué te vienes sacando ahora de esos pozos vomitorios? ¿Nada menos que un individuo? Me dejas sembrada...

LARBINIO. Por síntomas es un cadáver sin intención de resucitar.

---

[91] Duda. «Dubio» es un cultismo que en boca de Coconito suena a chulería popular, aunque el verdadero uso del término pertenece a los tribunales eclesiásticos. Como vemos, una vez más, la cultura lingüística de Nieva es inmensa.

[92] Sinónimo de pereza, gandulería, flema, pachorra.

[93] Evidentemente se refiere a la Universidad Complutense de Madrid, y hay en la frase una amarga crítica hacia el mundo universitario.

[94] Está claro que el «abrasadero» es Madrid.

Coconito. *(Casi godeándose*[95] *de malsano asombro.)* Tienen que haberle matado y le habrán dado banasta[96] tirándole[97], sencillamente, por el desaguadero. ¿Hay alguna tripa que le arrastre, le tinta la sangre por algún lado? Parece muy joven.

Larbinio. No lo he desabotonado y tampoco le he mirado el diente. Pero fíate de mi aseguranza[98]: está más muerto que mi abuelo el de la boina. Lo saco a cuenta de mi caridad para enterrarle por lo incógnito de esos páramos[99]. Estos tropiezos no se declaran por comodidad. Y dentro no quiero que me haga mala obstrucción sin necesidad mayor.

Coconito. *(Tanteándole y buscando trasoír algo en la caja del pecho.)* De respiración, ni asomo. Le han sacado el último flato. ¿Piensas que fuera su última voluntad que le enterrasen como a un perro?

Larbinio. Pregúntale si pensaba hacer la siesta en lo fresco de un mausoleo.

Coconito. ¡Cómo impresionan estos muertos de calle! Dan pavor como estatuas flojas. Contesta, Comendador[100]: ¿no encuentras más conveniente que te hagan el desaparecido a que te lleven a la fresquera del depósito y que te llore tu familia entre azulejos? Hay que ver cómo me rechinan a mí esos azulejos de la estación depositaria. Me dan dentera.

El Muerto. *(Sin cantearse lo más mínimo.)* Se agrade-

---

[95] El verbo en su forma usual es «regodearse» (deleitarse); al eliminar el prefijo lo hace más culto.

[96] «Dar banasta» tiene aquí el sentido de «hacerlo desaparecer», «deshacerse de él».

[97] El habla madrileña se cobra su tributo al hacer que Nieva cometa este leísmo, por otra parte no muy violento.

[98] La acción de asegurar se expresa con el sustantivo «aseguramiento», pero es indudable que este galicismo (en francés, «Assurance») —tan empleado por los emigrantes españoles en Francia— es aquí mucho más expresivo.

[99] Lo de enterrar muertos «de incógnito» y «por los páramos» aparece también en su comedia inédita *Los españoles bajo tierra*.

[100] Coconito se dirige al cadáver y asocia esta acción a la de don Juan Tenorio, en la obra de José Zorrilla, cuando increpa a la estatua del Comendador.

cen esas atenciones, pero estoy muy emancipado desde mis añitos más tiernos y me voy a enterrar solo y por propia cuenta donde me salga de la pancha [101].

COCONITO. *(Que se hizo atrás con extrañeza.)* ¡Barajo! [102]. ¿De qué especie es este cadáver que ni siquiera tiene la voz cavernosa?

LARBINIO. *(Montado en cabreo.)* Me ha dado el timo. Tenía la borrachera fría. *(Le revisa atento.)* Pero mira, Coconito, que aún tiene los ojos estercolados y con un velo que atemoriza. Algo muerto sí estará.

EL MUERTO. Y si de veras lo estuviera me guardaría muy mucho de confirmarlo por escrito. Pero sigo con mi empeño de ir a entapujarme sólo donde me pete [103], porque a mí esas caridades compasivas me chinchan [104]. El que por su gusto muere, ni camposanto merece [105].

COCONITO. *(Algo en disparate.)* Este rígido tan desenvuelto me está causando la medrana [106]. ¿Está bromeando? Anda ya, cuerpo yacente, levántate y ve a lampar [107] rabanitos bajo la tierra que mejor te acomode. ¿No te chincha? ¡Qué juventudes rebelionas [108] estas del día...!

(Con mucho resorte y automatismo se alza «EL MUERTO» de tronco.)

---

[101] Panza, barriga. Es un catalanismo procedente de «panxa», utilizado, evidentemente, a conciencia.

[102] La exclamación «¡barajo!» es un americanismo, equivalente a nuestro «¡caramba!». Ya hemos dicho que la riqueza del lenguaje de Nieva está adquirida en todas las formas dialectales del castellano y en todas las demás lenguas ibéricas.

[103] Donde me parezca bien. En el lenguaje «cheli» o en el «pasota» se usa mucho expresiones como ésta o, con el mismo significado, «donde me rote».

[104] Me fastidian. Vulgarismo.

[105] El refranero es una riqueza a la que Nieva no es ajeno. En este caso procedente de Méjico.

[106] Temor.

[107] En su sentido recto, significa tener ansia vehemente de algo, y se usa como intransitivo o también como reflexivo. Aquí parece sinónimo de comer y está usado como transitivo.

[108] Nieva hace derivar este adjetivo de rebelión, cuando podía haber usado «rebelde» o «rebeldona».

LARBINIO. Mírale. ¿No te acatarra [109] la mala gracia de teatro que le quiere dar al episodio?
(«EL MUERTO» *da un giro rápido sobre las rodillas y se levanta en dos tiempos rápidos e irá alejándose con solemnidad mecánica.*)
No te despidas, semidifunto.
COCONITO. Ingratitudes. Ni de un cadáver solicites que te agradezca las atenciones. ¡Adiós, orgulloso! Te acompaño si me acompañas, Larbinio. Aunque me gusten los sucesos, sobre todo si los leo en página [110], me noto muy impresionada.
LARBINIO. Cada vez hay peor estofa [111] en este Barrio de desecho.
COCONITO. ¡Pues no digo la gazapera en que ha venido a caer el forastero de la tapia! La Ermelina y su familiaje [112] me lo devoran en comandita. Otro que ha venido a morir por su propio pie. Vamos, Larbinio.
(*Salen y se hace la luz plena.* ERMELINA *saca su hermosura de semblante por encima de la tapia.*)
ERMELINA. Te digo que son muy raros los matrimonios por ley conforme de aquel murallón de rascacielos para acá y este Barrio sólo parece formado comunalmente por todos los hijos sublevados de las mejores familias [113]. Llevan la vida del artista. Mis padres fueron solteros hasta que yo pude hacerme un moño granado. Los conocí por separado y unas veces era mi madre quien me ponía como una guinda sobre el montón de la basura en su carro y otras mi padre en el suyo propio. Pero el día que se casaron regañaron como novios y

---

[109] Está claro que no le da su sentido llano (resfriarse) sino el figurado que él quiere (fastidiar).
[110] Alusión a la afición de las clases populares por la literatura tremendista de la prensa de sucesos.
[111] La elisión es otro de los recursos estilísticos de Nieva. Aquí la frase completa podría ser: «Cada vez hay gente de peor estofa...»
[112] El sufijo en -aje, para «familia» le da un tono despectivo.
[113] Está indicándonos, al parecer, que el barrio de doña Benita podría simbolizar el reducto y refugio de los marginados voluntarios, descontentos de la sociedad contra la que se rebelan.

se pasaron diez meses sin descolgar una palabra. Saltando por esas pruebas son felices, y más cuando hablan de divorcio. Es por lo que yo concluyo que tiene sus convenientes el matrimonio. Sobre todo si es por interés.

Jasón.   Eres muy cínica. Y mira qué extraño revés debo sufrir en el alma que ese cinismo me parece por demás adelantamiento y progreso.

Ermelina.   Se quiere lo que no se quiere y tú, tan independiente, que no sabes ni lo que piensas, soñarás con el delirio de la sujeción. Y, si es por mí, casarse me parece un pecado muy sugestivo.

Jasón.   Es una ley antisocial.

Ermelina.   Si te casaras conmigo vivirías con todo el asco con que se tiene que vivir para que el mundo no te engañe [114]. Te saldrían pelos eléctricos en la inteligencia, como a mi padre que es bolsista ¿Te figuras este paraíso demonial? [115]. Si te desprecias bastante puedes incluso llegar a ser feliz sin hacer nada [116].

Jasón.   Me parece muy romántico. Y más cuando me imagino que tienes un cuerpo desastroso en combate con esa carita de ensueño.

Ermelina.   Esto sería igual que un lance de película [117] inverosímil. Como las americanas. Pero aquí sería verdad, porque esto sucede en España.

Jasón.   Hace semanas que vivo en la mejor confusión. Como ya me harté de leer y tan sólo echo un vistazo al diccionario por las mañanas, he encontrado una palabra que a los dos nos viene al caso y me suena como el vuelo de una bandera: ¡Vilipendio...! ¡Vilipendio...!

---

[114] En esta réplica y en las anteriores, el carácter marginal del pensamiento de los personajes se muestra evidente.

[115] Fuerte antítesis —como antes en «gloria celestina»—, con la que en el plano filosófico vuelve a aparecer la sombra de Georges Bataille, y en el teatral la de Antonin Artaud.

[116] Podríamos ver aquí un paralelismo entre lo que Ermelina ofrece a Jasón y lo que la corte de Coronada ofrece a Silverio.

[117] El mundo del cine siempre está presente en Nieva.

Ermelina. ¡Huy, vilipendio...! Esa la llevaría yo en el cintajo [118] que anude el ramillete de la boda. ¿Imaginas el mal cebo si nos casamos por lo católico con esta intención tan doble? Con el dinero que tengo, alquilamos un trompetista y un tenorazo de la ópera que nos cante desde el coro: ¡Vilipendio, vilipendio...!

Jasón. Eres una cantaclaro [119] que haces que me tronche de risa. Y no te digo que te quiero porque no es verdad. Nunca pensé tropezarme con una chavala de quimera tan absolutamente indigna como tú. No te conoces.

Ermelina. ¿Qué no? Fíjate si lo seré que tengo a mis propios padres escuchando tras de la puerta y, si del todo te quieres perder para encontrarte mejor [120], te los suelto.

Jasón. *(Que retrocede.)* ¡Nooo...!

Ermelina. Sé valiente. Tú tienes cara.

Jasón. Si me permites tratarlos con la desconsideración que merecen, acepto. Pero habré de confesarles que entre nosotros no ha habido suministro carnal alguno y esto que ahora nos está pasando no es sino sopas de cerebro [121]. Alguna mala ilusión.

Ermelina. Ellos no alcanzan a interpretar esa clase de laberintos. Te defiendes con otras armas. *(Mirando hacia atrás.)* ¡Salid, papines!

(Se hace presente Adelasia «la Sarcofa» en una bata de estampado y de corte tubular, con el pelo en gris remolino, ingrata y madraza.) [122]

Adelasia. Pues aquí estamos. ¿Así que tú eres el Ma-

---

[118] El despectivo se ve reforzado por el sarcasmo del parlamento.
[119] Que dice las cosas claras. Alusión al *Cantaliso* de Nicolás Guillén, aunque nos inclinamos más por el *Chantecler* de la fábula francesa.
[120] Según Ermelina, la salvación de Jasón está en su perdición, es decir, en adentrarse en el mundo indigno del barrio, en el éxtasis nefando, muy en relación con ciertas ideas expuestas por Bataille.
[121] Fantasía. Como antes «ilusión y caldo de cabeza».
[122] Aquí tenemos otro ejemplar de «madre indigna», tan abundante en la obra de Nieva.

dero? *(Examiándole y tocando.)* Para mí que aquí no hay leña [123] ni para un catre de tijera.

JASÓN. *(A ERMELINA.)* ¿Y tu padre?

ADELASIA. Yo lo represento. Adelasia, «la Sarcofa», tiene poder de su marido para presentarme ante el Rey y pedirle la república, pagando de su bolsillo la multa que me corresponda [124]. No gastemos más en palabras. El grano de la cuestión es que a esta niña de milagro su familia le permite amaridarse con quien eslija [125]. No falta sino mirar el cómo enganchas de tipo ese traje que llevas puesto, para poner turbio en claro que eres un mundano y gandumbas [126]. Un afilado señorito, un capricho de hombre, vamos. Pues de esta puerta para adentro hay un prado de billetes verdes para que en salud te lo revuelques a voluntad. Yo, como madre emperatriz, soy democrática y no exijo más de ti, cebollino. ¡Abrázame! *(Abre sus brazos de currito.)* [127].

JASÓN. *(Que recula.)* Los brazos no me obedecen. Los tengo mal acostumbrados. Hasta que no baje su niña prodigio, que tan sólo conozco de busto, yo no doy la nota del sí. ¡No faltaba más!

ADELASIA. Si es el detalle que te manca [128], no será sino verla de cuerpo y pondrás cara de violinista. ¡Baja, Ermelina!

---

[123] Chiste verbal aprovechando el apellido de Jasón: Madero-madera-leña.

[124] Ahí va, entre bromas, otra muestra del republicanismo de nuestro autor.

[125] El defecto de ultracorrección es muy común entre la gente inculta, cuando quiere demostrar lo contrario. Aquí «eslija» por «elija». Al mismo tiempo, una pincelada más para ambientar y colorear el lenguaje sainetesco y chulapón de los personajes.

[126] En el lenguaje familiar es sinónimo de «holgazán».

[127] Los «curritos» son los muñecos de títeres, típicamente madrileños.

[128] Que te falta. Galicismo (manquer). Aunque en castellano se puede usar el verbo «mancar», en sentido figurado, y aquí tendría el valor de «te deja incompleto», pero sería muy forzada interpretación.

Ermelina. Allá voy yo.
(Desaparece tras la tapia.)
Adelasia. Ahora refrena ese corazón para que no te descarrile. Te puedes llevar un estupor de sorpresa, un gran tumulto, un testero [129] de caer al suelo.
(Pero en lugar de Ermelina, quien se da a vistas y con muy agresivo impacto es Graciadiós, de lo más fondón y carátula, de una malignidad que amedrenta.)
Graciadiós. Aquí me tienes. ¿Te gusto?
Jasón. ¿En dónde está esa engañosa de mala ley? ¡Me cago en...!
Graciadiós. No huyas, que, para la vista que tengo, ya te he leído la matrícula y no te escapas de esta enredadera judicial ¡como me llamo Graciadiós!
Jasón. No escapo. Yo no le vuelvo la espalda a ningún desabroche braguetón [130].
Adelasia. No te hagas el tozuelo [131], Madero, ni te arrojes tan de cabeza, que puedes quedar de compasión y mi marido llora por nada.
Graciadiós. *(Que despalanca una navajaza y acontala [132] a Jasón contra la tapia con una celeridad de tarántula espantosa, aunque éste guarda su sangre y no demuestra ningún acobardamiento notorio.)* ¡Por la leche de manantial que te embocaron en la cuna que tú no escapas ya de esta jodedera! [133]. Eres un desprestigioso [134] que no mereces a mi Ermelina. Y tú entras a

---

[129] En Andalucía se usa para indicar el golpe recibido en la cabeza al caer. Derivado de «testa» (cabeza). Como «testarazo».

[130] Locución inventada a partir de «desabrochar la bragueta». Aquí, al frase significa: «Yo no huyo de ningún peligro».

[131] Aquí está usado como sinónimo de «testarudo», «tozudo», «cabezón», pero tiene además un matiz peyorativo por su final en -uelo, como cuando se dice «jovenzuelo».

[132] Neologismo con significado de «arrinconar».

[133] Neologismo creado a partir del vulgarismo «joder» (usado aquí en sentido metafórico: «matar».

[134] Otra terminación en -oso de carácter irregular, con matiz peyorativo, usado a lo largo de la obra en las palabras más insólitas, para dar color ambiental degradatorio, como las otras terminaciones en -ejo, -uelo, -azo, -illo, etc.

prueba ahora mismo y te la gozas obligado, o te recogen de aquí a un rato con el vientre en galimatías [135]. ¿Que me desprecias los billetes y la pensión de gandul que te señalo como capricho de esa niña? ¡Jopoya! [136] ¡Tú me las pagas! ¡Yo te destronco de esta vida!

Jasón. *(Muy en frío.)* Tengo el entierro pagado por mensualidades en la Previsora [137] y mucha desgana en el cuerpo [138] para estremecerme por esto. Entre ya, que tiene permiso.

Adelasia. *(Excitada.)* Métele ya el revuelo [139] en el cuerpo, Graciadiós, y se le busca un sustituto con mejor gusto.

Graciadiós. *(Cada vez cubriendo más a Jasón.)* Si no quieres hacer contricción católica, piensa cuándo estornudaste por última vez, busca un alivio a tu agonía. Ahora mismo desembuchas el alma y vas a dar el último gorgorito, ruiseñor de la arboleda, ¡por la madre que me aguantó!

(Llega de súbito Ermelina, que se interpone entre Graciadiós y el bien templado del Madero. Es una "jay" [140] de caramelo, de portada revisteril pasada en oros de color. Un asombro.)

Ermelina. Basta ya de tanto bromeo. A mi Jasón lo mato yo. Ten un beso aunque no sea de esposa y sube

---

[135] «Galimatías» se usa corrientemente con respecto al lenguaje incomprensible. Aquí está usado metafóricamente para indicar el estado en que quedaría el vientre a causa de las cuchilladas.

[136] Exclamación creada a partir de «¡jo!» de reciente acuñación con asonancia con «gilipollas».

[137] Se refiere a una supuesta compañía de Seguros de enterramientos, tan difundidas por España, especialmente, entre las clases populares.

[138] El hastío de Jasón lo lleva, incluso, a no temer la muerte.

[139] Se refiere tanto al movimiento de la navaja al entrar en el cuerpo, como a la repercusión de ese navajazo en las entrañas.

[140] Mujer, hembra, moza, etc., podrían ser sinónimos de «jay» que pertenece al lenguaje argótico, ahora un tanto vulgarizado a través del lenguaje periodístico de cierta prensa desenfadada o humorística. Se aplica, especialmente a una mujer atractiva.

a mi cuarto, que en el Barrio de Doña Benita se cumple con todos los permisos de la vida moderna.

Jasón. *(Cuya frialdad no se templa ni a la vista de la Ermelina.)* Ya estoy viendo que aquí hay cine de mucho metraje y sin descanso para atropellar a la masa espectadora, pero yo no tiemblo por eso. A las familias me las paso todas por el vellón del sobaco.

Graciadiós. *(Bonachón y risueño.)* Anda, afortunada, que te lleva un jaguar [141] sin ruedas y con un volante de dominio como pocos he visto yo. Búscale la desesperación en alguna parte del cuerpo porque yo no se la encuentro.

Adelasia. ¡Qué yerno! Tiene un temple de señorito como para hacer tumulto enante [142] un escaparate del centro. Entra, faccioso [143].

Jasón. Vista la cosa, no esperen ya ningún retraso. Como verás, Ermelina, a mí la barraca del drago [144] sólo llegó a impresionarme a los cinco años, si mal no cuento, y en una verbena suburbana que debió de ser la penúltima celebrada.

Adelasia. Entrad, pichones, que este escándalo sin testigos a nadie aprovecha en la calle. ¡Adentro y a conciliarnos en privado!

(Entran las dos femeninas con el Jasón por delante y Graciadiós queda en la calle rezagado.)

Graciadiós. ¡Floreano! ¡Floreano...! Sal, que te siento los latidos por detrás de la portezuela. Sal, o te presento un recibo de treinta meses que te va a llevar de un vuelo la colorina «te uve» que te amortizas en malos plazos.

Floreano. *(Asomando por la entreabertura con el es-*

---

[141] Aquí la metáfora compara a Jasón con un «Jaguar» —marca de automóvil de alto precio.
[142] Delante del Arcaísmo deformado o deformación fonética, para dar un matiz costumbrista.
[143] Por la frase anterior, parece como si lo estuviera piropeando, cuando «facioso» tiene el sentido de «perturbador». Aunque con esos «títulos al revés», pudiera ser un halago. Alude al tipo de «señorito» de extrema derecha (fascista).
[144] Del dragón. Contracción culta. Italianismo.

tirón grotesco de los dibujos animados.) No te impacientes, Graciadiós. Ya he tenido la fineza de escucharos y mirar todo el capítulo [145] por una rendija suficiente. De ningún capricho os priváis. Os gusta el drama rumboso. ¡Allá vosotros! Pero a este paso te llega esa señora de Landy [146], reportera de sucesos, con el cartapacio de las grandes solemnidades. Ya me contarás tu gozo con las atenciones de la prensa.

GRACIADIÓS. No habrá remedio. Será que tenemos encima la garruña [147] de los Kennedy.

FLOREANO. Ése va a ser el derrotero. Me figuro que ese niño ya no saldrá sino casado y tras varios meses de encierro. Y con tanta felicidad no se tratará con el Barrio.

GRACIADIÓS. Pues por eso: todo lo sabrá aquí dentro cuando nos lo marque el sino. Así que no tiranices esa lengua y dale el gusto que te pida [148]. A mi Ermelina divina no la quiero privar yo de este nuevo toque de gusto. Donde se puede se puede.

FLOREANO. Se podrá. Yo no me meto a dar consejos.

GRACIADIÓS. Adiós, prójimo y ¡muy buenas!

(Se mete en casa.)

FLOREANO. A las de Dios, Graciadiós.

(FLOREANO, acontalado [149] en sus paredes, saca un pitillo y lo enciende. Se produce repentina la media luz nocturnaria [150]. De lejos se escucha la chicharrera

---

[145] Como en los programas de televisión, donde las series se presentan por capítulos.

[146] El gusto por lo tremendista se ve indicado aquí a través de esta cita de una firma famosa en las páginas del diario de sucesos «El Caso».

[147] Neologismo a partir de «garra», aquí usado en el sentido de «pata» —«mala pata»— «mala suerte» (la mala suerte de los Kennedy).

[148] Es decir, le pide que se dedique a difundir la noticia entre los vecinos.

[149] Aquí su significado es más suave: apoyado.

[150] Como vemos, las licencias léxicas no las usa sólo en los parlamentos sino que, como Valle-Inclán, las acotaciones son también su campo de acción literario.

madrileña en ecos vagos y llega la Coconito, *reflexiva, un poco sonámbula.)*

Coconito. Estoy pasando una media noche que me están entrando ganas de darle bocados a la luna como los perros con angunia [151]. Me he querido otorgar el antojo de venir en taxi y al decirle al choferista [152] que se cobrase en tocamientos escogidos me ha rodado por el terraplén con las maneras más inciviles ¡me «cao» en la vida automática y en el vapor de los caballos! *(Se adelanta haciendo arqueta con los brazos y mirando lejos.)* Mira aquel Madrid lontano [153], que parece la procesión del Santo Entierro. Y al pasar por los Mataderos he sentido un calofrío [154] que me ha puesto el culo de pollo. Aquello parecía la fiesta de las lamentaciones. Y fíjate en aquel sonrojo de cielo, que es el rebote de la sangre. *(Se vuelve.)* Y tú, Floreano, ¿por qué estás ahí tan colocado de andamio [155] a estas horas tan atrasadas?

Floreano. Espero que pase un rayo con su trueno consecutivo. Ya están cepillando al Madero en la Isla de los Millonarios [156].

Coconito. Ya lo sé de muchos días. Estuve en un rincón de la boda por lo cristianísimo y en uno de esos adoratorios modernos en forma de cucurucho y con un timbre por campana. No invitaron a nadie del Barrio.

(Sale de su buco [157] *el* Larbinio.)

Floreano. ¡Larbinio! ¿Cuánto bueno por esos bajos? Estás arrasando el tuberío.

---

[151] A partir del catalanismo «angunia» (angustia) crea la imagen de unos perros ladrando lastimeramente a la luna.
[152] Otra de las abundantes deformaciones; aquí «choferista» por el galicismo «chofer», quizá por analogía con «taxista».
[153] Neologismo creado a partir de «lontananza», con evidentes sonoridades italianas.
[154] Sinónimo de «escalofrío» que es más usual.
[155] Los andamios suelen ponerse apoyados o delante de las paredes, como aparece aquí Floreano.
[156] Se refiere a la casa de Ermelina y sus padres.
[157] En gallego, abertura, agujero.

Floreano. No me traigo novedad. He tenido una salida por las cocinas del Ritz y como me había atrapado en una de aquellas mareas un pez sin casta y en forma de soplillo [158] vegigatorio y con malos pelos, me lo han comprado para satisfacer algún capricho cucinario [159].

Coconito. Tiempo hacía que no te veía pisar superficie. Pues aquí sí hay novedad. Ya ha entrado aquel nuevo yerno bajo el techo de «la Sarcofa».

Larbinio. Para mí que no ha nacido quién le ponga barajuste [160] a esa Ermelina tan significada por sus virtudes. ¿Le habéis dicho lo del hermano?

Coconito. ¿Y cómo? No hemos tenido tiempo de cumplir con la caridad. Aquí se tiene el Floreano de centinela guardiana por ver si nos le [161] pesca al vuelo. El otro lleva mucho tiempo retraído con aquella ilusión de niña. Semanas que van para meses.

(Guiña la luz en oscilaciones, como días encadenándose.)

Floreano. Ya saldrá a desperezarse un poco.

Coconito. O entraré yo con algún pretexto vecinal y le haré señas de telégrafo con las cejas. Yo hablo por cualquier conducto como todos los seres corpóreos.

(Vuelve definitiva la luz diurna [162] y Jasón se muestra en aquella puerta como un feliz descamisado ciñéndose el cinturón.)

---

[158] Especie de bizcocho muy esponjoso, según la Academia. Aquí, imagen creada a partir del «soplillo» para avivar el fuego (paleta de esparto) y cualquier pez plano (lenguado, raya, etc.).

[159] Otro falso cultismo: «cucinario» por «culinario».

[160] Parece lógico pensar que si «desbarajuste» significa «desorden», barajuste quiera expresar lo contrario, al quitarle el prefijo negativo -des.

[161] Aquí el leísmo parece más fuerte, aunque el uso de *le* por *lo* cuando se refiere a personas es aceptado, especialmente en Madrid y su zona de influencia. Puesto en boca de Coconito es una nota ambiental más.

[162] El efecto que Nieva pretende mostrar al público —encadenamiento de días y noches— parece dejado bajo la responsabilidad de los técnicos y creadores de la puesta en escena, y él no hace sino indicarlo, sin más aclaraciones.

Floreano. Nos llegó el día señalado. Azúzate, Coconito, que ésta es la tuya.
Jasón. *(Acercándose con chalancia*[163] *a* Floreano.) ¿Tiene usted tabaco en su empresa?
Floreano. Tengo la máquina muy grave por el maltrato de patadas que le dieron unos enemigos de la privada propiedad hace unos días. Y yo estoy aborreciendo el fumar...
Jasón. ¿Y ese cigarro?
Coconito. Se lo estará aborreciendo, que no fumando. ¿Qué? ¿Llevas corridas muchas páginas en tu novela? Tú, a no barrer con los pies estas vecindades sino a tomar el Land Rover y a hacer patinaje artístico por esos desmontes entrompetando[164] de vez en cuando tu buena botella de ginebra. Dice la chiquillería que eres un «ídolo de la juventud» que se ha venido por aquí a pasar desapercibido.
Jasón. ¿Es envidia o caridad[165], Coconito?
Coconito. ¡Huy, envidia! ¡Si yo te traje a esta fortuna...! Pero consejos no te dí, por aquel entonces no tuve tiempo y me tomaron unos días muy ocupados y bastante cosmopolitas dando giros por la Gran Vía.
Floreano. Que Madero no leerá ni los periódicos para enterarse de tus andancias.
Coconito. Tan sorbido en su novela de la divina Ermelina no sabrá de los meteoros atmosféricos que le anuncien un temporal con la rotura de sus cielos. Y de consejos, pocos quiere. Bien veis que no ha echado mano del capote tronero y no es prudente.
Jasón. Que me hablen con media lengua es un chin-

---

[163] Este neologismo tanto puede estar creado a partir de «chalán» (el que se dedica a la compraventa, especialmente de caballos, con maña y astucia), como de «chalana» (pequeña embarcación). En el primer caso se referiría a la seguridad y descaro de Jasón, en el segundo a su forma de andar, cimbreante; en ambos casos la expresión nos remite al chulo madrileño de los sainetes («charrán», mala persona).
[164] Poniéndose la botella en los labios, como una trompeta.
[165] Frase hecha, muy común, de las muchas que Nieva incorpora a su lengua.

chin que me desagrada y tengo yo más artillería que vosotros para enfrentarme con la vida. Y la vida yo me la empeño donde me sale del badajo [166].

Coconito. Ya lo veo. Eres el rubio artevido y boquifresco que da saltos en las películas. Se supone que ya tendrás tus informaciones de las viudeces de Ermelina.

Jasón. Sólo me di por contento con algunas insinuaciones.

Coconito. Pero del hermano, nada.

Jasón. ¿Qué hermano?

(*Un silencio de mucha carga.*)

Coconito. Recógeme tú la batuta [167], Floreano, y acelérame el compás.

Floreano. Pues de un hermano colosal que reniega de aquel confort y anda atracando por ahí por no frenar su vocación. Le llaman «el Farce» y es su amante de dominio y de ligamento perpetuo.

Larbinio. ¡Y cómo se quieren! Es lo que la hace más perfecta. Y del hermano, no digamos... ¡Un invencible de historieta! [168]. ¿Verdad, Coconito?

Coconito. Todas las chicas del barrio se reparten un calcomano [169] de su cara porque él no se da en fotografía. Y tiene un dibujo muy simple, pero que da palpitaciones. ¿No te conmociona la novedad?

Jasón. (*Sin alteración.*) ¡Pst! Como la novedad de cada día.

---

[166] Coconito está intentando advertirle de los peligros que corre, con tantos rodeos, que Jasón, siempre achulado en esta e cena, como buen macho triunfador, le responde en su propio idioma, y así utiliza términos como «chin-chin» (aquí significa «palabrería vana», «música»), «artillería» (agallas, fuerza), «badajo» (metáfora referida al pene, por analogía con «carajo»).

[167] Como en los conciertos con varios directores, o como en las carreras de relevos con el «testigo», para que Floreano continúe la narración.

[168] De historieta de «TBO» —revista infantil ilustrada o, como se dice ahora, «comic».

[169] Calco a mano de un dibujo; connotación popular e infantil con las «calcomanías».

Coconito. *(Que le observa muy de cerca, con fingida miopía)* ¿Ni siquiera haces proyectos? Tendrás afición al drama, como yo. Por eso me puse en brasas de acelerar los episodios.
Jasón. Y el público te lo agradece, Coconito.
Larbinio. ¡Ahí lo tienes! La carrera de este niño ya no para hasta cuajar en protagonista.
Floreano. *(Observando aviesamente.)* Por poca lacha [170] que tenga este impasible, ya pone cara de retrato. Tú nos irás conociendo, Jasón. Hay mucho bulle [171] de vida en estos páramos de engaño. Discúlpanos. La conducta que seguimos puede que sea travesura o averiguación científica de este mundo contaminado [172].
Jasón. ¡Qué tengo yo de disculpar! También yo vivo en curioso y aquí he llegado por mi pie para vivir a lo maldito [173]. Soy el mejor aficionado.

(Y es ahora cuando entra el Farce. *Lenta llegada con bonita serenidad ondulosa. Ingrávida percha* [174]. *El traje de anonimato le es tan fiel como sus propios miembros de estilo.)*

Coconito. ¡Rigodón! No me esperaba yo este colmo. ¡Ahí llega «el Farce»! Mirad que es casualidad la aparición de esa pantera con más de un año en la fosca [175] de algún penal o de silencio fugitivo.

---

[170] Forma familiar usada en el sentido de «vergüenza», «pundonor».
[171] Neologismo a partir de «bullir», sinónimo de «agitación», «hervidero». Como vimos antes, utiliza como sustantivo la tercera persona del singular del presente.
[172] Los personajes son conscientes y voluntarios en su marginación, así como de la actual contaminación de las ciudades, sufrida en mayor en sus periferias industriales.
[173] Se corrobora el ánimo transgresor de los personajes.
[174] Se dice de alguien que tiene «percha» o «buena percha» cuando, gracias a su tipo, cualquier ropa le sienta bien. La descripción del Farce se corresponde con la del prototipo del chuleta pasado por el matiz de lo kistch. Unida a la palabra «ingrávida» sugiere ligera y elegancia.
[175] En la oscuridad.

(EL FARCE, *detenido, echa un vistazo a la casa y entra luego.*)
LARBINIO. ¡Pues vaya tranco! [176]. No parece ni fortuito. Cuando menos te lo esperas, la providencia te planta bien de narices frente a un circo americano. Es lo que dice su madre y razón lleva.
COCONITO. Te habían escrito esta novela, Jasón, y tú, tan galbán [177] y perezoso no tenías curiosidad para escarbar en sus finales.
FLOREANO. Él verá cómo la termina.
(JASÓN *se mantiene incólume.*)
COCONITO. Esos amantes de destino, tan locos y disparateros [178], no ponen mucha cautela en sus alegrías, te lo advierto. Y eso que también se pelean como enemigos idolatrados.
LARBINIO. Ella es más dura. No hay quien amarre a esa enamorada.
COCONITO. Pues tú verás si está escrito que pongas pies en polvorosa o entres con todo tu perfil a ver si ganas el campeonato.
FLOREANO. Esperamos que sea reñido.
JASÓN. (*Sonriente.*) ¿Qué os apostáis que no hay drama? Me privan mucho las vilezas y la cata de todas sus salsas. Y me gusta la conversación política, y el compromiso, y los recursos para resolver crucigramas.
(*Sale remolinando* «LA SARCOFA».)
ADELASIA. ¡Ay, Maderito de mi alma, ven para acá, que te acabo de parir un cuñado! ¡Mi «Farce», mi aparecido, mi angel caído, mi gallardete…! ¡Qué dicha en gordo! ¡Ven para que se haga el completo y se

---

[176] Podemos interpretarlo como «paso», que derivaría en «hecho ocurrido», o como «capítulo», según la terminología de las santiguas narraciones, divididas en «trancos». En estrecha analogía con «trance», «acontecimiento».
[177] Contracción de «galbanoso» (perezoso), derivado del sustantivo «galbana» (pereza).
[178] El adjetivo sería «disparatado» (que hace disparates), pero Nieva prefiere la sorpresa del final cambiado, con la seguridad de su efecto en el público.

tronquen [179] las botellas por docenas! ¡Ay, qué tropiezo tan feliz! *(Se mete de nuevo.)*
Coconito.   Pues anda, ve y fíate de esa marioneta. Ya te están batiendo la 'salsa [180]. Eres bragado.
Jasón.   Pues veréis que no tropiezo en el camino. Allá voy yo.
(Y también entra imperturbable.)
Coconito.   Pues allá vas por lo fatal. ¿Veis cómo entró? Ya no hablará más de seguido y responderá su callada. Ya pasa por el laberinto enramado, por el enredo confusible [181]. Esta situación tan espinosa merece butaca enfrente para no perderse un detalle. ¡Ay, Maderillo, ya te ha enmochilado el destino en su lugar más fondón [182]. Eso sí: a nadie he visto más que tú el ir tan para adelante y avanzando al mismo tiempo. ¡Vaya determinación!
Larbinio.   Sí, pero hay muertos que no hacen ruido y son mayores sus penas.
Floreano.   A mí no me ha hecho tanto efecto su continente. Dicen que el oso ríe antes de morir. Aunque no impide que me rasque la curiosidad de ver cómo se desenreda el trompo [183].
Coconito.   La manivela del tiempo quisiera tener en mi mano.
(Tras uno o dos altibajos retorna el nocturno.)
Estos silencios prolongados me tienen tan cosquillea-

---

[179] Sinónimo de «truncar». Aquí utilizado en sentido figurado: dejar sin cabeza —sin tapón, descorchadas— las botellas.

[180] Se refiere a la «salsa» a la que ha hecho referencia Jasón en su intervención anterior. Es decir, los ingredientes de las «vilezas» que tanto gusta «catar» (probar).

[181] Neologismo a partir de «confuso».

[182] En la descripción de Graciadiós también había utilizado el adjetivo «fondón», pero aquí no tiene aquel sentido de persona gruesa, sino que parece ser sinónimo de «hondo», «profundo», con un evidente matiz negativo.

[183] Popular, sinónimo de «peonza». Aquí, como en el juego infantil, en el que se trata de hacer bailar el trompo al desenredarlo del cordelillo, Floreano quiere saber cómo se resuelve la situación.

do que me impacientan la paciencia [184]. Es mucho espacio de avenencia y ya va rato. Será mucha decepción que no haya drama. Ni a la luz clara del día ni a la cubierta de las sombras se escucha el grito que esperamos. Diga el público si este chasco [185] no es para pedir el reembolso.

Floreano. Con tanto tiempo de encierro y no hay drama.

(*Y ahora detona un disparo.*)

Coconito. (*Con maligno transporte.*) ¡Pues lo hubo! ¡Jesús, qué tranquilidad tan panchuda [186] me ha dado por fin ese taponazo! Ya daba saltitos de orina. Larbinio, ya verás cómo te piden y te abonan con largueza que metas el despojo que sea en algún tubo sin salida o de los que, por un caso, lleven al mar. Ya me vuelve la impaciencia. Tiene mala voluntad este jugar la cautela de hacer esperar al público [187] segundas partes para ver lo que pasó. Pues espera, Madrid maldito, ¡me «cao» en el asfalto hirviente y en la Dirección General de la Adversidad! Ya sabrás lo que no te sepas explicar. Y yo me alegro. Tú das patadas de ahogado en tu bañera de ignorancia y mereces el exterminio, por orgulloso. ¡Hasta otro ver, majadero!

(*Oscuro.*)

---

[184] Aliteración y redundancia expresivas.
[185] Sinónimo de «decepción».
[186] Como antes «pancha». Aquí, «tranquilidad barriguda».
[187] Las referencias al teatro y al público se repiten en toda la obra de Nieva, como una constante.

SEGUNDA PARTE [1]

Vueltos de espaldas los decaídos hotelitos panteónicos son muebles de intimidante corpulencia robleña en la casa de Graciadiós. Entre uno y otro, de dos que se elijan [2], *existe ligándolos un arquito del que pende una cortina de flecos de madera. Señorea en el centro una mesa ciclópea, no se sabe si de desecho o comprada a peso de pesetas, y sobre ella gran lamparón volantero cuy caída de luz pondrá ojeras a todo el drama. Las sillas son desparejadas y tanto pueden ser cubistas, amazacotadas o sublimes.*

«EL FARCE» *y* «EL MUERTO», *de bruces sobre la desolada plancha de la mesa, barajan un mazo de cartas y beben a gañote* [3] *de una botella de whisky de marca.*

---

[1] El hecho de dividir en dos partes el drama no parece una constante en el teatro de Nieva, aunque aquí se dé en las dos obras editadas.
[2] A pesar de lo detallado de la acotación, deja abierta la posibilidad creadora del escenógrafo.
[3] Antes había dicho «entrompetando», ahora es «a gañote»; en todo caso se refiere a beber directamente de la botella. Quizá el matiz diferenciador está en que para «entrompetarse» una botella hay que aplicar los labios, y para beber «a gañote» basta abrir la boca y dejar caer el líquido como cuando se bebe en bota o en botijo.

El Muerto. Por lo que de tiempo va, tenéis muy buena avenencia todos con el crudo de tu cuñado. ¿No piensas que tenga ese un pensamiento agazapado y en acecho? Y de él, ¿qué dice tu Ermelina?

El Farce. Esa prodigiosa tiene la virtud del encubrimiento. Hay que saber pronosticarla o leerla con trastorno como el testamento de los Faraones.

El Muerto. Quiere decirse que la niña te está celando[4] a la chita alguna carta de triunfo que tú no tienes en tu abaniquillo[5].

El Farce. *(Que da un aldabonazo sobre la mesa con el culo de la botella.)* Oye, «Muerto» de mis bolas[6], a mí me viene muy al pelo que vivas con tanto disgusto porque si en un arrebato te soplo de esta vida amarga, pienso que me lo agradezcas más que le hiciste alegrías a la teta de tu madre.

El Muerto. ¡Ceja ya! Que yo a tu hermana la respeto y que la tengo por muy tuya. Tú me mandaste adelantado y en inspector solitario de los mares procelosos. ¿Somos amigos? ¿O no atino? Y sabes que te doy la venia para perforarme de muerte cuando te venga ese capricho. Pero a un amigo se mata con educación y maneras. No hay por qué fanfarronearle antes. «Farce», yo me entrego de pecho y te agradezco el servicio, pero no me callo el argumento de que la Ermelina tiene un alcance que yo no alcanzo, al menos por primera vez[7].

---

[4] Aquí «celar» es sinónimo de «encubrir», «ocultar».

[5] Las cartas de una baraja dispuestas en la mano del jugador tienen forma de abanico.

[6] Vulgarismo, sinónimo de «testículos». La expresión grosera, eufemísticamente deformada por el Farce, forma parte del lenguaje barriobajero de los personajes.

[7] El lenguaje del Muerto tiene aires clásicos, sin llegar a parecer arcaico. Antes fue «celar», ahora «cejar» (transigir), «los mares procelosos», «te doy la venia», «educación y maneras», y, sobre todo, el giro barroco «un alcance que yo no alcanzo» (una intención que yo no adivino), del que el Farce se burla en la réplica siguiente.

El Farce. Pues yo sí. Y de su alcance inalcanzable me tengo por muy señor. Tú sólo entiendes de morirte por afición. No es un vicio que te incrimino. Pero de la vida no sabes un flojo carallo [8].

El Muerto. ¿Y de qué presumo yo? La vida es una carajada [9]. Pero si algo queda todavía por saber, quiero saber hasta morirme [10]. A ese madrileño y cuñado me lo hallo muy tranquilo y muy celeste. ¿Te es ofensivo el sospecharle valentón y calzonudo como pocos? Ese criterio no te insulta. Será bueno para medirse con «el Farce».

El Farce. Honor que me hace.

(Llega Jasón.)

Tú entras como en el teatro [11], en cuanto te ponen en boca. No hay casualidad que no calcules. ¿Quién te avisa? ¿Conoces al «Muerto»?

Jasón. De algún cruce. Y alguna vez iba en camilla.

El Muerto. Reposando. Sólo tiene de molesto lo malo que es el coñac que en la Casa de Socorro te ponen en inyecciones. El «Chivas» que aquí se gasta no cabe en el presupuesto alcaldero.

El Farce. Degusta un poco, si quieres, de este palosanto destilado. O estrújate la botella porque va quedando muy poco. ¿Juegas?

Jasón. Ni juego ni bebo. Esa baraja de póker tiene muchos corazones y me pongo sentimental cuando no gano.

---

[8] La lista viene a aumentarse con este «carallo», que se suma a sus sinónimos, en el texto, «apolonios» y «badajo», que antes hemos comentado. En realidad, «carallo» es un término corriente en la expresión popular gallega, cuando en castellano su correspondiente sería «carajo». La expresión usada «no sabes un flojo carallo» equivale a «no sabes nada».

[9] Neologismo a partir de «carajo». Véase nota anterior. Aquí parece ser sinónimo de «porquería» («la vida es una porquería»).

[10] Esta parodia del muerto-viviente pudiera tener su origen en el cine expresionista alemán, irónicamente deformados por Nieva, como en su obra *Aquelarre y noche roja de Nosferatu*.

[11] Otra vez las referencias al mundo del teatro. Es convencional la inmediata aparición de un personaje cuando se le invoca.

El Farce. Le concedes poco tiempo al pasatiempo y eso consume.

El Muerto. Deja involuntario el hígado y no calcula en los apuros.

El Farce. Ya ves: con su mala salud de muerto, ni siquiera éste renuncia al juego y a la bebida.

El Muerto. Me mata más y por eso voy tirando.

Jasón. ¿No tenéis otro juguete que lo insípido de esta baraja?

El Farce. *(Que saca un revólver y lo pone de incrustación sobre la mesa.)* Los hay mayores y en reserva. ¿Te gusta este tiragomas?

Jasón. Eso es pompera de jabón [12].

El Muerto. *(Venerando el gesto de su amigo.)* No se encuentra como «el Farce» quién maneje mejor la sorpresa y el truco limpio de las manos. Me encandila este aparato escupevidas. *(Lo sopesa.)* ¡La alegría que da a un hogar, sobre todo si está cargado! *(Pensativo.)* Y pensar que si me mato no pueda seguir matándome. Todo en esta vida canina tiene que llevar su chasco por dentro y esto de matarse uno le echa un jarro de agua fría y abre demasiado los ojos. *(Repusándolo)* [13]. No me gustan las decepciones. Ahí se quede.

El Farce. *(A Jasón.)* Te pasa el juego, te lo cede. Apunta en la puntería [14] que mejor te venga a las mientes. Eres libre. Un tiro antes de la cena engalla [15] mucho el apetito.

Jasón. ¿Qué tipo de labor quieres? Elígeme tú el

---

[12] Toda la escena entre Jasón y Farce es un constante toma y daca de chulerías bravuconas, con el Muerto como personaje intermedio, sirviendo escenas a los otros dos.

[13] «Repusar» está aquí utilizado como «rechazar», «apartar», y es un claro galicismo procedente de «repousser» en francés, que Nieva utiliza mezclándolo con «apartar» y «repulsa»: aparta con repulsa.

[14] Otra vez la redundancia expresiva añadida de aliteración.

[15] Usado como sinónimo de «animar», «alegrar», «despertar agresivamente».

motivo y te lo puedo ir bordando. Soy corto de inspiración, pero artesano de primera.

El Farce. Siempre te cuelas por razones y en regates de la cabeza [16]. Yo no razono motivos para jugar. Soy muy niño en el pasarratos. Mira...
(Dispara contra la cortina de flecos y se escucha un grito agonioso [17] de mujer. Unos segundos estatizados en los que ninguno se cantea [18] de su inexpresión.)
Por ese grito tan clueco [19] tengo de haber [20] abusado en mi propia madre. ¡Mala suerte! Aunque también puede ser que mi hermana se la semeje por línea de familia. ¡Pues ya veremos!

Jasón. *(Alterado ya.)* ¡Ermelina...!
(Se alza, va a lanzarse en dirección, pero «el Muerto» le retiene con un vigor de tenaza insospechado.)

El Muerto. No te arrojes, que éste sabe lo que se hace. ¡Tiene una musa para todo...!

Jasón. *(En debate.)* ¡Ermelina...!

El Farce. Cucha [21] con qué sentimiento tiempla sus cuerdas vocales. Esto ya es el canto del viudo. Suéltalo, «Muerto», que vaya a identificar si quiere. *(A Jasón.)* Dale gusto a tu disgusto [22] y reporta [23] las novedades, que aquí esperamos.

---

[16] La diferencia entre Jasón y Farce aparece clarificada aquí. Jasón llega a la marginación por razonamiento, intelectualmente, mientras que Farce es un marginado, sin más.

[17] Sinónimo de «ansioso», «agónico».

[18] Usado como sinónimo de «moverse» con el matiz de ir de un lado a otro oscilando.

[19] Como de gallina ponedora (clueca).

[20] El uso generalizado sería «tengo que haber», «debo haber» o «he de haber»; la expresión de Nieva tiene un matiz de duda.

[21] «Cucha» es una contracción de «escucha», muy usada en el habla coloquial, especialmente en Andalucía, como inicio de una frase admirativa.

[22] Otra vez el juego de palabras antitético.

[23] «Reportar» tiene una acepción equivalente a «traer» o «llevar», pero aquí parece un verbo inventado a partir de «reportaje» o «reportero». No parece tanto que proceda del francés «rapporter».

(Cumple JASÓN *unos pasos y luego se vuelve indeciso frente a los dos compinches sentados en frío. Delirante la interrogación de sus ojos. Pero a su espalda aparece rompiendo los flecos,* ADELASIA *en su bata rameada de tubo y riendo con una botella rota y goteante en la mano. Tiene el tono de andar algo mareada y el tinte vinoso le impronta la vestimenta casera.)*

ADELASIA. Me habéis fundido el farolito, que lo traía de Valdepeñas [24]. ¿Así las gasta mi Farce? Porque has sido tú, no deniegues. Tú me levantas un circo americano siempre que llegas a la casa. Dios te bendiga. Pero me has emborrachado la bata y no tengo otra más fina para presentarme en la Corte. *(Se sienta.)* Aunque no corriese peligro, me has dado un susto de repelo [25].

EL MUERTO. Adelasia, ¿está usted muerta o es que viene disimulando?

ADELASIA. Aunque vivamos de milagro, aquí no hay más cadabre [26] que tú, muerto en vida. Y si te doy de cenar es porque festejes tu entierro. ¿No es un dolor esa dieta que ponen a los agonizantes?

EL FARCE. ¡Viva la resurrección carnal y los arrestos de mi maye! [27].

---

[24] Se refiere al vino de Valdepeñas, la tierra natal de Nieva, que produce uno de los mejores vinos españoles.

[25] Toda la réplica está llena de riquísimas expresiones de gran plasticidad: «Me habéis fundido el farolito» («Farolito» por «botella», «fundido» por «roto», porque gotea), «Tú me levantas un circo americano» (Tú me animas, me alegras, me alborotas la casa), «Me has emborrachado la bata» (Me has manchado de vino la bata, hasta tal punto que está empapada), «Para presentarme en la Corte» (Aunque Madrid se la cita a menudo como «Villa y Corte» no parece que se refiera a la ciudad, sino a su propia casa; en todo caso es una expresión irónica.) «Un susto de repelo» (Un susto de poner los pelos de punta, que da «repeluzno»).

[26] «Cadabre» por «cadáver». La metátesis produce un efecto expresivo muy adecuado a la lengua de Adelasia.

[27] «Maye» por «madre». Regresión fonológica hacia el habla del niño en su etapa de aprendizaje. También «paye» por

El Muerto. *(Admiartivo.)* Nunca falla este inexacto. Siempre vence en el desacierto. ¡Tiene una musa para todo...!

Jasón. *(Templado ya.)* Aquí no se ponen límites a la tolerancia familiar ni a la fineza en los cariños. Pero tengo la visión fiel de que la hubiera matado este «Farcito» de su alma, suegra Adelasia. ¿Me escucha o es que está pasando borrascas y no se entera? Ha corrido usted el peligro de no atravesar esa puerta. Echele de sus entrañas y de su casa o diga con qué cretona se le puede a usted ir haciendo la mortaja. No faltará otra ocasión para llorarla.

Adelasia. *(Indignada.)* ¿Qué está diciendo este Camuñas [28]? ¿Que te pone de hijo dañoso y que te vacíen de tu casa [29] que lo es? ¿Habrase visto...? Yo soy su maye y lo consiento, porque no es un perdigris [30] y sabe cuál es su manejo. Este campa por donde quiere y dispara contra la palomilla sagrada [31] si le da por atentar contra la Bendita Familia [32] que nos mira desde el cielo en su gran tresillo sentada. Yo me fío de su destreza y ni tanto así le temo a esas manitas cirujanas. ¿Qué dices, «Muerto»? ¿No es de circo americano?

«padre». Usado especialmente en Andalucía, así como «pae» y «mae».

[28] «El tío Camuñas» es, en ciertas regiones españolas y en especial en La Mancha equivalente a lo que en otras es «el coco», «el tío del saco», «el mumo», etc., con los que se suele hacer miedo a los niños. En el momento del estreno, formaba parte del Gobierno, como ministro de relaciones con las Cortes, Ignacio Camuñas, sobre el que recaían toda clase de bromas y chistes, y pareció que Nieva se refería a él o así lo entendió cierto sector del público, pero no era esa la intención del autor, que no acostumbra a hacer referencias tan directas.

[29] En realidad está diciendo: «que vacíen a tu casa de ti», «que te echen de tu casa». Hay un dislocamiento en frase.

[30] Mezcla de «perdiz» o «perdigón» (cría de perdiz) con «petigris» (ardilla), para designar a alguien inexperto. También puede proceder de «perdedor», «perdido» y «gris».

[31] Alusión al Espíritu Santo, comúnmente representado por una paloma.

[32] Alusión a la Trinidad.

El Muerto. Que tiene musa.
Adelasia. Que tiene, ¿qué...? [33].
Jasón. Que tiene suerte. Y me perdone «la Sarcofa», que no volveré a ponerme de semáforo entre ella y él. Entre y salga por donde quiera, tan simpática y tan cayetana [34]. Y hay otra cosa que me persuade: ¿por qué Ermelina y Graciadiós no han acudido con el alarma del tiro? Eso debe ser confianza. Tendrán el oído curado.
El Farce. Así me gustas, cuñado, que te enfríes, que no te vea comiendo ansias.
Adelasia. Llevaros bien, que sois familia. ¿Ya te confías, Jasón? Y tú, mi «Farce», repite [35] sólo por gusto de tu madre. Aquí estoy para ver el número. ¿Qué se te ocurre como chiste?
El Farce. Pues que voy a probar con otro golpe de fortuna... ¡Ermelina...!
(Jasón *se inmuta levemente*.)
Adelasia. Allí, en la cocina, está maquillándonos el conejo como para cena de gala. Otra que tiene unas manos con un primor en cada dedo. Le estará poniendo al plato unas peinetas de zanahorias y algún corrito de alcachofas [36]. ¡Qué hijos de cisel [37] de plata tengo yo!
El Farce. ¡Ermelina... ven! ¡Hermana...!
(*Apunta en dirección a la entrada*.)
Jasón. (*Descontenido*.) ¡No, Ermelina, no...! ¡No salgas...!

---

[33] ¿Es a causa de su incultura por lo que Adelasia no sabe lo que es una musa? Quizá sea éste un efecto para destacar una personalidad de otra. Ya vimos que el Muerto utiliza un lenguaje cercano al de los clásicos, y que el de Adelasia es más coloquial.

[34] Alusión a Cayetana de Alba (Duquesa de Alba), que desde tiempos de Goya tiene entre el pueblo fama de aristocrática y popular, al mismo tiempo. Aquí, franqueza popular.

[35] Aquí elide «el disparo», ya que en el contexto y en la actuación puede quedar claro.

[36] Otra muestra de lenguaje colorista y plástico, muy visual, como buen pintor que es.

[37] Sinónimo de «cincel», creado por analogía con «bisel».

Ermelina. *(Dentro.)* ¿Qué tracas [38] son esas? No me distraigo en esos juegos.

Jasón. ¡No valen mucho la pena! ¡No vengas!

El Muerto. ¿Qué mandas, «Farce», te lo sujeto?

El Farce. *(Con un natural muy helado apunta también hacia* Jasón.*)* Que se sujete a sí mismo o no tendrá retén de hombre como es debido.

Adelasia. *(A* Jasón.*)* ¿Lo estás viendo? No te creía tan gorrión aletero [39]. ¿No me ves a mí tranquila? ¡Cómo me la quieres! ¿Eh? Tú sigue las aguas y no chistes.

El Muerto. *(Haciendo escucha.)* Pues ya esa llega picando con los tacones. ¡Cómo sabe coser el paso esa imagen de procesión! [40].

El Farce. *(Apuntando.)* Comprobemos el resultado... *(Un silencio tras el que aprieta el gatillo, que ahora chasca sin efecto alguno, al tiempo que pasa* Ermelina *la cortina de los flecos con un mantel colgado del brazo y con un manojo de cubiertos. Sonríe. «*El Farce*» se halla congelado en la misma actitud de tiro al blanco. Con muchísima cadencia en su andar,* Ermelina *se aproxima al cañón con los ojos mongolizados y arcanos. «*La Sarcofa*» ríe con una rara bobería y* Jasón, *que observa todo, se aprofunda*[41] *en una silla con calma dramática.)*

Ermelina. *(Al* Farce.*)* ¿Era esa la intención que arropabas? [42]. ¡Anda, insustancial! Ahora te ha salido otra

---

[38] Aquí equivalente a «alboroto». La «traca» es un juego pirotécnico de mucho ruido.

[39] Viene a ser, en el lenguaje de Adelasia, sinónimo del anterior «perdi-gris», es decir, «tan poco avezado», «todavía en el nido».

[40] He aquí una descripción detalladamente expresiva, de una enorme plasticidad, para indicar el andar oscilante (como los tronos de las procesiones) y menudo (como los puntos de costura) de Ermelina, que luego describe en la acotación siguiente.

[41] Incansable creador del idioma, inventa ahora este verbo para indicar que se sienta en una silla, como si se hundiese en ella.

[42] Arropar tiene un matiz amoroso, de ternura; se arropa a un niño, por ejemplo. Aquí es sinónimo de «acariciar»; se acaricia una idea, cuando se piensa en ella con fruición.

suerte más veleidosa. ¿O ha sido adrede? Explícate ya, turbión.
EL FARCE. *(Con una emotiva ronquera.)* Quería fallar de otro modo, pero no así...
ERMELINA. *(Interpretándole mejor y detenidamente.)* Pues me lo creo, porque te veo el pelo húmedo y me huele a susto de hermano. Mira bien si yo te conozco... *(Maniobrando en la pistola con la mano que le queda libre.)* No te había ocurido la gracia de levantarle el seguro. Pero ha sido casualidad que no sé muy bien cómo apreciar.
(Le atusa con delicadeza un mechón sudoso que le cae sobre la frente.)
ADELASIA. ¡Ay, qué pareja de gigantes me han saltado de la barriga!
EL MUERTO. ¡Qué buena contribución al mundo, Adelasia! ¡Qué parida de taller modelo! Esta Ermelina esplendorosa es la mujer superhombre [43] y el otro es el angel caído que se levanta recobrado y colado en bronce [44].
ADELASIA. Que comieron pan con corteza desde que ya tenían un mes. Pero es lo malo que me tiran al monte y con ese desastre moderno del traje ni siquiera parecen ricos. En esto me hacen un desaire.
(ERMELINA, sin mirar a JASÓN, deja el servicio en barullo sobre la mesa y tira de su madre, que debe tener el agachamiento del vino.)
ERMELINA. Madre, ven a la cocina y mira aquel disfraz del plato. Esta noche me he lucido por «el Farce». He tenido que contenerme para no ponerle merengue y hacer un condumio extranjero. Y tú, «Muerto»,

---

[43] Los cambios de sexo en los personajes de Nieva pueden ser considerados como una constante. Véase *Es bueno no tener cabeza,* por ejemplo, y los muchos personajes «entreverados» de otras obras. También porque no existe la «supermujer» en los «comics».
[44] Alusión a la estatua del «Ángel Caído» del parque del Retiro en Madrid.

pon el túmulo[45] de la mesa y gánate un poco la vida. Vamos por otras botellas.

ADELASIA. *(Que se deja llevar.)* No me guíes, que ya progreso y me tengo en las patas mías. No sé bien qué me ha pasado. Sentada iba más deprisa.
(Las dos salen.)

EL MUERTO. *(Mientras extiende el mantel y escruta la máscara de JASÓN.)* ¿Ya pareces? ¿Estabas aquí? No he visto que la Ermelina te notara presencia alguna. ¿Meditas otra desaparición o te quedas por curiosidad?

EL FARCE. *(Que de nuevo planta el revólver sobre el mantel.)* Si quieres te dibujamos ahora el camino del laberinto[46]. Di: ¿qué estás malpensando?

JASÓN. Pienso que te pegaría.

EL MUERTO. *(Enardecido.)* ¡Bien vas!

EL FARCE. Pues no te atolles[47] por eso. Pégame.

EL MUERTO. ¡A punto! Vas y le pegas con toda familiaridad. Así seréis más cuñados.

(JASÓN se levanta y pega una bofetada al FARCE, que no se inmuta.)

EL FARCE. Tú sabes ya que a mi hermana me la tengo averiada[48] desde sus doce añitos tiernos y que no nos arrancamos el uno del otro. ¿Es claro? ¿Por qué no te trasladas o me matas?

EL MUERTO. Eso. ¡Huy, no hay fuerza que los desengome[49] a los dos! Y con el consentimiento de esos padreternos[50] tan imparciales. Pues desde que eran chi-

---

[45] La comparación de la mesa con un túmulo (sepulcro) está en consonancia con la acotación inicial de esta segunda parte, donde habla de «hotelitos panteónicos». Es, en cierto modo, una premonición de lo que va a ocurrir después.
[46] La alusión al mito clásico está en relación con el nombre de Jasón.
[47] Sinónimo de «no te detengas», «no te atasques».
[48] El tema del incesto que, indirectamente, está en boca de los personajes desde la aparición de Farce en escena, se muestra aquí a las claras.
[49] Sinónimo de «que los despegue», «que los separe».
[50] Esta permisividad de los padres de Farce y Ermelina ante el amor incestuoso de éstos nos recuerda, sobre todo por el

corros viven la luna de miel por intermitencias y en plazos largos. Son la flor de la constancia. Claro, que «el Farce» te levanta muchos codos en cualquiera de sus atribuciones. También yo puedo retirarte la telilla de los ojos si alguna te queda. ¿Por qué no me pegas?
(JASÓN *planta un sonoro manderechazo* [51] *en la impávida cara del* «MUERTO».)
Pues aún me queda decirte que, con la anuencia del «Farce» generoso, también tengo pasaporte para disponer de la Ermelina cuando ella quiere empalagarse [52] de algún capricho pasajero. No trae consecuencia. Pero también los cadaverosos tenemos algún aquél para las Evas. ¿Por qué no ambulas o me matas? [53].

JASÓN. *(Jugando el juego.)* Pues, si aquí dan consentimiento, no me voy ni a nadie mato. Quiero mirar por lo menudo en dónde para este misterio progresista. *(Observándoles.)* Y lo que más me hace sorpresa es que con la carga que os he dado tenéis cara de más amigos.

EL FARCE. Nos reservamos contestarte para no concluir con nada. Aquí la vida es muy gaseosa por principio.

EL MUERTO. Pero ocurren quisicosas en el Barrio de Doña Benita que son más verdad que el Verbo. Os ciega mucho el engaño de otros distritos moderados [54].

---

apelativo (padreternos» —usado comúnmente en relación con la divinidad—, a la del «poliespejo divino de las cosas que no se conocen todavía» que permite, en *Coronada y el toro,* las bodas «in artículo mortis» entre la protagonista y toro.

[51] Un «derechazo» hubiera hecho pensar en un golpe con el puño derecho, como en boxeo; con el prefijo «-man» (de «mano») no queda duda de que se trata de un bofetón, a mano abierta.

[52] Aquí parece usado como sinónimo de «endulzarse hasta hartarse».

[53] Antes, en boca de Farce, era «¿Por qué no te trasladas...?», ahora «¿Por qué no ambulas...?». Está claro que Nieva insiste en los cultismos para El Muerto, aunque ambos usen verbos metafóricos para decir «¿Por qué no te marchas...?», «¿Por qué no te vas?».

[54] Los habitantes del barrio son conscientes de su falta de moderación, pero también saben que fuera de allí se vive la mentira.

El Farce. *(En alto y con autoridad hacia la puerta.)* ¡Parad de escuchar vosotras y salid...!
Y al punto salen la madre «Sarcofa» y Ermelina con todo su natural y la adición de los platos, las botellas y la fuente del guiso.)
Adelasia. ¡Pues a la cena, que se hace muy noche! A ver quién nos desengancha al padre de sus cálculos borsátiles [55]. No se entera ni de sus hambres y se le entizna la boca de tanto chupar lapicero [56].
(Graciadiós se muestra por otro extremo como invocación fantasmal.)
Graciadiós. No me vocees los telegramas, Adelasia, que también soy suegro yo y me preocupa la familia.
Jasón. *(Con algo de burla.)* Aquí averigua todo el mundo.
El Farce. Y ya se ve que tú también eres de la misma partida policíaca [57]. A la vida no se termina de sonsacarle las entrañas. Es averiguata [58] continua.
(Todos se sientan a la mesa menos Ermelina y Jasón, que se miran incorporados y por lo derecho, escarbando uno en el otro.)
Ermelina. Pero hay que saber preguntar con palabras que no estén dichas para que a uno le contesten la verdad que nunca se espera. Búscalas, Jasón. No me digas que te mentí porque la verdad es mentira y tú entraste en esta casa para averiguarme, chalado. Los

---

[55] «Bursátiles» sería lo correcto. Los esfuerzos cultistas de La Sarcofa no dan para más.
[56] Nieva tiene presentes sus recuerdos infantiles y juveniles cuando se refiere a aquellos lapiceros de tinta violácea, que había que ir humedeciendo para que escribieran y que nos dejaban la boca manchada.
[57] Porque también investiga e intenta averiguar.
[58] La terminación en «-ata» se está haciendo muy popular y marca un cierto ambiente marginal en su origen. Las expresiones más usadas —«bocata» por «bocadillo», «cubata» por «cubalibre» (refresco de cola y ron), etc.— están en la línea de este «averiguata», utilizado aquí como sinónimo de «averiguación». No obstante, el vocablo es un mejicanismo común en Tabasco, que significa «altercado», «averiguación», siempre que sean ruidosos o en son de disputa.

grandes cariños duran lo que dura la mejor mentira [59].
JASÓN. Sin mentir ni decir verdad, también esperaba yo la misma correspondencia. ¿Y qué sabes de mí?
ERMELINA. Sólo una cosa, por lo pronto. Que acabas de meter la pata y te sales del carril marcado [60]. ¡Ibas tan bien!
JASÓN. Pues, ¡a callar! Vuelvo a mi túnel y que continúe la charada [61].
GRACIADIÓS. *(Jocundo.)* ¡A sentarse y congraciarse es lo que manda Graciadiós, hija y yerno! Tú, Madero, ya me estás dando buena espina. Adelasia, sirve de esa suciedad. Me está cantando el apetito. A mi modo y acomodo [62] también soy un pensaroso [63] y me da el toque de pensar que hay basuras alimenticias.

*(Todos sentados, «*LA SARCOFA*» hace servicio comenzando por* GRACIADIÓS.*)*

ADELASIA. ¡Calla, gordales! Hay basuras de hermosura. Pues no digo lo florentísimos [64] que fuimos un día tú y yo sobre el carro de la cochambre [65] con el borriquillo tropezón por delante, antes de ponerse en moda esos tanques automóviles y sanitarios [66] que se lo dragonan [67] todo sin sacarle ningún provecho. ¡Son aborribles [68]!

---

[59] Véase nuestro capítulo «Cuento sin fin».
[60] También como en *Malditas sean Coronada y sus hijas* hay unas reglas del juego que tanto Jasón como Silverio tienen que cumplir.
[61] El juego de averiguaciones.
[62] Giro popular en el que destaca la aliteración.
[63] También Graciadiós, contagiado de cultismo, intenta el suyo.
[64] Sinónimo de «prósperos» y «florecientes».
[65] Aquí es sinónimo de «basura».
[66] Se refiere a los actuales camiones de recogida de basuras, provistos de un dispositivo triturador, que tienen la apariencia de vehículo blindado.
[67] Podemos interpretar este verbo como creado a partir de «dragar» (limpiar los puertos) o, intentando seguir el juego imaginativo de Nieva, pensar en «dragón» —que traga por sus fauces todo lo que alcanza— en comparación con la trituradora del camión citado. Otra posibilidad sería la de la sonorización de la «t» inicial de «tragar».
[68] Evidentemente el lenguaje de Adelasia intenta acercarse a la

Ermelina. *(Con la mirada enturbiada hacia* Jasón.) Ya le dije a mi novato entre un claro y un oscuro de nuestras conversaciones que aquí, donde me veía, yo era hija de la basura. Está por ver si lo entendió.

El Muerto. *(Mientras come muy aficionadamente.)* Bien se puede, porque sabe lenguas y silba el inglés. En esa babelería [69] tan de moda nos entendemos todos por acá. No hay cosa que más le guste a un español que ser extranjero próximo [70]. Y para serlo mucho más espero morirme pronto, Dios mediante.

El Farce. Pero, entretanto, te aconejas [71] el estómago como los vivos. Y más aún.

(Adelasia, «la Sarcofa», *muy trasegada* [72] *ya de botella, se empina con súbito arranque y torciéndose de la risa.)*

Adelasia. ¡Ju, ju...! Pues ahora declaro que no es conejo, ¡sino gato! ¡Un micifú [73] como una liebre y, como es de paladear, con un adobo de rechupete [74]!

(De momento nadie se sorprende, con exclusión del «Muerto», *que empuja su plato.)*

El Muerto. ¡Miao de tejao [75]! ¡Vaya un atraco al paladar!

---

aplicación lógica de la regla, pero a partir de un verbo inexistente («aborrir» por «aborreccer»).

[69] Mezcla de lenguas, como en la Torre de Babel. Indirectamente está haciendo una crítica del mal uso de la lengua y de su mixtificación.

[70] Otra vez a vueltas con el tema del extranjero, como vimos en *Malditas sean Coronada y sus hijas.* Aquí, se refiere al resurgimiento del prurito autonomista, por un lado, y al sentimiento de inferioridad frente a la admiración papanatas por todo lo extranjero. Refleja la pérdida y degradación de la propia identidad: ser español y extranjero a la vez.

[71] Neologismo creado a partir de «conejo». Aquí con el sentido de llenarse de conejo.

[72] Doble sentido: trastornada, y habiéndose transvasado la botella (el vino). En ambos casos: «borracha».

[73] «Micifuz» es el nombre que reciben tradicionalmente los gatos en los cuentos infantiles.

[74] Sinónimo de «excelente», «muy agradable», «de chuparse los dedos».

[75] En realidad la onomatopeya del maullido del gato es «miau»,

El Farce. *(Con incrédula serenidad.)* Siempre tan frívola. Un buen golpe de «la Sarcofa». ¿No te hace un asco, Madero, y sigues comiendo?

Jasón. Ya metido en el aquelarre, quiero probar la miel del sapo [76].

Adelasia. *(Siempre riente.)* Un recuerdo a los buenos tiempos y un repudio de los embutidos finodos [77] con gelatina perfumista que no valen lo que este guiso con mascarita y de las buenas. ¡Ay, que risión [78]! ¡Yo me tronzo [79]!

Graciadiós. *(Con resorte de furia.)* ¡Y yo te hago entregar el cuajo [80], burladora, escarneciente, caballería! ¡Tú buscas que te desmoñe [81] y te pele los sobacos a la brasa! *(Acogotándola.)* ¿Así me festejas esta noche por ese rollón [82] de acciones que te he metido en una media calcetera de las antiguas? ¡Pendeja! *(En repentina transición le aplica un beso sobre la frente con santidad de marido.)* Ésta es una de las tuyas y de las más meritorias. No lo digo por el gato, sino por la flor del recuerdo. Son detalles que muchas veces dan avenencia a las familias. Hija, besa a tu marido. Y, marido, a tu mujer. *(*Jasón *se deja besar por* Ermelina.*)* Y ahora tu mujer a su hermano, porque la tiene

---

pero Nieva lo hace rimar con el tan coloquial «tejao» (pérdida de la «d» intervocálica de las palabras terminadas en «-ado», «-ada»: «Abogao» por «abogado», «na» por «nada»).

[76] Alusión al mundo de las brujas, como también vimos en *Malditas sean Coronada y sus hijas*. El unto de las brujas para volar.

[77] Al contrario que con «tejao», cuando se quiere hacer burla de los elegantes, el lenguaje popular suele añadir esa «d» supuestamente perdida, y así tenemos este «finodos» por «finos». En otros casos es un defecto de ultracorrección, como en «bacalado» por «bacalao».

[78] Sinónimo de «risa». Usado en el lenguaje coloquial por analogía con otras palabras terminadas en «-ión». (Irrisión.)

[79] Suele decirse: «Que me troncho», sinónimo de «me muero de risa».

[80] «Entregar el cuajo» parece aquí sinónimo de «morir».

[81] Verbo creado a partir de «moño» (pelo).

[82] Aumentativo de «rollo». Paquete enrollado.

de derecho y así lo consienten sus padres por ley real y extraordinaria.

(«El Farce» y Ermelina *se besan ostensiblemente en la boca voluptuosamente grasa.*)

El Muerto. Y como todos los muertos, somos viudos del revés, sin besar a nadie me quedo. ¡Malaya sea! Con este poco de gato y otro tanto de mala leche [83] siento que me da el trastorno y la defunción pasajera. ¡Ya me enfrío!

Graciadiós. ¡Eh, contente! Echate primero un trago de este vino que desagoniza. Hoy queremos que se haga fiesta. No es una noche como tantas.

El Farce. ¡Y que lo digas, Dios Padre[84]! Esta noche tiene acertijo secreto...[85].

(*Se escucha un golpe indeterminado.*)

¿Eh...? ¿Quién anda ahí...?

Coconito. (*Que pasa la cabeza por entre la cortina de flecos.*) Ha sido traspiés. Me dudaba que era inoportuna y vengo a que me lo confirmen.

Adelasia. ¡La Coconito! ¿Por dónde has pasado, curiosona, mal fregada?

Coconito. Con tanto cerrojo a la calle y siempre os dejáis abierta la puerta de la cocina. Pensáis que, por ser traseras, las puertas de las cocinas tienen que desembocar por necesidad en el desierto del Sahara. ¡Atiza, el muerto...! No sabía yo que llevases una vida tan vecindaria.

Graciadiós. Es un amigo de mi «Farce», que lo adoptó del depósito[86] por donde andaba muy incluseros[87].

Coconito. Lo conozco de su resurrección la pasada Semana Santa[88].

---

[83] Vulgarismo, usado aquí como sinónimo de «disgusto», «enfado».
[84] Otra vez la alusión a la divinidad, referida a Graciadiós.
[85] Se insiste en el tema. Antes fue «averiguata», luego «charada», ahora «acertijo secreto».
[86] Se refiere al depósito de cadáveres.
[87] Los «incluseros» son los niños sin padres o abandonados de las inclusas u hospicios.
[88] La insistencia en el tema religioso es significativa.

Ermelina. Pues tú dirás qué motivo te hace tan comunicativa para que entres con atropello y al descuido de las personas.

Coconito. Para confesar muy contrita que escuché tronar un tiro en estas praderas y pensaba que hubiese caído alguna pieza.

Jasón. Algún venado.

Coconito. No digo qué. Pero no me pareció bataola [89] de televisión porque luego no le acompañaba la musiqueta [90] de continuación. Y ya veo que cenais con pistola como centro mesa [91].

El Farce. Este es un «bouquet» [92] que no falta en donde a mí me ponen el plato.

Ermelina. No te decimos que te sientes porque hace muy simétrico el que estemos todos sentados.

Coconito. ¡Si lo agradezco...! Yo sentada parezco más monigote. Pero si es exigencia oficial puedo presentar instancia para merecer un sorbo de vino y ¡me «cao» en el estado civil y en el mus [93] de los casinos!

Adelasia. De eso no te prives. Toma la botella del cuello y congestiónate a gusto. Y si no te ofrecemos materia de mucho mayor nutrimiento es por consideración a que estamos comiendo gato atizonado [94].

Coconito. ¡Huy, qué lujos tan rebosantes! Será capricho empalagado de los mulchimillonarios [95]. De lo que se come en Miami. Pues para mí la botella. *(Toma*

---

[89] Sinónimo de «ruido», «alboroto».

[90] Lo usual es «musiquilla» o «musiquita», pero Nieva prefiere el catalanismo «musiqueta». Ya hemos visto como gusta de utilizar todas las formas idiomáticas que tiene a su alcance.

[91] El «centro de mesa» suele ser un jarrón con flores o algún otro adorno.

[92] Se refiere al revólver, pero sigue el juego de Coconito.

[93] Juego de cartas muy popular, en los casinos y bares de pueblo.

[94] Gato cocinado con tizones o, también, gato a medio quemar como los tizones.

[95] Lo usual sería «multimillonario». En los sainetes de ambiente madrileño aparece a menudo «muchimillonario». Nieva parece hacer una mezcla de ambas formas con su «mulchimillonario».

un buen golletazo[96] *y luego mira de través a* JASÓN.)
¿Te vas haciendo al tono de este palacio, Maderillo? No pareces muy atosigado.

JASÓN.   Si se pierde la esperanza aún queda la curiosidad.

COCONITO.   Pues me alegro. Siempre me pareciste tú muy bohemio. Estás de suerte, Ermelina. Éste es de los pocos que aprecian que en el Barrio de Doña Benita la mentira vale cuanto la verdad y en el revoltillo de las dos está el maestro de la balanza[97].

ERMELINA.   O la carga que no se resiste.

COCONITO.   Pues, hija, ya verás si encontraste tu semejante y quien sepa caminar por los abrojos en calcetines.

EL FARCE.   Coconito, toma la puerta o te salgo yo con un tiro.

COCONITO.   Siempre me gustó esta casa por su derroche de moderación. Pero no me das palpitaciones por eso. Sólo acato la sentencia de la presidenta y diosa. Tú me mandas, Ermelina.

ERMELINA.   Pues pregunto, qué te detiene, Coconito.

COCONITO.   Ya nada. Poco antes esperaba un advenimiento en este lugar de Belén. Que algo pasara...

JASÓN.   Pues, como puedes comprobar por el corte de tus ojitos, aquí no ha de pasar nada.

(«EL MUERTO», *que cada vez se iba ensombreciendo más, barre de un golpe todo lo que su brazo adelanta sobre la mesa y hace una rotura muy escandalosa al tiempo que se levanta.*)

EL MUERTO.   ¡Y con esto transige y amola[98] «el Farce»! ¿No tienes tripas ni salud? ¿Ni honor ni sangre en las encías? ¡Yo me muero!

COCONITO.   ¡Caray! ¿Qué pechada[99] es ésta?

---

[96] Aquí, sinónimo de «un buen trago».
[97] Véase «Cuento sin fin».
[98] Aquí «amolar» está usado como sinónimo de «aguantarse», «tragar».
[99] Andalucismo usado en expresiones como «una pechá(da) a llorar», «una pechá a reír», etc., significando: Hartazgo, sofocón, exageración.

Jasón. ¿A qué viene ahora este escape? ¿Aquí se raciona el honor? ¿Es que lo hay? [100]. Pues no lo entiendo.

El Farce. *(Calmoso.)* No le hagas caso a la violencia de un muerto, que no pasa de ser estertor. Me está confundiendo ese agonioso y mal amigo.

Graciadiós. *(Con un género de alteración bonachona.)* ¿No se ha de guardar respeto a la digestión de un padre? Con este orden de diversiones haréis que me siente mal el conejo.

El Muerto. ¡Es gato! ¡Maldita sea mi esquela negra! [101].

Graciadiós. ¡Es conejo! Y a mí no me engaña el saborío [102]. ¡Recojostrio! [103]. Mi «Sarcofa» sólo miente porque le agradezcan la verdad cuando la zurren. «Muerto», ¿por qué no te vas?

El Muerto. *(De nuevo sentado.)* Porque ya me he calmado y me estoy resucitando un poco.

Jasón. *(Que toma la pistola con una manotada rápida y le encañona.)* Pues ahora es cuando te marchas, porque lo manda el centro de mesa.

(«El Muerto», *con lívida placidez se despega de la nalga otra pistola y apunta.*)

El Muerto. Como yo vivo de morir, este postre es más de mi gusto.

Coconito. ¡Qué Sanfermines! [104]. Ermelina, ¿te encapricha mucho el acto de que estos dos se amazacoten? [105].

Ermelina. Puede que me divirtiera si viniese a ser verdad, pero yo conozco al «Muerto» y sé que es un cobarde muy principal.

---

[100] A Jasón le parece insólito que los del barrio hablen de honor.

[101] Se refiere a la tradicional esquela mortuoria donde se anuncian los datos del fallecido y de su entierro.

[102] Como antes con «tuberío», ahora «saborío» por «sabor».

[103] Exclamación eufemística creada por Nieva.

[104] Alusión a las fiestas de San Fermín en Pamplona (Navarra), refiriéndose al alboroto que hay en la casa.

[105] Aquí está usado como sinónimo de «matarse». Si se matan, se «amazacotan», se quedan pesados como un «mazacote».

El Muerto. ¡Cobarde yo!

Ermelina. Como a mí me gustan los hombres y es por lo que te señalan mis preferencias, chaval. ¿Qué vienes a pensar? Por esa causa, si te vas, te lo premiaré con un beso. Por lo pronto, a tí no te toca ponerle el punto de un tiro más a la noche. Esto se acabó. Ya no se cena.

El Muerto. *(Que se alza penoso.)* Siempre me estáis haciendo vasallo. No hay derecho a que me ajustes tan crudamente a tu injusticia, Ermelina.

Ermelina. *(Que también le besa de boca en boca.)* «Muertecito», tú te vas y sabe muy de seguro que te acompaña mi sentimiento, pero se acaba la cena porque ahora me toca resolver muchos expedientes. Perdóname. Hoy se ha comido de mentira, como en los convites de teatro [106].

Coconito. Hija, ¡qué disposición para todo! Tú eres capaz de maniobrar a tu antojo el rollo mismo de las tormentas. ¡Adiós, «Muerto»! Y aparécete a menudo con noticias de tus más allases [107], que me siento muy aislada en este mundo.

El Muerto. No moriré yo en tu seno, colchón de borra.

(Se va sin gastar otras cortesías.)

Graciadiós. *(Se levanta aciclonado de seria cólera hacia Ermelina.)* ¿Qué pones término a esta cena de companache [108], a esta comifloja [109]? Pues tú dirás qué nos mandas, reina y señora. *(Alzando los puños sobre ella.)* Aquí acaba tu tiranía, manejadora maldita, devoradora de tus padres. ¡La mato a esta salamandra familiar, a esta guerra de las naciones! *(Sin agachar los*

---

[106] Enésima referencia al mundo del teatro.
[107] Plural de «el más allá» (el más allá de la muerte).
[108] El «companatge» es un vocablo del catalán que, usado especialmente en tierras valencianas, se refiere a lo que se come con el pan (embutido, por ejemplo); se dice «menjar pa i companatge». Nieva lo transcribe directamente y lo usa para indicar que se ha cenado poco.
[109] Con el mismo sentido que la anterior, inventa una palabra compuesta por «comida» y «floja».

puños se vuelve dulcemente hacia LA COCONITO, *contempladora del cuadro.)* ¿Pero has visto, Coconito, qué guapa está hoy mi niña prodigia con esa cara de desesperación? *(A* ERMELINA*.)* Anda, dale ya un beso de gracia a tu padre Graciadiós y mándale con tus antojos, gloria de mi casa.

(La ERMELINA, *sonriente, le besa en el moflete.)*

COCONITO. Si la zalagardas [110] tanto, acabarás por mejorarla y ya no habrá quien la resista.

ADELASIA. *(Besando también al «*FARCE*» sonoramente en la inescrutable expresión de su rostro.)* Pues, ¿y mi «Farce», no merece también un beso tronado? ¿No es una postal color [111]? ¿No está para que lo calquen a millones en un cartel de almacenes dando ejemplo de cómo se lleva camiseta? Mirad que es felicidad casual el verles juntos otra vez...

COCONITO. Pero por culpa de sus trazas, a ellos dos, quedan las cenas de estropicio y a manteles manchados. ¿Qué pasa? ¿Es que no se gusta ni el postre y todo queda en lo acontecido, sin final ni cabezal?

GRACIADIÓS. No queda sino echarnos el capuchón de las buenas noches para todo cuisque [112], Coconito meticona [113].

COCONITO. ¡Qué disolvencias [114] tan de rebato! Ahora la Adelasia y Graciadiós se van sin necesidad de hacerse una taza del malva-té [115] después de todo este maltrato de cena. Así, a lo eventual y bárbaro.

JASÓN. No acaba así la cabalgata. Si se van no es por

---

[110] Verbo creado a partir de «zalagarda» (halago), usado aquí como sinónimo de «piropear».

[111] Alusión a las viejas postales coloreadas, con efigies de galanes o de bellas.

[112] Aunque es más usual «cada quisque» (cada cual), Nieva prefiere «todo cuisque» para indicar «todo el mundo».

[113] Sinónimo de «metomentodo», «entremetida».

[114] Aquí usado como «desapariciones». «Rebato» es una contracción de «arrebato».

[115] La malva o el malvavisco es una planta medicinal. Malvaté es sinónimo de té en Méjico.

marcharse, sino para poner la oreja en traspuerta [116] estos mis suegros cariñosos.

COCONITO. Son padres de lindas fieras y ese velar por su camada les disculpa. Y tú ya formas parte de ella. Pero, con todo, te veo muy tranquilo y capacitoso, Madero. ¿Qué pasa por tus adentros? El que por su mano se lastima, no gima [117]. Haces bien. Pues me alegro de tu retén y contén [118]. Aquí lo tienes, Ermelina, más abotonado [119] que un huevo y con mucha yema secreta. Pues a ver cómo os entendéis. Y no digo más, que en este bario abajeño la verdad [120] vale todo su peso en silencio y las palabras son todo mentira y baraundanga [121]. Aquí se vive la pena del perro mudo.

ERMELINA. Harías muy bien dejando esa picadera [122] de consejos y moviendo tus fichas [123] hacia la calle.

COCONITO. Disculpa. He sido pichón de paso, pero me voy lastimada porque lo que más me gusta, en principio, son los finales ¡me «cao» en el oro cobreño y en la Casa de la Moneda! Condiós [124].

(Sale LA COCONITO por el opuesto lado al que entró y queda el cuadro de familia cruzando entre ellos mirada de mucho concepto esotérico.)

GRACIADIÓS. *(A «LA SARCOFA», de nuevo montado en*

---

[116] Neologismo por composición de «tras la puerta».

[117] Otra utilización del refranero, en este caso, como en tantos otros, del acerbo popular mejicano.

[118] La locución conocida y usual es «ten con ten» (moderación, prudencia, tiento).

[119] Aquí parece sinónimo de «callado», «cerrado», con respecto al comportamiento de Ermelina y los suyos.

[120] Otra vez el tema de la verdad, que aparece de vez en cuando como un *leit motiv,* como una obsesión de los personajes.

[121] Ya vimos que «baraunda» significa «ruido». El sufijo le da un matiz despectivo.

[122] Neologismo a partir de «picar», aquí con el sentido de «repetición».

[123] Mover las fichas como en el ajedrez o en el juego de las damas, en realidad le está diciendo que mueva sus pies, que se marche.

[124] Vulgarismo. Contracción muy usual de la locución «Quedaos con Dios».

su cólera repentina.) ¡La culpa es tuya, petacona [125], cañón de carne, que mejor hubieras hecho en parirme una descendencia menos divina! ¡Sube, que voy a ponerte tibia [126] y he de verte pescueceando [127] en la agonía!

ADELASIA. ¡Pues andando! Me matas y después ponte más duro en el empeño de que te conceda el perdón. Nos entenderemos, tío bombacho [128]. *(A los otros.)* No recojáis este Agramante [129], así nos parecerá más festejo por la mañana.

(Se van y, otra vez, plomba [130] el silencio sobre los restantes.)

EL FARCE. *(Con opacidad de la voz.)* El marido de mi hermana no molesta si nos comprende, chaval amigo. También soy pichón de paso y queda tiempo y lugar para que ocupe mi vacío. Tú dirás si te acomoda esta indignidad [131] natural en la que yo también consiento.

(JASÓN les mira profundizándose en su calma trágica. ERMELINA le acosta [132] con un cierto talante de ternura.)

ERMELINA. Como toda verdad [133] es media si no le acompañan los hechos y tú, Jasón, alguna ventaja mereces

---

[125] Mejicanismo. Usado especialmente referido a la mujer nalgona o caderuda. Alude a la gordura de Adelasia, como la expresión siguiente: «cañón de carne».

[126] Se refiere a la paliza que piensa darle.

[127] Neologismo a partir de «pescuezo» (cuello).

[128] También Adelasia hace alusión a la gordura de su marido.

[129] Agramante es un personaje del *Orlando furioso,* pero la expresión «campo de Agramante» se utiliza para designar un lugar donde hay mucha confusión. Aquí se usa referido al estado en que queda la mesa y la sala, después de la cena.

[130] Tiene el sentido de «caer con pesadez», como el plomo. Es un neologismo metafórico creado a partir de la raíz «plomb-», que más nos recuerda al francés que al latín.

[131] También el tema de la indignidad está presente en toda la obra, y aquí con consciencia y consentimiento de los personajes.

[132] Sinónimo de «acercarse».

[133] Vuelve el tema de la verdad, ahora con insistencia, mientras se acerca el final. No olvidemos la gran afición de Nieva por la música y su conocimiento estructural; esas estructuras y técnicas musicales las trasplanta al teatro.

por la gazapera en que quisiste [134] caer un día, ahí tienes esa pistola usable. Mi «Farce» no la tomará si no le doy ese permiso. *(Acariciándole su frente amechonada de preocupación.)* Aunque, primero, adivina cuál es tu rango secreto en el holgorio de esta vida tan enmarañada. ¿No recuerdas...? ¡Vilipendio...! ¡Vilipendio...! Nunca nos malentendimos. Entre tú y yo hubo una concordancia ,fina en el infierno y paraíso [135] que nos prometimos con palabras de punto en boca.

(Y forzándole la cabeza le mira muy fija a los ojos.)

EL FARCE. No pongas mieles de más a la torrija. Ventajas tiene a la mano en esa pistola cargada, porque a mi hermana y a mí nos conchaba sin despegarnos tanto el valor como el miedo [136] y eso nos endiosa más la cama. Usa de tu atrevimiento, segundo hermanito mío, y adelanta el minutero a gusto tuyo. Ermelina, ven...

(Y se la arrastra sin más. Y el solitario queda sentado, aunque vagando por su entorno con una mirada sin clave. Toma de la mesa la pistola y la sopesa por un rato. Se alza. Pensativo y sin violencia levanta el arma hacia la lámpara y, sin que se produzca detonación, ésta se apaga. A la luz del gato, en que todo se ve, pasa la cortina de flecos la COCONITO *con pies de paño. Lleva un gorro de lana comenzado en las manos, el ovillo y el par de agujas, además de la negra cajilla de un transistor.)*

COCONITO. No te desahogues en apagones tan a modo. Basta con pellizcar la llave. Voy a terminarme contigo este gorrillo de fantasía. Por detalles como éstos soy tan conocida por las aceras y por mis trajes pingoran-

---

[134] Evidentemente, Jasón cayó en ese mundo voluntariamente.
[135] No hubo engaño, a pesar del silencio; el bien y el mal estaban ya contenidos. El juego antitético, infierno-paraíso, es uno de sus recursos estilísticos.
[136] El doble plano de valores vuelve a aparecer como hemos visto en la nota anterior. No hay camino único, como en el tema de la verdad, sino que —según palabras de Ermelina en la réplica anterior— la vida es enmarañada.

gos [137]. ¿Sabes? Esta noche no me coge a mí el pegotín [138] del sueño. También me traigo esta escuchadera de radio, porque las ondas oscuras me hacen viajar por lo barato en imaginación.
(*La pone en marcha sobre el tablero y le saca entre borrosidades hertzianas una música banalita.*)
Pero te escucho. Aunque mira bien lo que dices. «Si no es decente el dolido, su dolor no es comprendido» [139].

JASÓN. Ni yo mismo lo comprendo por decente o por miserable [140]. Ermelina resplandece y «el Farce» vuela superior por un cielo que yo no alcanzo [141]. ¡Vilipendio...! ¡Vilipendio...! Ya me sabía naufragado desde que nací. ¡Maldito sea mi destino con chepa, que me ha vuelto como piedra en pozo! Tú no mancabas de pestaña, Coconito. Me conocías. Por eso no vacilé en agarrarme al portento que me arrastrase al mayor fondo y morirme al fin del gustazo cabrón del mejor ahogado [142].

COCONITO. Ya te pesco. Qué mal contagio. Ahora lo que te remueve es ese deseo charrán [143]. Pues vaya un peje [144] que estás hecho. ¡Qué juventud de desperdicio!

JASÓN. ¿Y sabes qué digo? Que ahora me duele a placer la vergüenza de ese gusto tan barrabás [145] y no lo

---

[137] Vocablo inventado a partir de «pingos» (vestido andrajoso).
[138] El sueño deja los ojos «pegados», de ahí «pegotín» (diminutivo de «pegote»).
[139] El uso de refranes se repite constantemente. En este caso inventado.
[140] Otra dicotomía: decente-miserable. Jasón no sabe realmente en qué bando está.
[141] Jasón reconoce su inferioridad con respecto a Farce en el dominio de ese mundo marginal que tanto le atrae, pero que no es el suyo. Tampoco es suyo el mundo de donde procede, y se siente desarraigado.
[142] Todo lo anterior le empuja hacia una muerte voluntaria.
[143] Sinónimo de «pícaro».
[144] Sinónimo de «pillo», «astuto». El vocablo tiene indudables resonancias clásicas.
[145] Sinónimo de «perverso».

cambio por nada. Me agarró por prodigiosa esa Ermelina de la muerte y le agradezco el desengaño. Bien me elegiste, Coconito, por mi deseo de perderme a lo lejos en esta vida [146].

COCONITO. Muy lejos, claro. Esa es la desgracia del Barrio: la autoridad constructora nos los quiere derribar sin saber que ya estamos modernizados en la puñetera verdad, que siempre está muy allá y de trasmano [147]. Pues hasta el gorrillo me tienes a mí de vivir en el futuro y ¡me «cao» en los planetas vivos y en las sociedades de seguros!

JASÓN. Me ayudaste a llegar lejos y me he convertido en nadie. Y algo soy no siendo nadie. Ermelina no me quiere como quiere al super-«Farce» en esa cama infinita y me marea con gachonería vivir tan lejos y vivir siendo tan nadie [148]. ¡No me tengo! ¡Me mareo!

COCONITO. Entiendo que no ser nadie te dará debilidad. Atrasa y vuelve a Madrid. A tiempo estás, Maderillo.

JASÓN. No vuelvo, no. Me siento viejo y prefiero mejorar [149] alejándome en este mareo valsado que me putañea tan a gusto. Cómo iré de mareado que, en esta sombra de vértigo, te estoy ya viendo de chavala y eres mona, Coconito...

COCONITO. ¿Yo? Un mico en trapecio. ¡No me digas, velocípedo! *(Componiéndose el pelillo.)* Pues anda, preténdeme y te aplomo [150] con un sí que te puede

---

[146] Aquí quedan clarificadas las motivaciones de Jasón. Su perdición es voluntaria; él añade «a lo lejos», es decir, lejos de ese Madrid de donde viene.
[147] Los del barrio han conseguido ya, según Coconito, el verdadero progreso en la verdad, que siempre está lejos.
[148] La crisis de identidad del personaje también se da en *Malditas sean Coronada y sus hijas*. Aquí, Jasón parece satisfecho de ser nadie.
[149] Si alejarse es mejorar, volver a Madrid es empeorar. Por eso huyó de allí, acompañando a Coconito.
[150] Como antes «plombar», aquí con el sentido de «te dejo caer con todo su peso» (como un plomo).

dejar terrado [151]. Siempre me hiciste un tilín [152] muy sonado en las entrañas, figulino [153]. Mira que es pena que con ese tipo silbano ya no seas nadie [154]. *(Lo mira barcolear [155] deslumbrado.)* ¿No mejoras?

Jasón. *(Vencido ahora de busto sobre la mesa.)* Cada vez mejoro más y ya me encuentro irreprochable [156]. ¿Será posible, Coconito, que me vaya a morir de inverosímil? Es como para no creerlo, pero te digo y no miento que ahora me gusto como nadie.

Coconito. ¡Presumido, ve con tiento! Lleva cuidado, Valentino [157], que te estrellas contra el espejo. No tomes ese último derrotero porque ya te veo en pedazos.

Jasón. *(Con negro tinte de la voz.)* Pues ya te quedas sin novio, porque no tengo compostura. Si te topas con «el Muerto» le explicas por lo menudo, tú que lo has visto, cómo se llega al estropicio [158].

Coconito. ¡No me alarmes! Así, tan de suyo, no se muere ningún vivo. Sería perfección de mosquito. ¿Y qué me cuentas de Ermelina?

Jasón. Por mi madre, que no la veo.

Coconito. ¡Se lo merece, por divina! Que aprenda a tratar con gentes.

(Cae Jasón al suelo, al tiempo que se enciende la lámpara, enmudece la musiquilla y Ermelina se

---

[151] Sinónimo de «por el suelo», «por tierra».
[152] «Hacer tilín a alguien», es «ser atractivo para alguien», «gustar a alguien».
[153] Figura o estatua de barro cocido. Aquí usado como un piropo a Jasón.
[154] Neologismo creado a partir de «silbo», «silbido». Delgado, espiritual.
[155] Verbo creado a partir de «barco», por analogía con «caracolear», por ejemplo. Aquí significa ir moviéndose como un barco.
[156] La muerte es su salvación.
[157] Recordemos que en *Malditas sean Coronada y sus hijas* se refieren a Silverio como «uno de esos Rodolfos», aquí se completa con el apellido, «Valentino», del héroe cinematográfico.
[158] Sinónimo de «destrucción», «muerte». Usa el término «estropicio» (destrozo estrepitoso) por seguir a Coconito, que habla de estrellarse contra el espejo.

muestra expectante con «EL FARCE» que la sigue a distancia.)

Con este manejo que les das los perfeccionas [159] demasiado. No te digo que se me ha muerto en los brazos porque los tengo muy cortos para un tío tan meritoso. Pero está muerto como nadie y era el nadie más bonito que puse a tu disposición, pipironda [160], perramora [161]. Algo le debió engañar a última hora para no poder pasar por el arco del triunfo [162], pero ha quedado como un guapo marmoleado. ¡Si será desgraciada! Otra verdad que no se dice es que los muertos no triunfan nunca. ¡Me estáis cansando!

(Ermelina le tantea arrodillada, le abraza de nuca incorporándole y le besa pensativa y fría.)

ERMELINA. O yo soy tonta o éste ha muerto más allá de quererme y por eso le quería. Es muy cerrado este misterio.

(También arrodillado se les junta «EL FARCE» y se lo toma a ERMELINA con un sereno rendimiento.)

EL FARCE. No hay más que escarbar. Nada más verle, le calé [163] y me puso en el precipicio que yo buscaba. Era un tercero peligroso y de casta desconocida. Pero está muerto. ¿Te importa?

ERMELINA. Muerto, no. Pero vivo me importaba. Tuvo señas de irse pareciendo a ti. Eso lo tengo manifiesto.

COCONITO. Pues ya tienes visto, «Farce», que otra vez cuajas en campeón.

ERMELINA. *(Abatiendo con delicadeza los párpados de JASÓN.)* Por mucho que preguntase, nada me confesarían ya estos ojos. Pero luego no dirás que no juego

---

[159] La perfección suprema parece ser la muerte.
[160] Neologismo creado a partir de «repipi» (cursi) y «oronda».
[161] Palabra compuesta de «perra» y «mora», usada por Coconito como insulto, como la anterior.
[162] Parece contradicción con lo anterior, pues aquí aparece la muerte de Jasón como algo negativo. La filosofía de la frase se completa con la siguiente.
[163] Vulgarismo. «Calar» es sinónimo de «conocer», «ver sus intenciones», «saber quién es alguien».

a los peligros como tú quieres y mereces, hermanillo. Si ha muerto por no quererme, no le irás a reprochar que fuese cobarde a lo simple o me dejabas sin méritos.
(Lo abandonan y se levantan.)

COCONITO. ¡Pero qué secos sois los dioses en vuestros crímenes perfectos! Temblar me hacéis de chocadientes. Siento un hormigueo de los pies que parece que me araña otro precipicio. Yo salto de este agujero...
(Se retira al tiempo que, en el lugar ocupado, se abre una trampilla disimulada y aparece por ella el busto de LARBINIO.*)*

LARBINIO. Ya me estaba yo dudando que aquí había un bulto en consigna y tendría que retirarlo. Supongo que no querréis enterramiento de pino ni los adornos de un responso. ¿Lo sabe ya el Graciadiós?

EL FARCE. Larbinio, te veo venir. Tarífalo como quieras que nunca hubo regateos. Nuestro padreterno tiene una mano muy abierta cuando conviene a la ocasión.

LARBINIO. ¡Qué rumbo de juventud y qué modo de tirar el patrimonio! Y no digo nada de ese, que se ha gastado en un momento.
(Sale y comienza a arrastrar a JASÓN.*)*

COCONITO. No te arriesgues en descampado, Larbinio. Atollas con él un derramadero oculto y a ver si levantas epidemia [164], ¡me «cao» en el tronco de la raza!

LARBINIO. Tú «lo que nada te cuesta lo quieres volver en fiesta» [165]. El dicho te viene al pelo, Coconito la tricotosa.
(Mientras LARBINIO *aprofunda el cuerpo de* JASÓN *y* LA COCONITO *le ayuda, la hermano y el hermano se centran en un semiabrazo que poco a poco se irá haciendo más estrecho.)*

ERMELINA. «Farce», olvida la próxima vez a quien

---

[164] Se refiere a que puedan contagiarse de Jasón. No olvidemos que a Coconito le parece «un tío meritoso» y «bonito».

[165] El uso del refranero, una vez más, le sirve a Nieva para caracterizar a los personajes populares.

pueda ser adorable. ¿O no me crees? Pero en gloria estamos tú y yo por haber salido vivos.

EL FARCE. No creo lo que ya me sé. Y, a decirte otra verdad, ni siquiera me amarga el triunfo.

ERMELINA. «Farce», ¿qué ocurre? ¿Dónde nos llevamos tan lejos...?

EL FARCE. Al acabose[166], hermanita, al desatinado Barrio donde no cunda el ejemplo. De la verdad nos salimos para no dejar ni envidiosos.

(*Mientras que de la trampilla tan sólo asoman ya las piernas de* JASÓN, *la* COCONITO *se avanza en presentadora de finales.*)

COCONITO. Besaros ya, desfrenados[167]. Ejemplos sois, ¡asesinos! Lástima que este retiro no se convierta en teatro[168] y se pague por mirar ni lo que ni querer se quiere. (*Mientras dura aquel largo beso.*) Aborrecido Madrid, alcaldazo en tus funciones: no amaguéis en allanar el Barrio de Doña Benita u os soltaremos la peste luciente que no podréis resistir[169]. Contentaos con recelar que os rodean en cinturón estos poderosos de espanto, con noches hechas de día, sin fiestas ni jornadas laborables, sin culpa ni salvación[170], que yo correré aún esas calles en busca del elegido valeroso que merezca llegar tan lejos. Y por el principio termino: a mí se me importa un bledo que me riáis a la espalda. Ojos tengo por detrás, al comienzo del espinado y ¡me «cao» en la tripa molde que hizo al mundo como es[171] y no como ahora lo veo en este beso

---

[166] Es un final con aires apocalípticos, tema no ajeno a Nieva, a poco que recordemos sus tres obras así calificadas por él.

[167] Deformación expresiva de «desenfrenados».

[168] No podía faltar en este final la alusión al teatro.

[169] Se refiere a la forma de vida marginal del barrio.

[170] La obra termina realmente con esta contraposición de valores, que viene a ser una repetición de las anteriores, y que son, en definitiva, las que impregnan la obra de una filosofía adogmática.

[171] Nieva habla aquí por boca de Coconito y muestra su desagrado por el mundo que le toca vivir, y, sobre todo, por los culpables de que así sea.

sin final! Esta es mi injusta sentencia y ahora ¡apaga y vámonos!

(*Y acabe con una tiniebla repentina esta comedia del Amor Hostil.*) [172]

---

[172] Esta comedia es la más esforzada tentativa de inventar un lenguaje totalmente convencional, que defina a cada personaje, con la voluntad poética de que sean más sentidos que entendidos. El autor obtiene así un distanciamiento que haga sentir al espectador un mundo ajeno, a través de esos personajes, comediantes y oficiantes de una ceremonia arcana, próxima a la esencia mítica y litúrgica de la tragedia clásica, y, por otra parte, no ajena al mundo teatral del barroco, cuyos máximos representantes, en este sentido, podrían ser los autos sacramentales o las comedias filosófico-mitológicas de Calderón.

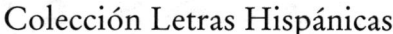
Colección Letras Hispánicas

ÚLTIMOS TÍTULOS PUBLICADOS

424 *Barranca abajo*, FLORENCIO SÁNCHEZ.
    Edición de Rita Gnutzmann.
425 *Los pazos de Ulloa*, EMILIA PARDO BAZÁN.
    Edición de Mª de los Ángeles Ayala (2.ª ed.).
426 *Doña Bárbara*, RÓMULO GALLEGOS.
    Edición de Domingo Miliani (2.ª ed.).
427 *Los trabajos de Persiles y Sigismunda*, MIGUEL DE CERVANTES.
    Edición de Carlos Romero.
428 *¡Esta noche, gran velada! Castillos en el aire*, FERMÍN CABAL.
    Edición de Antonio José Domínguez.
429 *El labrador de más aire*, MIGUEL HERNÁNDEZ.
    Edición de Mariano de Paco y Francisco Javier Díez de Revenga.
430 *Cuentos*, RUBÉN DARÍO.
    Edición de José María Martínez.
431 *Fábulas*, FÉLIX M. SAMANIEGO.
    Edición de Alfonso Sotelo.
432 *Gramática parda*, JUAN GARCÍA HORTELANO.
    Edición de Milagros Sánchez Arnosi.
433 *El mercurio*, JOSÉ MARÍA GUELBENZU.
    Edición de Ana Rodríguez Fischer.
434 *Tragicomedia de don Cristóbal y la señá Rosita*, FEDERICO GARCÍA LORCA.
    Edición de Annabella Cardinali y Christian De Paepe.
435 *Entre naranjos*, VICENTE BLASCO IBÁÑEZ.
    Edición de José Mas y Mª. Teresa Mateu.
436 *Antología poética*, CONDE DE NOROÑA.
    Edición de Santiago Fortuño Llorens.
437 *Sab*, GERTRUDIS GÓMEZ DE AVELLANEDA.
    Edición de José Servera (2.ª ed.).
438 *La voluntad*, JOSÉ MARTÍNEZ RUIZ.
    Edición de María Martínez del Portal.

439 *Diario de un poeta reciencasado (1916)*, JUAN RAMÓN JIMÉNEZ.
    Edición de Michael P. Predmore (3.ª ed.).
440 *La barraca*, VICENTE BLASCO IBÁÑEZ.
    Edición de José Mas y Mª. Teresa Mateu.
441 *Eusebio*, PEDRO MONTENGÓN.
    Edición de Fernando García Lara.
442 *El ombligo del mundo*, RAMÓN PÉREZ DE AYALA.
    Edición de Ángeles Prado.
443 *Arte de ingenio, Tratado de la Agudeza*, BALTASAR GRACIÁN.
    Edición de Emilio Blanco.
444 *Dibujo de la muerte. Obra poética*, GUILLERMO CARNERO.
    Edición de Ignacio Javier López
445 *Cumandá*, JUAN LEÓN MERA.
    Edición de Ángel Esteban.
446 *Blanco Spirituals. Las rubáiyátas de Horacio Martín*, FÉLIX GRANDE.
    Edición de Manuel Rico.
447 *Las lenguas de diamante. Raíz salvaje*, JUANA DE IBARBOUROU.
    Edición de Jorge Rodríguez Padrón.
448 *Proverbios morales*, SEM TOB DE CARRIÓN.
    Edición de Paloma Díaz-Mas y Carlos Mota.
449 *La gaviota*, FERNÁN CABALLERO.
    Edición de Demetrio Estébanez.
450 *Poesías completas*, FERNANDO VILLALÓN.
    Edición de Jacques Issorel.
452 *El préstamo de la difunta*, VICENTE BLASCO IBÁÑEZ.
    Edición de José Mas y Mª. Teresa Mateu.
453 *Obra completa*, JUAN BOSCÁN.
    Edición de Carlos Clavería.
454 *Poesía*, JOSÉ AGUSTÍN GOYTISOLO.
    Edición de Carme Riera (3.ª ed.).
456 *Generaciones y semblanzas*, FERNÁN PÉREZ DE GUZMÁN.
    Edición de José Antonio Barrio Sánchez.
457 *Los heraldos negros*, CÉSAR VALLEJO.
    Edición de René de Costa.
458 *Diálogo de Mercurio y Carón*, ALFONSO VALDÉS.
    Edición de Rosa Navarro.

459 *La bodega*, VICENTE BLASCO IBÁÑEZ.
   Edición de Francisco Caudet.
462 *La madre naturaleza*, EMILIA PARDO BAZÁN.
   Edición de Ignacio Javier López.
463 *Retornos de lo vivo lejano. Ora maritima*, RAFAEL ALBERTI.
   Edición de Gregorio Torres Nebrera.
464 *Paz en la guerra*, MIGUEL DE UNAMUNO.
   Edición de Francisco Caudet.
465 *El maleficio de la mariposa*, FEDERICO GARCÍA LORCA.
   Edición de Piero Menarini.
466 *Cuentos*, JULIO RAMÓN RIBEYRO.
   Edición de Mª. Teresa Pérez Rodríguez.
470 *Mare nostrum*, VICENTE BLASCO IBÁÑEZ.
   Edición de Mª. José Navarro Mateo.
472 *Días y sueños (Obra poética reunida, 1939-1992)*, EUGENIO DE NORA.
   Edición de Santos Alonso.
473 *Un Río, un Amor. Los Placeres Phohibidos*, LUIS CERNUDA.
   Edición de Derek Harris.
477 *Los ídolos*, MANUEL MUJICA LAINEZ.
   Edición de Leonor Fleming.
484 *La voluntad de vivir*, VICENTE BLASCO IBÁÑEZ.
   Edición de Facundo Tomás.
488 *Sin rumbo*, EUGENIO CAMBACERES.
   Edición de Claude Cymerman.
490 *Juego de noches. Nueve obras en un acto*, PALOMA PEDRERO.
   Edición de Virtudes Serrano.
495 *La realidad invisible*, JUAN RAMÓN JIMÉNEZ.
   Edición de Diego Martínez Torrón.
496 *La maja desnuda*, VICENTE BLASCO IBÁÑEZ.
   Edición de Facundo Tomás.
500 *Antología Cátedra de Poesía de las Letras Hispánicas*.
   Selección e introducción de José Francisco Ruiz Casanova (2.ª ed.).

DE PRÓXIMA APARICIÓN

Empresas políticas, DIEGO SAAVEDRA FAJARDO.
   Edición de Sagrario López.
Poesía lírica, MARQUÉS DE SANTILLANA.
   Edición de Miguel Ángel Pérez Priego.